Der Einfluss der Wertpapierabwicklung auf die Ausübung von Aktionärsrechten

Frankfurter wirtschaftsrechtliche Studien

Herausgegeben von
Theodor Baums, Andreas Cahn, Friedrich Kübler,
Hans-Joachim Mertens, Eckard Rehbinder
und Gunther Teubner

Band 83

PETER LANG
Frankfurt am Main · Berlin · Bern · Bruxelles · New York · Oxford · Wien

David C. Donald

Der Einfluss der Wertpapierabwicklung auf die Ausübung von Aktionärsrechten

Eine Untersuchung der Entstehungsgeschichte und Auswirkungen des U.S.-amerikanischen „Indirect Holding System“

PETER LANG
Internationaler Verlag der Wissenschaften

Bibliografische Information der Deutschen Nationalbibliothek
Die Deutsche Nationalbibliothek verzeichnet diese Publikation in der Deutschen Nationalbibliografie; detaillierte bibliografische Daten sind im Internet über <http://www.d-nb.de> abrufbar.

Zugl.: Frankfurt (Main), Univ., Diss., 2007

D 30
ISSN 0723-0427
ISBN 978-3-631-56968-9

www.peterlang.de

für Aletheia, in jedem Sinn des Wortes

VORWORT

Die vorliegende Arbeit entstand als Dissertation während meiner Tätigkeit als wissenschaftlicher Mitarbeiter am Institute for Law and Finance der Johann Wolfgang Goethe-Universität, Frankfurt am Main. Literatur und Rechsprechung wurden bis September 2007 berücksichtigt.

Ich bin vielen Personen zum Dank verpflichtet. Vor allem will ich meinem Doktorvater, Herrn Prof. Dr. Dr. h.c. Theodor Baums für seinen guten Rat, die stets wohlwollende und hilfreiche Begleitung der Arbeit und seine persönliche Unterstützung von vollem Herzen danken. Dem Direktor des Institute for Law and Finance, Herrn Prof. Dr. Andreas Cahn, bin ich zu Dank für die Freiheit zur Verfolgung meiner Forschungsinteressen und der Gelegenheit zur näheren Beschäftigung mit dem Aktienrecht sehr verpflichtet.

Kollegen und Freunde, insbesondere, Sebastian de Schmidt, Dr. Christian Fischer, Tina Hasenpusch, Lara Maurice, Nicolas Ostler und Simon Schuler haben mir sehr dabei geholfen, sprachliche Unebenheiten des durch mein „amerikanisches Deutsch" geprägten Manuskripts zu glätten. Für diese harte Arbeit haben sie meine tiefste Dankbarkeit verdient.

Großer Dank gebührt auch denjenigen, die mir durch Interviews unschätzbare Information über die Wertpapierabwicklung gegeben haben, insbesondere Charles V. Rossi, Linda Ziehms und Susan Petersen.

Karlsruhe, im Oktober 2007 David C. Donald

INHALT

Abbildungen

ABKÜRZUNGEN

A.	Atlantic Reporter
A.2d	Atlantic Reporter, Second Series
Abs.	Absatz
Admin. L.J. Am. U.	Administrative Law Journal of American University
AG	Aktiengesellschaft/Die Aktiengesellschaft (Zeitschrift)
AktG	Aktiengesetz
amend.	amendment
Ann.	Annotated
Ariz.	Arizona
Art.	Artikel
Aufl.	Auflage
BASIC	Banking and Securities Industry Committee
BB	Betriebs-Berater
Bd.	Band
BGB	Bürgerliches Gesetzbuch
BGH	Bundesgerichtshof
BGHZ	Entscheidung des Bundesgerichtshofs in Zivilsachen
BIZ	Bank für Internationales Zahlungsausgleich
Bus. Law.	The Business Lawyer (Zeitschrift)
Bzw.	beziehungsweise
Cal. L. Rev.	California Law Review
CalPERS	California Public Employees' Retirement System
Cardozo L. Rev.	Cardozo Law Review
CCP	Central Counterparty
CEO	Chief Executive Officer

CESR	Committee of European Securities Regulators
CFR	Code of Federal Regulations
Ch.	Chancery/Court of Chancery
Cir.	Circuit (Hoheitsgebiet für einen Oberbundesgericht)
Colum. Bus. L. Rev	Columbia Business Law Review
Colum. J.L. & Soc. Probs.	Columbia Journal of Law and Social Problems
Colum. L. Rev.	Columbia Law Review
Const.	Constitution
Cornell Int'l L.J.	Cornell International Law Journal
CPSS	Committee on Payment and Settlement Systems (Ausschuss für Zahlungsverkehrs- und Abrechnungssysteme)
CSD	Central Securities Depository
Ct. App.	Court of Appeals
CUSIP	Committee on Uniform Security Identification Procedures
Del. Code Ann. tit. 8	Delaware General Corporation Law
Del. J. Corp. L.	Delaware Journal of Corporate Law
DRS	Direct Registration System
DTC	The Depository Trust Company
DTCC	The Depository Trust & Clearing Corporation
E.D.	Eastern District
EZB	Europäischen Zentralbank
F.2d	Federal Reporter, Second Series
F.Supp	Federal Supplement Reporter
Fla. St. U. L. Rev.	Florida State Univ. Law Review

Fn.	Fußnote
Harv. L. Rev.	Harvard Law Review
Hrsg.	Herausgeber
i.V.m.	in Verbindung mit
Idaho L. Rev.	Idaho Law Review
insb.	insbesondere
Ill.	Illinois
ISS	Institutional Shareholder Services
J. Corp. L.	Journal of Corporation Law
LA. L. Rev.	Louisiana Law Review
Law & Contemp. Probs.	Law and Contemporary Problems
LG	Landesgericht
Loy. L.A. L. Rev.	Loyola of Los Angeles Law Review
m.w.N.	mit weiteren Nachweisen
Mass.	Massachusetts
Md.	Maryland
Mich. L. Rev	Michigan Law Review
N.E.	North East Reporter
N.Y.U. L. Rev.	New York University Law Review
NASD	National Association of Securities Dealers
Notre Dame L. Rev.	Notre Dame Law Review
NSCC	National Securities Clearing Corporation
NYSE	New York Stock Exchange
Ohio St. L.J.	Ohio State Law Journal

OLG	Oberlandesgericht
P.2d	Pacific Reporter, Second Series
Pa.	Pennsylvania
Penn.	Pennsylvania
Q. J. Econ.	Quarterly Journal of Economics
Rdn.	Randnummer
RMBCA	Revised Model Business Corporation Act
S.Ct.	Supreme Court / Supreme Court Reporter
S.W.	Southwest Reporter
SDNY	Southern District of New York
SEC	U.S. Securities and Exchange Commission
SIA	Securities Industry Association
Slip Op.	Slip Opinion (nicht in der amtlichen Sammlung)
So.2d	Southern Reporter, Second Series
sog.	sogenannte
Supr.	supreme court / superior court
TAD	transfer agent depository
TIAA–CREF	Teachers Insurance and Annuity Association-College Retirement Equities Fund
Tex.	Texas
US	United States / United States Reports
USCA	United States Code Annotated
UCC	Uniform Commercial Code
UCC L.J.	Uniform Commercial Code Law Journal

UCLA L. Rev.	University of California at Los Angeles Law Review
usw.	und so weiter
v.	versus
Va. L. Rev.	University of Virginia Law Review
Vand. L. Rev.	Vanderbilt Law Review
Verf.	Verfasser
vgl.	vergleiche
Wall St. J. Europe	Wall Street Journal Europe
WM	Zeitschrift für Wirtschafts- und Bankrecht, Wertpapiermitteilungen Teil IV
Yale L.J.	Yale Law Journal
z.B.	zum Beispiel
ZHR	Zeitschrift für das gesamte Handels- und Wirtschaftsrecht

EINLEITUNG

§ 01 Gegenstand der Arbeit

Die vorliegende Arbeit untersucht die Auswirkungen der Wertpapierabwicklung auf die Ausübung der Mitgliedschaftsrechte aus Namensaktien. Die "Wertpapierabwicklung" (*securities settlement*) bezeichnet den Vorgang, durch den die Verpflichtungen aus einem Wertpapiergeschäft mittels Lieferung von Wertpapieren an den Käufer und die Gegenleistung an den Verkäufer erfüllt werden[1]. Der Begriff "Wertpapierabwicklung" wird hier verwendet, um die Abwicklung von Geschäften mit Kapitalmarktpapieren (Effekten), nicht aber mit Papieren des Zahlungsverkehrs oder Güterumlaufs[2], zu bezeichnen[3]. Im Rahmen der Wertpapierabwicklung werden also die Rechte am gehandelten Wertpapier übertragen. Organisatorisch wird der Vorgang meist als eine wenig beachtete letzte Etappe des Börsenhandels (*post-trade*)[4] angesehen, die im *back office*[5] stattfindet. Die vorliegende Arbeit hat die Wertpapierabwicklung bei Namensaktien zum Gegenstand, weil Namensaktien ein besonderes Informationselement aufweisen, das bestimmte Abwicklungstechniken ausschließen kann.

Das Informationselement beruht auf dem Indossament (nach Wertpapierrecht) und der Eintragung ins Aktienregister (nach Aktienrecht). Aktien sind "Mitgliedspapiere", die dem Aktionär seine Mitgliedschaftsrechte vermitteln[6]. Namensaktien hingegen verleihen diese Rechte nur, wenn der Inhaber im Aktienregister eingetragen ist[7]. "Mitgliedschaftsrechte" schließen Stimm-, Auskunfts- und Anfechtungsrechte ein[8] und berechtigen zur Mitwirkung bei der Unternehmensführung[9]. Dementsprechend untersucht die vorliegende Arbeit das Verhält-

---

1 *CPSS* (2001), S. 38; *Europäische Kommission* (2006), S. 8; *Simmons* (2002), S. 261 ff.; *Scott* (2004), S. 279; *Loader* (2002), S. 2. Diese Arbeit betrachtet nur am Rande den verwandten Vorgang des "*clearance*" oder "*clearing*". Dabei handelt es sich um eine Vorstufe der Abwicklung, auf der die Daten über die Verfkaufs- und Ankaufsgeschäfte geprüft und miteinander verglichen werden und ggf. die Verfügbarkeit der Wertpapiere des Verkäufers und der Gelder des Käufers überprüft wird. Vgl. *CPSS* (2001), S. 8; *Europäische Kommission* (2006), S. 7; *Scott* (2004), S. 278; *Loader* (2002), S. 2.

2 Vgl. *Hueck/Canaris* (1986), S. 20.

3 Weil in den Vereinigten Staaten die Verwendung von Schecks als Zahlungsmittel sehr verbreitet ist, ist auch die Scheckabwicklung ein praktisch sehr wichtiger Vorgang; vgl. *Felsenfeld/Bilali* (2006).

4 Vgl. *Europäische Kommission* (2006), S. 2 f.

5 Vgl. *Simmons* (2002), S. 56 ff.

6 *Hueck/Canaris* (1986), S. 21, 215.

7 Zum deutschen Recht vgl. § 67 Abs. 2 AktG; *Cahn* in Spindler/Stilz Komm. § 67 Rdn. 25 ff. Zum amerikanischen Recht siehe unten, § 15 (a).

8 Siehe unten, § 8.

9 Die Rolle der Mitgliedschaftsrechte in der Aktiengesellschaft wird im 1. Kapitel besprochen.

nis zwischen der Übertragung der Rechte *am* Papier und der Ausübung der Rechte *aus* dem Papier.

Der Anstoß zu dieser Arbeit beruht auf dem folgenden Gedanken von *Ulrich Seibert*:

> "Bei Namensaktien wird die Informationsmitteilung durch die Depotbanken künftig nur für den Fall angeordnet, dass anstelle des Namensaktionärs das Kreditinstitut im Aktienregister eingetragen ist. Letzteres kann vorkommen, wenn der Erwerber die Umschreibung im Aktienbuch nicht wünscht. Im Ausland scheint dies nicht selten zu sein. Dabei ist allerdings einzuräumen, dass die dortige Entwicklung teilweise wegen veralteter Wertpapierabwicklung aus der Not geboren ist und sich für die modernen Systeme, die wir jetzt in Deutschland haben, nicht aufdrängt."[10]

Im Jahr 2000, zur gleichen Zeit als *Seibert* diese Erwägung veröffentlichte, setzte die Gesellschaft, die rund 99 % der amerikanischen Börsengeschäfte (mit "veralteter Wertpapierabwicklung"!) abwickelt, The Depository Trust & Clearing Corporation (DTCC), eine etwa 10 Zentimeter große Nummer "1" auf das Deckblatt ihres Jahresberichts[11], um damit zum Ausdruck zu bringen, dass die DTCC im Hinblick auf Volumen, Effizienz und Technologie weltweit führend bei der Wertpapierabwicklung sei. Ist also die Einschätzung von *Seibert* fehlerhaft, oder setzt der weltweit führende Anbieter der Wertpapierabwicklungsdienstleistungen wirklich "veraltete" Technik ein? Eine Untersuchung der amerikanischen Wertpapierabwicklung zeigt, dass die Grundstruktur der Wertpapierabwicklung durch die DTCC in der Tat "veraltet" ist. Sie basiert auf der Abbildung des ursprünglichen Abwicklungsvorgangs, der die Übertragung des Papiers durch dessen zentrale Verwahrung beschleunigen sollte[12]. Ihre Effizienz und hohe Verarbeitungskapazität verdankt die DTCC der Tatsache, dass in ihrem System *keine Wertpapiere* übertragen werden: das Papier, sofern es dieses überhaupt noch gibt, wird im Besitz des Verwahrers "immobil" gehalten, damit Ansprüche auf das Papier beim Verwahrer verbucht werden können. Die gleiche Technik wird verwendet, wenn die Wertpapiere unverbrieft sind.

Der Wiener Giro- und Kassen-Verein hat eine ähnliche Struktur schon im Jahr 1873 eingeführt[13]. Es liegt daher in der Tat nahe, dieses System als "veraltet" anzusehen. Aber warum hat *Seibert* behauptet, dass Kreditinstitute im Aktienregister *wegen* veralteter Wertpapierabwicklung eingetragen werden?

Die zumindest seit 1873[14] mit Erfolg verwendete Technik, Wertpapiere "immobil" in einem zentralen Depot zu sammeln (die sog. "Immobilisierung"), ermög-

---

[10] *Seibert* (2000), S. 31; Hervorhebung durch den Verf.

[11] Vgl. *DTCC* (2000), Deckblatt.

[12] Der Aufbau der DTCC wird im 3. Kapitel eingehend dargestellt.

[13] *Heinsius/Horn/Than* (1975), § 5 Rdn. 1; *Than* (1999), S. 827; *Micheler* (2004), S. 144.

[14] Schon im Jahr 1850 diente die Bank des Berliner Kassenvereins als zentrale Verwahrstelle für die angeschlossenen Finanzinstitute; *Micheler* (2004), S. 142.

licht den Handel der verwahrten Wertpapiere, ohne dass die Zertifikate körperlich vom Verkäufer an den Käufer übergeben werden müssen[15]. Diese Technik ist sehr effizient. Im Fall von Namenspapieren ist es bei dieser Abwicklungstechnik üblich, dass die zu übertragenden Papiere auf die Wertpapiersammelbank oder eines der teilnehmenden Finanzinstitute indossiert werden, und eines dieser Institute ins Aktienregister eingetragen wird[16]. Daher erübrigen sich bei einem Wertpapiergeschäft das Indossament (des verkaufenden wirtschaftlichen Aktionärs) und die Umschreibung im Aktienregister. Das Indossament und die Umschreibung liefern aber, wie bereits erwähnt, Informationen über den Aktionär. Das Einschalten eines Legitimationsaktionärs[17], um die Abwicklung zu beschleunigen, hat die Folge, dass der sog. "wirtschaftliche" Aktionär (d.h., derjenige, dem die Aktien eigentlich gehören) unbekannt bleibt. Dies hat allerdings erhebliche juristische Konsequenzen: Weil bei Namensaktien das Aktienregister den Beweis dafür liefert, wer Aktionär der Gesellschaft ist, führt diese Technik zu beträchtlichen Schwierigkeiten bei der Ausübung der Mitgliedschaftsrechte[18].

Die Governance der Aktiengesellschaft wird im Interesse eines effizienteren Börsenhandels beeinträchtigt. Die geschilderte Abwicklungsstruktur verursacht damit bedeutende negative externe Auswirkungen[19] für den Emittenten und die Aktionäre. Die Kommunikation zwischen der Gesellschaft und ihren Aktionären wird schwieriger und teurer. Außerdem erhöht sich das Risiko, dass die Mitgliedschaftsrechte nicht, nicht zeitgemäß oder fehlerhaft ausgeübt werden[20]. Die geschilderte Wertpapierabwicklungsstruktur ist daher nur dann als "effizient" zu bewerten, wenn die Kosten der externen Auswirkungen bei der Bestimmung des Preises der Abwicklung unberücksichtigt bleiben.

---

15 Siehe unten, § 22 (b).

16 Siehe unten, § 23 (b). Das gegenwärtige deutsche System erfordert dies nicht und stellt daher eine vorzugswürdige Alternative dar, vgl. unten § 27 (c).

17 Der Begriff "Legitimationsaktionär" wird gebraucht, um ein Kreditinstitut oder einen sonstigen Dritten zu bezeichnen, der anstelle des Namensaktionärs, aber für dessen Rechnung im Aktienregister eingetragen wird; vgl. *Kümpel* (2006), Rdn. 8/281a ff.; *Than/Hannöver* (2000), S. 300.

18 Siehe unten, § 15.

19 *Posner* gibt für negative externe Effekte das klassische Beispiel einer Dampfeisenbahn, deren Schienen durch Weizenfelder laufen und deren Funkenflug die Felder in Brand steckt. *Posner* (2003), S. 71. Die Bahn spart, weil sie nur einen sehr dünnen Streifen des Lands kauft und keine Maßnahmen gegen den Funkenflug einsetzt. Die Kosten dieser Ersparnisse werden dann "extern" von der Landwirtschaft durch den verlorenen Weizen getragen. Vgl. auch *Schäfer/Ott* (2005), S. 202. In dieser Arbeit wird das in der Fachliteratur übliche Wort "Effekt" durch das Wort "Auswirkung" ersetzt, um einer möglichen Verwechselung mit "Effekten", d.h. Kapitalmarktpapieren, vorzubeugen.

20 Siehe unten, § 18 (c).

§ 02 Gang der Arbeit

Die vorliegende Arbeit unterbreitet einen Vorschlag, der die negativen externen Auswirkungen beheben könnte. Sie folgt dabei einem ökonomischen Ansatz, der u.a. im Rahmen der Umweltschutzgesetzgebung Anklang gefunden hat: Der Versuch, mit rechtlichen Mitteln die negativen externen Auswirkungen eines schädlichen Vorgangs zu internalisieren[21]. Dementsprechend sollen die Kosten, die das Abwicklungssystem verursacht systemintern getragen werden und nicht auf die Emittenten und ihre Aktionäre abgewälzt werden.

Weil die Arbeit eine Abwicklungsstruktur untersucht, die die Ausübung der Rechte aus den Aktien behindert, muss sie sowohl den Inhalt der Mitgliedschaftsrechte als auch die für die Abwicklungsstruktur angeführten Rechtfertigungsgründe erörtern. Der Nettonutzen des bestehenden Systems hängt vor allem auch von der Wichtigkeit der Mitgliedschaftsrechte für die Aktiengesellschaft und die einzelnen Aktionäre ab sowie von dem Ausmaß, in dem die Ausübung dieser Rechte gestört ist.

Für das Verständnis des gegenwärtigen Abwicklungssystems und seiner möglichen Ersetzung durch eine alternative Struktur sind nicht zuletzt die historischen Gründe für seine Wahl und Beibehaltung von Bedeutung. Der Vorschlag, das gegenwärtige System der Abwicklung zu ersetzen, kann überdies nur dann verwirklicht werden, wenn ein alternatives, überlegenes System zur Verfügung steht. Schließlich sind Überlegungen anzustellen, in welcher Form die Ergebnisse dieser Arbeit für das europäische Projekt von Nutzen sein können, ein gesamteuropäisches Abwicklungssystem zu schaffen. Unabhängig vom Hoheitsgebiet, in dem ein Abwicklungssystem eingeführt wird, müssen alle Kosten des Systems – einschließlich der externen negativen Auswirkungen –berücksichtigt werden.

Die Arbeit führt die vorstehende These in fünf Kapiteln aus. **Das 1. Kapitel** erläutert, dass Mitgliedschaftsrechte sowohl in der Theorie als auch in der Praxis für die Funktionsfähigkeit der Aktiengesellschaft wichtig sind. Dabei spielt vor allem das Stimmrecht eine zentrale Rolle. Im **2. Kapitel** wird ausgeführt, warum die im Aktienregister erfassten Aktionärsdaten eine wesentliche Funktion für die Ausübung der aus Namensaktien stammenden Mitgliedschaftsrechte, namentlich das Stimmrecht, haben. Das Kapitel zeigt ferner, wie die auf der Immobilisierung von Aktien aufbauende Abwicklungsstruktur das Aktienregister entleert und so die Ausübung der Mitgliedschaftsrechte, insbesondere des Stimmrechts, erschwert. **Das 3. Kapitel** analysiert die Gründe für die "Immobilisierung" als

---

21 "Das Problem des Umweltrechts besteht darin, rechtliche Arrangements zu finden, die jenes Maß an Umweltschutz herbeiführen, das die Mitglieder einer Gesellschaft unter Berücksichtigung der Kosten von Umweltschutz haben wollen und bei denen externe Effekte von Produktionsaktivitäten ausgeschlossen sind, die nicht in den Kosten internalisiert werden." *Schäfer/Ott* (2005), S. 8.

Basis der Wertpapierabwicklung und deren Folgen. Die Immobilisierung wurde zunächst als lediglich vorläufige Maßnahme angesehen. Teils aus Unkenntnis, teils aber auch wegen des Einflusses von Partikularinteressen, unterblieb jedoch eine Weiterentwicklung des Systems. **Das 4. Kapitel** stellt alternative Abwicklungsmodelle dar, die weder Mitgliedschaftsrechte beeinträchtigen noch wesentlich teurer als das bestehende System sind. **Das 5. Kapitel** erörtert die Bedeutung der Ergebnisse der Untersuchung auch für das europäische Projekt, ein europaweites Abwicklungssystem zu schaffen.

§ 03 Die Behandlung verschiedener Rechtssysteme

Die vorliegende Untersuchung befasst sich sowohl mit US-amerikanischem als auch mit deutschem Recht. Sie ist aber gleichwohl nicht so sehr rechtsvergleichend als vielmehr "systemvergleichend" angelegt. Sie sucht nicht "die bessere Lösung" "für die jeweilige Zeit und den jeweiligen Raum"[22] in einem anderen Rechtssystem und hofft auch nicht, durch einen Vergleich transzendentale "allgemein akzeptierte Regeln"[23] zu finden. Es wird lediglich ein mechanischer, fast automatisierter Vorgang untersucht, um seine Nachteile aufzuzeigen und einige Vorteile alternativer Abwicklungsweisen deutlich zu machen.

Der untersuchte "Vorgang" – die Wertpapierabwicklung – ist ein Teil der Börseninfrastruktur und wird vor allem nach den Prinzipien der Sicherheit und Effizienz bewertet[24]. "Sicherheit" schließt auch Rechtssicherheit ein. Deshalb muss das System der Wertpapierabwicklung auch die bestmöglichen Ergebnisse nach dem Maßstab des materiellen Wertpapierrechts ("*law of negotiable instruments*" oder "*commercial law*") erzielen.

Um die Struktur der Abwicklung von Wertpapiergeschäften in den USA deutlich zu machen, aber auch, um die deutsche Alternative darzustellen, müssen die einschlägigen Regelungen der Übereignung von Wertpapieren nach amerikanischem und deutschem Wertpapierrecht dargestellt werden[25]. Im Übrigen dient der Vergleich der Abwicklungssysteme aber nicht dazu, ein Werturteil über seine rechtlichen Grundlagen abzugeben. Die Rechtsgrundlagen des amerikanischen Abwicklungsmodells stehen im Folgenden klar im Vordergrund. Das deutsche Recht wird nur punktuell herangezogen.

Das "System", die "Struktur", oder das "Modell", wie es in dieser Arbeit genannt wird, schadet der Funktionalität des Aktienrechts. Um diesen Nachteil genauer zu erfassen, müssen konkrete Vorschriften des Aktienrechts erörtert werden. Da Aktienrecht in den USA im Wesentlichen in die Kompetenz der Einzelstaaten

---

22 *Zweigert/Kötz* (1996), S. 14.
23 *Zweigert/Kötz* (1996), S. 29.
24 Siehe unten, § 26.
25 Siehe unten, § 21 (c) und §§ 26, 27.

("*States*") fällt, muss die Rechtsordnung eines bestimmten Einzelstaates zugrunde gelegt werden. In den USA wird von allen Bundesstaaten die sog. Gründungstheorie angewendet[26]. Danach wird eine Gesellschaft, die nach dem Gesetz eines amerikanischen Bundesstaates gegründet wurde, jedenfalls in Bezug auf die "internen Angelegenheiten"[27] der Gesellschaft innerhalb der Hoheitsgebiete aller anderen Bundesstaaten als dem Recht des Gründungsstaates unterstehende Gesellschaft anerkannt, auch wenn sie ihren Sitz aus dem Gründungsstaat verlegt[28].

In der Praxis dominiert das Gesellschaftsrecht des Staates Delaware. Der größte Teil der amerikanischen Aktiengesellschaften ist nach dem Recht des Staates Delaware gegründet worden. Das gilt für etwa 60 % der 500 größten Publikumsgesellschaften (die so genannte "*Fortune 500*")[29]. Aus diesem Grunde wird die Arbeit sich größtenteils auf das Aktienrecht des Staates Delaware konzentrieren[30]. Bestimmungen anderer Aktiengesetze, vor allem des *Revised Model Business Corporation Act*[31], werden angesprochen, soweit sie für die vorliegende Untersuchung von Bedeutung sind.

Das Wertpapierrecht fällt ebenfalls in die Gesetzgebungskompetenz der Einzelstaaten, ist aber durch den *Uniform Commercial Code* (UCC) weitgehend vereinheitlicht worden[32]. Die Abweichungen bei der Umsetzung dieses Code in geltendes Recht (der Einzelstaaten) waren unerheblich. Deshalb wird im Folgenden der UCC in seiner Reinfassung verwendet, auch wenn er als solcher keine Rechtsnorm ist.

Amerikanische Publikumsgesellschaften unterliegen darüber hinaus aber auch noch weit reichenden gesetzlichen Regelungen des Bundes. Seit 1933 ist auf

---

26 *Scoles/Hay/Barchers/Symeonides* (2000), S. 1102 f.

27 Der Begriff "interne Angelegenheiten" ("*internal affairs*") stammt aus dem internationalen Privatrecht und schließt, sehr allgemein gesagt, die Mitgliedschaftsrechte und die Corporate Governance ein. Vgl. RESTATEMENT (SECOND) CONFLICTS OF LAW § 302, Comment a (1971). Vgl. dazu eingehend auf Deutsch *Klein* (2004), S. 251 ff.

28 *Gevurtz* (2000), S. 35 ff.; *Railway Express Agency, Inc. v. Virginia*, 282 U.S. 440, 444 (1931).

29 In seinem Jahresbericht 2006 teilt das "Department of State, Division of Corporations" des Bundesstaates Delaware mit, dass über 695.000 Unternehmen nach dem Recht des Staates Delaware gegründet worden sind, einschließlich etwa 50% der Aktiengesellschaften, die an der NYSE und dem Nasdaq Stock Market notiert sind, sowie 60% der größten 500 Publikumsgesellschaften in den Vereinigten Staaten. Vgl. 2005 Annual Report Delaware Department of State, Division of Corporations, abrufbar auf der Website des Bundesstaates unter www.state.de.us/corp.

30 Delaware Code Annotated, title 8 (im Folgenden: "Del. Code Ann. tit. 8").

31 Der *Revised Model Business Corporation Act* (RMBCA) wird von der Wirtschaftsrechtabteilung der American Bar Association als Mustergesetz erstellt, und die Bundesstaaten können den Text freiwillig in eigene Gesetze umsetzen. Vgl. *Macey* (2002), Introduction. Zur Zeit haben 35 von 50 Staaten den RMBCA übernommen. *Booth* (2000), S. 66.

32 Siehe unten, § 21 (a).

Bundesebene eine große Menge wertpapierhandels-, prospekthaftungs- und börsenrechtlicher Vorschriften und Regeln (zusammenfassend: Kapitalmarktrecht) erlassen worden[33]. Die wichtigsten Gesetze für Emittenten, die keine Finanzdienstleistungen anbieten, sind der *Securities Act of 1933* (im Folgenden "*Securities Act*")[34], und der *Securities Exchange Act of 1934* (im Folgenden "*Exchange Act*")[35]. Die Veröffentlichung bedeutender Beteiligungen nach § 13 *Exchange Act* und die Pflichtmitteilungen bei der Werbung um die Erteilung von Stimmrechtsvollmachten gemäß § 14 *Exchange Act* sind für diese Arbeit von besonderer Bedeutung[36].

Deutsches Recht spielt im 1. Kapitel der Arbeit eine Rolle. Dort soll die Beschreibung der Bestandteile der Unternehmensführung der Aktiengesellschaft verallgemeinert werden. Einige Parallelen zum deutschen Recht werden insoweit gezogen, als die Mitgliedschaftsrechte der Aktionäre einer amerikanischen *stock corporation* und einer deutschen Aktiengesellschaft im Wesentlichen gleichen Funktionen dienen.[37]. Auch da, wo das deutsche Schrifttum dogmatisch tiefere Begründungsansätze anbietet als die eher praktisch oder rechtspolitisch orientierte amerikanische Rechtslehre, wird es hinzugezogen[38].

Eine Bewertung der Bedeutung der Mitgliedschaftsrechte ist notwendig, um die Kosten ihres Verlustes durch die mögliche Einführung eines Abwicklungssystems zu bestimmen, das die unmittelbare Beziehung zwischen einem Emittenten und seinen Aktionären erschwert oder gar unterbindet. Vor diesem Hintergrund ist die Berücksichtigung des deutschen Rechts im 1. Kapitel – zumindest durch Verweisungen in den Fußnoten – auch für die Darstellung im 4. Kapitel von Bedeutung. Dort werden europäisches und internationales Recht insoweit bespro-

---

33 Im Fall der Kollision von Bundesstaatenrecht und Bundesrecht hat letzteres Vorrang. U.S. Const. Art. VI, clause 2.

34 *The Securities Act of 1933*, 27. Mai 1933, 48 Stat. 74, kodifiziert in 15 USCA §§ 77a-77aa (2000). Dieses Gesetz ist im Kern ein Wertpapierprospektgesetz, das öffentliche Angebote, Verkäufe und (einzelstaats-) überschreitende Lieferungen von Wertpapieren verbietet, sofern die Wertpapiere nicht bei der SEC eingetragen sind und dem Empfänger des Angebots und/oder dem Käufer ein den gesetzlichen Anforderungen entsprechender Verkaufsprospekt ausgehändigt wird. Der Emittent, sein Vorstand und die begleitenden Banken haften für irreführende Angaben im Prospekt und bei Vorenthaltung wesentlicher Informationen. Vgl. *Loss/Seligman* (2004), § 3; *Hazen* (2005), Bd. 1.

35 *Securities Exchange Act of 1934*, 6. Juni 1934, 48 Stat. 881, kodifiziert in 15 USCA §§ 78m(a) (2000). Der *Exchange Act* hat einen sehr weiten Anwendungsbereich, dessen Umfang einer Kombination des deutschen Börsengesetzes, Wertpapierhandelsgesetzes und Teilen des Aktiengesetzes vergleichbar wäre. Die Mitteilungspflichten des *Exchange Act* sind von besonderer Bedeutung für diese Arbeit. Der *Exchange Act* ist i.d.R. nur dann anwendbar, wenn ein Emittent entweder börsennotiert ist (vgl. § 12 Abs. a), oder mehr als 500 Aktionäre und ein Gesamtvermögen von mehr als $10 Millionen USD hat (vgl. § 12 Abs. g). Vgl. *Loss/Seligman* (2004), § 6; *Hazen* (2005), Kap. 9, 10.

36 Siehe unten, Kapitel II.

37 Siehe, z.B. unten, § 8 (b).

38 Siehe unten, § 9 (a).

chen, als dies notwendig ist, um die mögliche Relevanz der Ergebnisse der ersten vier Kapitel für den europäischen Leser anzudeuten.

§ 04 Das Verhältnis zwischen der Börseninfrastruktur und den Rechten aus Aktien

Die Arbeit betritt insoweit Neuland, als sie die bisher stets getrennt betrachteten Bereiche des Aktienrechts und der Börseninfrastruktur zueinander in Beziehung setzt und deren Zusammenspiel zu würdigen sucht. Dieser Ansatz birgt Gefahren. Wenn sowohl die Einzelheiten des Abwicklungssystems als auch der aktienrechtlichen Mitgliedschaftsrechte eingehend erörtert werden, kann das dazu führen, dass die Wirkungszusammenhänge zwischen beiden Bereichen, die hier verdeutlicht werden sollen, in der Fülle der Details aus dem Blick geraten. Es ist daher unbedingt darauf zu achten, dass die Untersuchung der wechselseitigen Zusammenhänge und ihrer negativen Wirkungen weder zu kleinformatig angelegt wird noch zu sehr an der Oberfläche bleibt. Die Arbeit muss sich daher auf eine Untersuchung und Darstellung der *Wechselwirkungen* konzentrieren und kann nicht Einzelheiten der beteiligten Rechtsgebiete analysieren, die insoweit weniger wesentlich sind[39].

Die Einsichten, die sich aus dem Wechselspiel der beiden hier untersuchten Bereiche ergeben, sind aufschlussreich. Das aktienrechtliche Problem, dass die Kommunikation mit den Aktionären kostspielig entlang einer Kette von Finanzintermediären navigieren muss, kann durch eine Korrektur der Abwicklungsstruktur die das Problem verursacht gelöst werden. Eine aktienrechtliche Lösung[40] – indirekte Kommunikation durch Intermediäre – passt dagegen das Aktienrecht zu seinem Schaden der Abwicklungsstruktur an. Eine Untersuchung des Wechselspiels zwischen den beiden Gebieten zeigt nicht zuletzt auch die Interessenpolitik, die hinter der Wahl des gegenwärtigen Systems steht. Schließlich ermöglicht erst die gleichzeitige Betrachtung beider Bereiche ein tieferes Verständnis, das für mögliche Lösungen einiger schwerwiegender Probleme des Aktienrechts notwendig ist.

Der hier angesprochene Zusammenhang wurde in der Vergangenheit nicht klar gesehen. Seit dem Aufbau des heutigen amerikanischen Abwicklungssystems haben weder das amerikanische Schrifttum noch die Entscheidungsträger in den Vereinigten Staaten die Möglichkeit einer Änderung der Struktur der Wertpapierabwicklung als eine Lösung der Kommunikationsprobleme des Aktienrechts

---

39 Eine Frage des Wertpapierrechts, die stets viel Aufmerksamkeit auf sich zieht, ist die Frage des gutgläubigen Erwerbs „entmaterialisierter" Rechte. Hier werden in Kapitel 4 und 5 die anwendbaren Bestimmungen zu diesem Thema erläutert, aber nicht auf ihre diesbezügliche Tragbarkeit geprüft. Zu dieser Diskussion vgl. z.B. *Einsele* (1995), (2006); *Horn* (2002); *Micheler* (2004); *Kuhn* (2006).

40 Siehe unten, § 18.

ernsthaft in Erwägung gezogen[41]. Stattdessen haben sowohl der amerikanische Kongress als auch die U.S. Securities and Exchange Commission (SEC) versucht, durch Änderungen der betroffenen Teile des "Aktienrechts", die in den *Exchange Act* eingefügt worden sind, den Intermediären Informationsweitergabepflichten aufzuerlegen, um die negativen Wirkungen der aus der Abwicklungstechnik entstehenden Hindernisse für die gesellschaftsinterne Kommunikation abzumildern[42].

Ein Beispiel für diese Tendenz ist die sog. "*Street Name Study*" der SEC[43]. Als der amerikanische Kongress im Jahre 1975 das hier untersuchte Modell eingeführt hat, beauftragte er zugleich die SEC, mögliche von der Wertpapierabwicklung verursachte Störungen der Kommunikation zwischen Emittenten und Aktionären zu prüfen[44]. Schwerpunkt des daraufhin von der SEC erstellten Untersuchungsberichts war, ob die indirekte Verteilung der Pflichtmitteilungen durch Intermediäre an die - dem Emittenten unbekannten - Aktionäre unverhältnismäßige Kosten und Verzögerungen verursache[45]. Dabei hat die SEC aber nicht beide Bereiche, das Aktienrecht und die Struktur der Wertpapierabwicklung, zusammen auf möglichen Änderungsbedarf hin geprüft, sondern nur erörtert, ob die Kosten der indirekten Kommunikation als Folge der bestehenden Abwicklungsstruktur tragbar seien. Zwar war der SEC bekannt, dass ein anderes Abwicklungssystem eine verbesserte Kommunikation zwischen Emittenten und Aktionären erlaubt hätte; aber sie beachtete diesen Ansatz nicht, weil eine grundlegende Prüfung des Abwicklungssystems außerhalb der Grenzen ihres vom Kongress erteilten Mandats lag.

Diese Schlussfolgerung ist nicht untypisch für die Debatte in den darauf folgenden Jahren. Das Aktien- und Kapitalmarktrecht einerseits und die rechtlichen Regelungen der Börseninfrastruktur anderseits wurden als isolierte und systematisch zu trennende Problemkreise behandelt. Das durch den Abwicklungsvorgang verursachte Hindernis für eine unmittelbare Kommunikation zwischen Gesellschaft und Aktionär wurde als Preis für eine effiziente Wertpapierabwicklung betrachtet und nicht weiter problematisiert. Lediglich Anpassungen der Kommunikationstechniken wurden vorgenommen[46].

Seit den siebziger Jahren des vorigen Jahrhunderts hat auch das Schrifttum nie eine Änderung der Struktur vorgeschlagen. Deshalb konnte sich der „Business Roundtable", das mächtige Zentralgremium der Vorstandsvorsitzenden (CEOs),

---

41 Siehe unten, § 22.

42 Siehe unten, § 18 (b) und § 22 (b) (iii).

43 Vgl. *SEC* (1976).

44 Siehe unten, § 22 (b) (iii).

45 *SEC* (1976), S. 11 ff.

46 Siehe unten § 33 zum vergleichbaren Entscheidungsverfahren der europäischen Expertengruppe in Sachen Aktionärsrechte.

das im Jahr 2004 um den Erlass einer neuen Regel bat, die die Kosten der teuren indirekten Mitteilungen von den Emittenten auf die Finanzinstitute verlagert hätte,[47] nur auf einen kritischen Aufsatz stützen, den *Brown* im Jahre 1988 verfasst hatte [48]. Seine Arbeit enthält eine systematische Darstellung des Ursachenzusammenhangs zwischen dem Abwicklungssystem und Mängeln der Kommunikation zwischen den amerikanischen Publikumsgesellschaften und ihren Aktionären.

Die Abwicklungssysteme, einschließlich ihrer Governance, werden heute von vielen Fachgremien und offiziellen Stellen untersucht[49]. Der Konflikt zwischen den Interessen der Emittenten und Aktionäre und denen der Intermediäre könnte auch in diesem Zusammenhang zu Tage treten. Als mögliche Interessenkonflikte werden in den maßgeblichen Studien jedoch nur die der verschiedenen Finanzmarktteilnehmer untereinander (der Systembetreiber und dessen Geschäftsleitung, die Abwicklungsteilnehmer sowie mögliche Wettbewerber) angesehen. Das Interesse des "Publikums" wird zwar in Betracht gezogen, aber gleichsam auf eine möglichst preiswerte Abwicklung der Erwerbsvorgänge reduziert[50]. Das Interesse der Aktionäre, die Rechte aus dem Papier auszuüben oder das Interesse der Emittenten, mit ihren Aktionären in Verbindung zu bleiben, wird hingegen nie erwähnt.

§ 05 Bedeutung der Arbeit für den europäischen Leser

Die Europäische Kommission ist seit Jahren bestrebt, die grenzüberschreitende Wertpapierabwicklung effizienter und effektiver zu gestalten[51]. Im Rahmen dieses Projekts werden Ideen und Anregungen sowohl von vielen internationalen Organisationen als auch aus zahlreichen Ländern gesammelt und abgewogen. Die bestehenden Studien widmen aber den möglichen Auswirkungen der Wertpapierabwicklung auf die Ausübung der Rechte aus Wertpapieren wenig oder gar keine Aufmerksamkeit.

---

47 Request for Rulemaking Concerning Shareholder Communications, Nr. 4-493 (12.04.2004), abrufbar unter www.sec.gov/rules/petitions.shtml.

48 Vgl. *Business Roundtable* (2004), Fn. 1, 8, 19, 20, 38, 46. *Guttman*, der den führenden Kommentar für die Übertragung von Wertpapieren nach amerikanischem Recht verfasst hat, erkennt zwar das Problem, behandelt es aber nicht als eigentliches Thema, weil sein Schwerpunkt die Übertragung der Wertpapiere und nicht die Unternehmensleitung ist. Vgl. *Guttman* (2006), §§ 2:2, 2:3, 3:1 Fn. 9. Auch *Klein* (1997) widmet dem Thema der indirekten Kommunikation einen Aufsatz und *Loss/Seligman* (2004), § 6-C-6, erwähnen das Problem von systembedingt verursachten Schäden. Zu bemerken ist aber, dass keiner dieser Autoren alternative, weniger schädliche Systeme in Betracht zieht.

49 Näher dazu unten, § 26 (c).

50 Vgl. *CESR/ECB* (2004), S. 63; *The Group of Thirty* (2003), S. 49 ff.; *CPSS/IOSCO* (2001b), Rec. 13.

51 Vgl. z.B. *Lamfalussy* (2001), § I.8.ii; *McCreevy* (2006), S. 1.

Die vorliegende Arbeit untersucht die negativen Auswirkungen einer Abwicklungsstruktur auf das Informationselement von Namensaktien. Dieses Element ermöglicht es den Aktionären, eine Rolle in der Unternehmensleitung zu spielen[52]. Namensaktien machen einen großen Teil der Aktien aus, die am europäischen Kapitalmarkten gehandelt werden[53]. Darüber hinaus hat die zunehmende Entmaterialisierung der Kapitalmarktpapiere einen Funktionsverlust der Urkunde selbst und einen Funktionsgewinn des "Namenselements" herbeigeführt[54]. Eine Buchung auf einem Depotkonto kann immer nur einen bestimmten Kontoinhaber betreffen. Auch wenn völlig entmaterialisierte Wertpapiere rechtlich als Inhaberpapiere betrachtet würden, würde das mit der Buchung verbundene Namenselement unabdingbar zum Wesen des „Papiers" gehören[55]. Daher ist die Frage, wie ein Abwicklungssystem mit dieser Information umgeht, auch dort von Bedeutung, wo vornehmlich Inhaberaktien verwendet werden.

Die Europäische Kommission will Maßnahmen ergreifen, um die Aktionärsrechte zu stärken[56]. Dabei scheint insbesondere das Vorhaben, die grenzüberschreitende Ausübung von Stimmrechten zu erleichtern, den gleichen Weg zu nehmen, wie der, den die SEC bereits in den 1970er Jahren eingeschlagen hat. Es drängt sich der Eindruck auf, dass das Netzwerk der Intermediäre und ihre Kontrolle der Aktionärsdaten als unüberwindbar betrachtet wird[57] und als ob Stimmrechte nur durch oder über die Intermediäre ausgeübt werden könnten. Für das europäische Projekt der Stärkung von Aktionärsrechten sind eine Klarstellung der Nachteile einer indirekten Weiterleitung von Unternehmensinformationen und der lediglich indirekten Ausübung des Stimmrechts sowie eine Darstellung der Vorteile von Abwicklungsstrukturen, die eine direkte Beziehung zwischen Emittenten und Aktionären nicht unterbrechen, ebenfalls von großem Nutzen.

Aber auch für die grenzüberschreitende Übertragung von Effekten sind Abwicklungssysteme, die direkt beim Emittenten ansetzen, von Interesse. In Märkten, in denen Wertpapiere völlig entmaterialisiert sind, braucht eine Gattung von Wertpapieren nicht mehr zwischen verschiedenen Verwahrstellen aufgeteilt zu werden, sondern kann in einem einzigen, konstitutiven Konto, das auch als Aktienregister dient, verbucht werden[58]. Abwicklungssysteme, die Wertpapiere auf Konten oder Registern bei den Emittenten liefern würden, könnten die Rechtsunsicherheit, die bei grenzüberschreitenden Übertragungen aus der Kollision

52 Siehe Kapitel II.
53 Siehe unten, § 32.
54 Siehe unten, § 32.
55 Siehe unten, § 32.
56 Vgl. *Europäische Kommission* (2006a), (2005), (2004b).
57 Siehe unten, § 33.
58 Siehe unten, § 34.

verschiedener Rechtssysteme entsteht, erheblich vermindern. Daher können die Ergebnisse dieser Arbeit möglicherweise auch einen Beitrag zur Fortentwicklung der Abwicklungstechnik für die grenzüberschreitenden Wertpapierübertragungen leisten.

§ 06 Fazit

Die Arbeit verfolgt zusammenfassend zwei Hauptziele: Einerseits sollen die schädlichen Auswirkungen eines Abwicklungssystems auf die Ausübung der Mitgliedschaftsrechte herausgearbeitet werden. Anderseits soll deutlich gemacht werden, dass eine Änderung der Abwicklungsstruktur die Corporate Governance verbessern kann und nicht umgekehrt das Aktienrecht stets an die Struktur des Abwicklungsvorgangs anzupassen ist.

Ein Nebenziel dieser Arbeit ist es, die Einsicht zu fördern, dass die Zentralisierung der Wertpapierabwicklung, in der Intermediäre eine sehr sichtbare und leitende Rolle spielen, mit der Immobilisierung der Wertpapiere zusammenhängt. Sind Wertpapiere entmaterialisiert, stellen digitale "Bucheffekten" oder "Wertrechte" eine Form der (sehr wertvollen und schützbedürftigen) Information dar. Dabei ist die Rolle der Intermediäre als sichtbare und gar dominante Vermittler als eine "veraltete Technik" anzusehen. Folglich ist eine gewisse "*disintermediation*" anzustreben.

Im Jahr 1909 erforderte ein Telefongespräch 10 manuelle Schritte und die zeitraubende und störende Vermittlung durch zwei Mitarbeiter der Telefongesellschaft, die den Anrufer um notwendige Angaben baten und die notwendigen Verbindungen zu den Leitungen schalteten[59]. Spätestens seit dem Jahr 2003 lenken unhörbare Digitalschalter die Daten eines Telefongesprächs nicht nur zu den gewünschten Leitungen, sondern vollbringen dies, ohne dass die Gesprächspartner davon gestört werden, indem sie durch kurze aufschiebende Aufnahmen ein sauberes akustisches Bild schaffen[60]. Eine vergleichbare Entwicklung sollte bei der Abwicklung der entmaterialisierten Wertpapiere ebenfalls möglich sein.

---

59 *Deutsches Postmuseum* (1993), S. 85.
60 *Huurdeman* (2003), S. 499.

I. Die zentrale Rolle des Stimmrechts in der Aktiengesellschaft

§ 07 Die Beziehung zwischen Mitgliedschaftsrechten und Wertpapierabwicklung

Die Rechte eines Aktionärs in seiner Aktiengesellschaft werden durch das Eigentum an seinem Anteil (Aktie) vermittelt[61]. Die Aktienurkunde verbrieft die Rechtsstellung als Mitglied einer Aktiengesellschaft[62]; sie stellt eine "Versachlichung" der Mitgliedschaftsrechte dar[63]. Die Aktienurkunde ist aber nur deklaratorisch, weil eine Aktie als Mitgliedschaftsrecht "bereits mit der Eintragung der Gesellschaft in das Handelsregister bzw. mit der Eintragung der Durchführung einer Kapitalerhöhung" entsteht und daher bis zur Schaffung der Urkunde "zunächst als unverbrieftes Recht" existiert[64]. Der Aktionär wird durch das Eigentum am Aktienzertifikat oder das Miteigentum an einer Sammelurkunde als Inhaber seiner Aktie legitimiert[65].

Weil die Rechte des Aktionärs vom Eigentum an seiner Aktien abhängen, sind diese Rechte notwendigerweise von seiner Beziehung zur Aktie abhängig. Wegen der Legitimationsfunktion des Aktienzertifikates bzw. der Sammelurkunde ist die faktische Ausübung der Rechte aus dem Aktienanteil wiederum stark vom Eigentum bzw. Miteigentum des Aktionärs an der Urkunde beeinflusst. Daher wirkt sich die Art und Weise, in der Aktienzertifikate bzw. Sammelurkunden gehalten, verwahrt und verwaltet werden, nicht unerheblich auf die Eigentums- und Mitgliedschaftsrechte des Aktionärs aus. Weil für börsennotierte Gesellschaften das Halten, Verwahren und Verwalten der Wertpapiere innerhalb des Systems der Wertpapierabwicklung erfolgt, beeinflusst dieses Abwicklungssystem die Rechte der Aktionäre.

Die Beurteilung dieses Einflusses hängt von zwei Faktoren ab. Erstens: Wie wichtig sind die Rechte, die beeinflusst werden? Wie wichtig sind also die Mitgliedschaftsrechte der Aktionäre einer Aktiengesellschaft? Sollten die Mitgliedschaftsrechte der Aktionäre bloß altertümliche Reste einer früheren Evolutions-

---

61 Die Aktiengesellschaft hat ein in Aktien zerlegtes Grundkapital (§ 1 Abs. 2 AktG). Nach dem Recht des Staates Delaware werden die dinglichen Ansprüche jedes Aktionärs durch ein *share* vermittelt. *Equitable Trust Co. v. Gallagher*, 67 A.2d 50, 54 (Del.Ch. 1949); Nach dem RMBCA sind "shares" "*the units into which the proprietary interests in a corporation are divided*". § 1.40 Abs. 21 RMBCA.

62 *Hueck/Canaris* (1986), S. 215; *Heider* in Münchkomm AktG § 1, Rdn. 89; *Kübler/Assmann* (2006), S. 193. Zum amerikanischen Recht: *Gevurtz* (2000), S. 113 f.

63 *Heider* in Münchkomm AktG § 1, Rdn. 90; zum amerikanischen Recht vgl. *Re Penfield Distilling Co.*, 131 F. 2d. 694, 698 (6th Cir. 1942).

64 *Hueck/Canaris* (1986), S. 217. Zum amerikanischen Recht: *Guttman* (2006), §§ 1:5, 1:6, 1:13; *Bankhaus Hermann Lampe KG v. Mercantile-Safe Deposit & Trust Co.*, 466 F. Supp. 1133, 1144 (S.D.N.Y. 1979).

65 *Guttman* (2006) § 1:13, S. 1-51. Zum deutschen Recht: *Hueck/Canaris* (1986), S. 26; *Noack/Zetzsche* (2002), S. 651; *Brändel* in Großkomm. AktG § 10, Rdn. 24 ff.; *Heider* in Münchkomm AktG § 10, Rdn. 6 ff.

stufe der Aktiengesellschaft sein, dann hätte eine Beeinträchtigung ihrer Ausübung wenig Bedeutung. Im gegenteiligen Fall würde eine solche Beeinträchtigung dagegen durchaus nähere Beachtung verdienen. Zweitens: Wie groß ist das Ausmaß des Einflusses der Wertpapierabwicklung auf die Aktionärsrechte? Die Bedeutung einer Untersuchung dieser Frage wächst im gleichen Grad wie das Ausmaß eines etwaigen negativen Einflusses.

In diesem Kapitel soll die erste Frage – die Wichtigkeit der Mitgliedschaftsrechte, insbesondere des Stimmrechts, für die Aktionäre und die Gesellschaft – beantwortet werden. Die zentrale Rolle des Stimmrechts in der Aktiengesellschaft spricht für die Schutzwürdigkeit ihrer Ausübung. Das hierauf folgende 2. Kapitel wird sich der zweiten Frage nach dem Ausmaß des negativen Einflusses der Wertpapierabwicklung auf die Aktionärsrechte widmen.

§ 08 Die Rechte der Aktionäre

(a) Der Aktionär ist Eigentümer der Aktiengesellschaft

Nach dem *Common Law* sind Aktionäre die Eigentümer der Aktiengesellschaft. Zwar gehört das Gesellschaftsvermögen ausschließlich der Gesellschaft und nicht den Aktionären[66], aber die Gesellschaft selbst, insoweit sie Sache und nicht Person ist, gehört den Aktionären. Wie *Davies* zutreffend ausführt, ist die Gesellschaft nicht nur juristische Person, die Rechte und Pflichte haben kann, sondern ihrerseits auch ein Gegenstand, an dem die Aktionäre Rechte haben[67]. In den Vereinigten Staaten ist die Stellung der Aktionäre als Eigentümer der Aktiengesellschaft allgemein anerkannt[68]. Auch in Deutschland setzt die Begründung zum Regierungsentwurf der deutschen Aktienrechtsreform von 1965 voraus, dass Aktionäre die "wirtschaftlichen Eigentümer des Unternehmens" sind[69].

Dem Chancery Court des US-Bundesstaates Delaware zufolge verbrieft ein Aktienzertifikat ein dingliches Recht in der Form einer "*chose in action*"[70]. Die

66 Del. Code Ann. tit. 8, § 102 Abs. b Nr. 6; § 6.22 RMBCA; *Bank of Commerce v. State of Tennessee*, 161 U.S. 134, 146 (1896).

67 *Davies* (2003) 616-17.

68 Vgl. *Booth* (2002), § 2A:02; *Gewurtz* (2000), S. 113 f., 210; *Berle/Means* (1968); *Roe* (1994); *Milhaupt* (1998); *Van Allen v. The Assessors*, 70 U.S. 573, 584, (1865); *Bellows Falls Power Co. v. Com.*, 222 Mass. 51, 58; 109 N.E. 891, 895 (1915); *U.S. v. Evans*, 375 F.2d 730 (9th Cir 1967).

69 *Semler* in Münchkomm AktG Einl. Rdn. 38; *Mülbert* in Großkomm. AktG vor §§ 118-147 Rdn. 187. Nach dem deutschen Schrifttum sind die Eigentumsrechte der Aktionäre auf die Dauerrechtsbeziehung der Mitgliedschaft gegründet, vgl. *Mülbert* in Großkomm. AktG vor §§ 118-147, Rdn. 188 ff.; *Schmidt* (2002), S. 549 ff., mit der Folge, dass Aktionäre hauptsächlich als Mitglieder gesehen wurden, was aber ihre mitwirkende Stellung in der Gesellschaft hervorhebt. Siehe auch *Kübler/Assmann* (2006), S. 193.

70 *Equitable Trust Co. v. Gallagher*, 67 A.2d 50, 54 (Del.Ch. 1949); vgl. auch *Hook v. Hoffman*, 16 Ariz. 540, 546 (Arizona Supr. 1915); *Barksdale & als. v. Finney* & als., 55 Va. 338 (Va. Super. 1858).

"*chose in action*" verleiht einen dinglichen Anspruch, der nur durch Rechtsmittel (*action*) und nicht durch tatsächlichen Besitz (*possession*) durchgesetzt kann[71], weil das Objekt des Rechtes immateriell ist[72]. Das dingliche Recht, das ein Aktionär hält, ist seinem Inhalt nach notwendigerweise beschränkt, was aber seinen Wert und seinen Charakter als Eigentumsrecht keineswegs schwächt[73]. Durch die Gründung einer Aktiengesellschaft verpflichten sich die Aktionäre gegenseitig, die Bestimmungen der Satzung zu beachten, und delegieren die Leitung der Gesellschaft an das Management, um einen gemeinsamen Zweck zu erreichen. Ein derartiges gemeinsames Projekt ließe sich nicht verwirklichen, wenn jeder Aktionär ein unbeschränktes Nutzungs- und Verwertungsrecht in Bezug auf das Gesellschaftsvermögen ausüben könnte. Die Aktie verleiht dem Aktionär ein Miteigentumsrecht, dessen begrenzte Natur die funktionsfähige Organisation der Gesellschaft ermöglicht.

Nur zusammen mit anderen Aktionären und unter Berücksichtigung der der Geschäftsleitung überlassenen Befugnisse kann ein Aktionär seine Rechte als Eigentümer ausüben. Er kann daher nach Maßgabe der hierfür kraft Gesetzes vorgesehenen Kompetenzen der Hauptversammlung den Verkauf des Gesellschaftsvermögens billigen oder blockieren[74], die Verschmelzung des Unternehmens mit einen anderen gestatten oder ablehnen[75]. Er kann ein bestimmtes Maß der Gesellschaftserlöse an sich ausschütten lassen oder die Gesellschaft auflösen und seinen Anteil am Liquidationserlös beanspruchen[76]. Er kontrolliert die Ge-

---

71 *Vaines* (1962), S. 221, der zitiert *Torkington v Magee*, [1902] 2 K.B. 247, 430.

72 "*In English law property is classified into real property ("land, tenements and hereditaments") and personal property. The latter is divided into chattels real (interests in land, eg a lease) and chattels personal (all property other than real property and chattels real). Chattels personal are subdivided into things (or "choses") in possession (which can be recovered by reduction into possession) and things (or "choses") in action (which can only be recovered by action in the courts). The former includes tangible moveable property, the latter intangible personal property such as rights and debts. Shares are "property" within R.S.C. 1965*, Ord. 86: *Woodlands v Hinds* [1955] 1 W.L.R. 688, 690. *They are personal estate* (s 182(1)(a))." *Palmers Company Law*, § 2.006.

73 "*The bundle of rights conception* [des Eigentumsrechts] *has spawned various formulations of property incidents ... The challenge facing a property theorist is to explain why any particular list is essential to property ... The answer to this challenge lies in the common theme underlying the law of property - the protection of value ... [A] value-based perspective provides an even more basic explanation of such property incidents as use and transfer. Use represents direct extraction of value for the owner, and transfer embodies the potential to extract value from the asset by conveying it to others who might value it more highly, either for consideration or as a gift. Furthermore, owners may derive value from discretionary nonuse of assets ... Honore's listed incidents of the right to property's income and capital should be seen as corollaries of the right to use, as interpreted by the value theory.*" *Bell/ Parchomovsky* (2005), S. 587 f.

74 Vgl. z.B. Del Code Ann. tit. 8, § 271(a) und § 12.02 RMBCA. Zum deutschen Recht z.B. § 179a AktG.

75 Del Code Ann. tit. 8, § 251(c), and § 11.03(b). Zum deutschen Recht z.B. § 319 AktG.

76 Vgl. z.B. Del Code Ann. tit. 8, §§ 170 and 154; § 6.40 RMBCA. Zum deutschen Recht z.B. §§ 58 Abs. 4, 271 AktG.

sellschaft durch die Wahl des Managements[77] und kann die gewählten Verwalter auch abberufen[78]. Gegen jeden, der diesen Rechten im Wege steht, kann der Aktionär nach Maßgabe der aktienrechtlichen Vorschriften vorgehen[79]. Wie die meisten dingliche Rechte sind auch diese Rechte unbefristet[80]. Nach amerikanischem Aktienrecht stehen Befugnisse, die nicht im Gesetz oder in der Satzung vorgesehen sind, den Aktionären als den Eigentümern zu[81].

Im Gegensatz zum schuldrechtlichen Anspruch eines Gesellschaftsgläubigers wirkt das Recht des Aktionärs gegen jedermann. Wie bereits ausgeführt, ist die begrenzte und geteilte Natur des dinglichen Rechts der Aktionäre kein Nachteil, sondern wesentlich für die Natur der Gesellschaft. Wie *Armour/Wincop* erklären:"Property law *protects the entitlements of co-owners against opportunistic attempts by one of them to grant entitlements to third parties that undermine the other co-owners' claims. It does so by making their entitlements to the assets generally enforceable. Hence it affects an open-ended set of potential third parties who might deal with the firm.*"[82] Wenn die Geschäftsleitung ohne die erforderliche Zustimmung der Aktionäre das Gesellschaftsvermögen an einen Dritten überträgt, kann der Aktionär nicht nur bei der Geschäftsleitung Rückgriff nehmen, sondern hat vielmehr einen direkten Anspruch gegen den Dritten auf Rückerstattung oder Entschädigung[83]. Aufgrund des Anspruchs gegen den Dritten sinken die Überwachungskosten der Aktionäre erheblich[84].

(b) Das Zusammenwirken der Rechte des Aktionärs

Die Rechte des Aktionärs wirken zusammen, um die Stellung des Aktionärs innerhalb der Aktiengesellschaft nutzbringend und funktionsfähig zu machen. Die

---

77 Del Code Ann. tit. 8, §§ 211 Abs. b and 141 Abs. k; and §§ 8.03(c) and 8.08(a). Zum deutschen Recht des Aufsichtsrats: § 101 AktG.

78 Del Code Ann. tit. 8, § 141 Abs. k; § 8.08 Abs. a RMBCA. Zum deutschen Recht z.B. § 103 AktG.

79 Vgl. z.B. Del Code Ann. tit. 8, § 327; § 7.40 RMBCA. Zum deutschen Recht z.B. § 243 ff. AktG.

80 Zum amerikanischen Recht vgl. Del Code Ann. tit. 8, § 151 und § 6.01 RMBCA. Gerade weil eine Aktie bei Auflösung der Gesellschaft – aber nicht vorher – einen Anteil am Liquidationserlös vermittelt, besteht dieses Recht und daher die Aktie – solange das Recht nicht abbedungen ist – bis zur Auflösung der Gesellschaft fort. *Henze/Henze* in Großkomm. AktG § 57, Rdn. 8 ff.; *Doralt/Winner* in Münchkomm AktG § 57, Rdn. 1 ff.; *Kübler/Assmann* (2006), S. 199.

81 Del Code Ann. tit. 8, § 141(a): "The ... corporation ... shall be managed by or under the direction of a board ... *except as may be provided otherwise* in this chapter or in its certificate of incorporation" (Hervorhebung von Verf.). RMBCA § 7.32(a): "An agreement among the shareholders ... is effective ... even though ... it ... eliminates the board of directors or restricts the discretion or powers of the board of directors."

82 *Armour/Whincop* (2005), S. 3.

83 *Mohawk Carpet Mills, Inc. v. Delaware Rayon Co.*, 110 A.2d 305 (Del Ch, 1954).

84 *Armour/Whincop* (2005), S. 11.

Rechte der Aktionäre könnte[85] man als "Vermögens- und Verwaltungsrechte" bezeichnen[86]. Das Gewinnbezugsrecht[87] und das Recht auf den Liquidationserlös[88] gehören zu den wichtigsten mitgliedschaftlichen Vermögensrechten. Sie werden durch Verwaltungsrechte wie etwa das Recht auf stimmberechtigte Teilnahme an der Hauptversammlung[89] und das Recht, Ansprüche gegen die Geschäftsleitung geltend zu machen oder Hauptversammlungsbeschlüsse anzufechten[90], geschützt[91]. Das Recht auf den Bezug junger Aktien[92] schützt insbesondere die Verwaltungsrechte, weil infolgedessen die Beteiligungsquote eines Aktionärs nicht ohne weiteres gegen seinen Willen herabgesetzt werden kann[93]. Weitere Rechte, wie das Auskunftsrecht[94], ermöglichen eine informierte Ausübung der anderen Rechte[95], insbesondere des Stimmrechts in der Hauptversammlung[96].

---

85 Die hier gewählte Terminologie ist keineswegs zwingend. Andere mögliche Bezeichnungen für "Verwaltungsrechte" sind z.B. "Mitwirkungsrechte", "Herrschaftsrechte" und "Mitverwaltungsrechte". *Mülbert* in Großkomm. AktG vor §§ 118-147, Rdn. 204. Andere Begrenzungen und Bezeichnungen lassen sich auf für die hier genannte "Vermögensrechte" auch begründen.

86 Die neuere amerikanische Rechtslehre bemüht sich viel weniger als die deutsche um die Klassifizierung der Rechte. *Booth* gelangt auch zu einer Zweiteilung zwischen dem "*right to participate in the financial return*" und dem "*right to control the business*". *Booth* (2002), § 2A:02. *Clark* erwähnt in der Einleitung seines berühmten Lehrbuches, dass Aktien "üblicherweise" die folgenden drei Rechte haben: *pro rata dividend and liquidation rights, voting rights, information rights. Clark* (1985), S. 13. Vor 60 Jahren, hat *Ballantine* eine etwas abstraktere Klassifizierung ausgearbeitet: – *rights as to control and management, proprietary rights, remedial and ancillary rights. Ballantine* (1946), S. 375. Zum deutschen Recht insoweit etwa *Heider* in MünchKomm AktG § 11, Rdn. 10; *Brändel* in Großkomm. AktG § 1, Rdn. 82; *Kübler/Assmann* (2006), S. 196 ff.; *Schmidt* (2002), S. 557 ff.). Auch in diesem Zusammenhang ist daran zu erinnern, dass nach den meisten amerikanischen Aktiengesetzen die Mehrheit der Rechte in der Satzung nach Belieben gewährt oder abbedungen werden kann.

87 Del Code Ann. tit. 8, § 151 Abs. c; § 6.01 Abs. c Nr. 3. RMBCA. Zum deutschen Recht: § 58 Abs. 4 AktG

88 Del Code Ann. tit. 8, § 151 Abs. d; § 6.01 Abs. b Nr. 2 RMBCA. Zum deutschen Recht: § 271 AktG.

89 Del Code Ann. tit. 8, §§ 212, 211 Abs. b, 242 Abs. b, 251 Abs. c, 271, 275 Abs. c; §§ 7.21 Abs. a, 7.28, 8.08, 9.21, 9.52, 10.03, 10.20, 11.04, 12.02, 14.02 RMBCA. Zum deutschen Recht: §§ 12, 118, 133 ff. AktG.

90 Del Code Ann. tit. 8, § 327; § 7.01 RMBCA. Zum deutschen Recht: §§ 147, 245 Nr. 1 bis 3 AktG.

91 *Ballantine* (1946), S. 433.

92 Fakultativ gemäß Del. Code Ann. tit. 8, § 102 Abs. b Nr. 3; § 6.30 Abs. a RMBCA, zwingend nach deutschem Recht gemäß § 186 AktG.

93 Kölnkomm Akt § 186, Rdn. 7.

94 Del Code Ann. tit. 8, § 220; §§ 16.02, 16.04, 16.20 RMBCA. Zum deutschen Recht: §§ 131, 142-145, 258 AktG.

95 *Mülbert* in Großkomm. AktG vor §§ 118-147, Rdn. 217.

96 Vgl. *Balotti/Finkelstein* (2002), § 7.44; *Cox/Hazen/ONeal* (2002), § 13.3.

Das Stimmrecht wird als "das wichtigste Mitverwaltungsrecht des Aktionärs" eingeschätzt[97]. Es wirkt wie eine Befugnis – innerhalb der vom Gesetz bestimmten Grenzen[98] –, Weisungen an einen Beauftragten zu geben. Hierdurch erlaubt es den Aktionären, die Gesellschaft zu lenken[99] und die Gesellschaft an geänderte anzupassen. Die Gerichte und das juristische Schrifttum neigen in der Regel, und zwar unabhängig davon, ob sie die Frage unter dogmatischen, ökonomischen oder rechtspolitischen Gesichtspunkten betrachten, dazu, ein starkes Stimmrecht zu fordern. Dogmatisch gesehen ist ein Stimmrecht ein wesentlicher Bestandteil der Mitgliedschaft, der nicht entzogen werden soll[100]. Ökonomisch gesehen dient das Stimmrecht dazu, die Trennung zwischen dem Eigentum an der und die Kontrolle über die Gesellschaft zu überbrücken[101]. Rechtspolitisch gesehen legitimiert das Stimmrecht die Übertragung erheblicher Macht an die Geschäftsleitung[102].

(c) Zwischenergebnis

Aktionäre sind sowohl Mitglieder als auch – jedenfalls nach dem *Common Law* – (Mit)Eigentümer ihrer Aktiengesellschaft. Sie haben sowohl vermögensbezogene als auch verwaltungsbezogene Rechte. Beide Rechte sind der Natur der Aktiengesellschaft entsprechend gestaltet und begrenzt. Die Funktionen der verschiedenen Rechte unterstützen und ergänzen einander gegenseitig. Das Stimmrecht wird als das wichtigste Verwaltungsrecht betrachtet. Es verleiht dem Aktionär einen begrenzten und proportionalen Einfluss, damit er die Geschicke der Gesellschaft beeinflussen und deren Struktur innerhalb des gesetzlich vorgegebenen Rahmens gestalten kann.

§ 09 Die Natur und der Zweck des Stimmrechts

(a) Rechtsdogmatische Perspektive

Als Eigentümer der Gesellschaft hat der Aktionär das Recht, in dem gesetzlich bestimmten Umfang und nach Maßgabe der im Gesetz befindlichen Regeln über sie zu verfügen und über ihr Schicksal zu entscheiden. Dieser Einfluss lässt sich regelmäßig nur im Zusammenwirken mit anderen Aktionären ausüben. Damit ist das Eigentumsrecht des Aktionärs seinem Wesen nach ein Mitgliedschaftsrecht. Folglich kann das Stimmrecht nach der dogmatischen Logik, die im deutschen, aber kaum im amerikanischen juristischen Schrifttum verwendet wird, aus der

---

97 *Brändel* in Großkomm. AktG § 12, Rdn. 1, 4; *Heider* in Münchkomm AktG § 12, Rdn. 5.

98 Weder das amerikanische noch das deutsche Recht erlaubt es den Aktionären, der Geschäftsleitung Weisungen zu erteilen, soweit derartige Weisungen nicht im Gesetz vorgesehen sind. Vgl. Del Code Ann. tit. 8, § 141; § 176 AktG.

99 Siehe unten, § 9.

100 Siehe unten, § 9 (a).

101 Siehe unten, § 9 (b).

102 Siehe unten, § 9 (c).

Mitgliedschaft des Aktionärs abgeleitet werden[103]. Dogmatisch gesehen ist das Stimmrecht der "Ausfluss" einer Aktie[104]. Alle Aktieninhaber sind Mitglieder der Aktiengesellschaft. Die Mitgliedschaft an sich gewährt das Stimmrecht[105], weil das Stimmrecht einen "akzessorischen Bestandteil der Mitgliedschaft" bildet[106]. Dieses Recht berechtigt "zur gestaltenden Mitwirkung in den Angelegenheiten der Gesellschaft"[107].

Dies führt zu der Schlussfolgerung, dass ein wesentlicher Bestandteil der Mitgliedschaft nicht von den anderen Bestandteilen abgespalten werden soll, und dass das bloße Stimmrecht nicht an Dritte übertragen werden darf[108]. Rechtsgeschäfte, die eine solche Übertragung beabsichtigen, sind nach § 134 BGB nichtig[109]. Das Recht des Staates Delaware hat auch früher eine solche Abspaltung des Stimmrechts von dem wirtschaftlichen Interesse verboten, weil es bestimmte, dass "jeder Aktionär sich auf die unbefangene Beurteilung der anderen Aktionären verlassen können sollte"[110]. Inzwischen halten die Gerichte des Staates Delaware nicht mehr daran fest, dass jeder Aktionär den übrigen Aktionären eine Pflicht der unbefangenen Beurteilung schuldet. Damit ist die Abspaltung des Stimmrechts nur im Fall des Betruges oder der Verletzung einer Treupflicht untersagt[111]. Die Freiheit, das bloße Stimmrecht an Dritte zu "verkaufen", kann Geschäfte veranlassen, die das Stimmrecht von dem wirtschaftlichen Interesse aus Aktien abspalten und sich von einfachen Stimmverträgen bis zu komplexen Aktienleihen und Derivategeschäften erstrecken[112]. Ein solcher Verkauf könnte zwar das Verhältnis zwischen dem wirtschaftlichen Interesse und dem tatsächlichen Einfluss aus dem Gleichgewicht bringen, muss aber nicht die Vertragsfreiheit des Eigentümers beschränken, sofern der Aktionär nicht durch den Verkauf seine Treupflicht verletzt[113]. Eine andere Frage betrifft die Auswirkungen solcher Stimmrechtsverkäufe auf die Anstrengungen der Emittenten und der Auf-

---

103 Vgl. z.B. *Brändel* in Großkomm. AktG § 12, Rdn. 4; *Heider* in Münchkomm AktG § 12, Rdn. 5; *Schmidt* (2002), S. 552 ff.

104 *Brändel* in Großkomm. AktG § 12, Rdn. 4.

105 *Brändel* in Großkomm. AktG § 12, Rdn. 4.

106 *Heider* in Münchkomm AktG § 12, Rdn. 5.

107 *Brändel* in Großkomm. AktG § 12, Rdn. 4.

108 § 8 Abs. 5 AktG; *Heider* in Münchkomm AktG § 8, Rdn. 108; *Brändel* in Großkomm. AktG § 8, Rdn. 53.

109 *Heider* in Münchkomm AktG § 8, Rdn. 117; *Brändel* in Großkomm. AktG § 8, Rdn. 57.

110 *Schreiber v. Carney*, 447 A.2d 17, 24 (Del. Ch. 1982).

111 *Hewlett v. Hewlett-Packard*, 2002 Del. Ch. LEXIS 44 (Del. Ch. 2002) ("*Shareholders are free to do whatever they want with their votes, including selling them to the highest bidder.*").

112 *Hu/Black* (2006b), S. 1015 ff.

113 Nach amerikanischem Recht kann der Verkauf eines Mehrheitsanteils an einen Käufer, der die Gesellschaft offensichtlich schädigen wird, u.U. eine Verletzung der Aktionärstreupflicht darstellen. Vgl. *Perlman v. Feldmann*, 219 F.2d 173 (D. Conn. 1957).

sichtsbehörden, eine klare Einsicht in die Aktionärsstruktur zu erlangen[114]. Diese Frage betrifft aber die Veröffentlichungspflicht und nicht mehr die Vertragsfreiheit.

(b) Ökonomische Perspektive

Die ökonomische Theorie des Stimmrechts basiert hauptsächlich auf der Übereinstimmung zwischen der Rendite des Aktionärs und dem Geschick der Gesellschaft. Nach dieser Analyse soll das Stimmrecht als ein Kanal des Einflusses zwischen dem Aktionär, der das Risiko des Gesellschaftserfolges trägt (*residual claimant*), und der Geschäftsleitung, die die Gesellschaft verwaltet, dienen[115]. Der Aktionär ist der Risikoträger, weil er – im Gegensatz zu den Arbeitnehmern und den Gesellschaftsgläubigern[116] – einen Anspruch nur auf den Gewinn oder das im Fall der Insolvenz nach Begleichung aller Verbindlichkeiten verbleibende Vermögen der Gesellschaft hat:

> *"[S]hareholders are the residual claimants to the firm's income. Creditors have fixed claims, and employees generally negotiate compensation schedules in advance of performance. The gains and losses from abnormally good or bad performance are the lot of shareholders, whose claims stand last in line. As the residual claimants, shareholders have the appropriate incentives (collective choice problems notwithstanding) to make discretionary decisions... "[M]anagers' knowledge that they are being monitored by those who have the right incentives ... leads managers to act in shareholders' interests in order to advance their own careers and to avoid being ousted"*[117].

Der Aktionär ist zur Ausübung der Kontrolle prädestiniert, weil sein Geschick das wirtschaftliche Schicksal der Gesellschaft widerspiegelt: er nimmt an ihren Gewinnen und Verlusten teil, ohne durch vertragliche Vereinbarungen geschützt zu sein. Aufgrund der daraus folgenden Anreizstruktur und *nicht* aufgrund seiner Rechtstellung (z.B. als Eigentümer oder Mitglied) ist der Aktionär am besten in der Lage, die maßgeblichen Entscheidungen für die Gesellschaft zu treffen. Allerdings betrachtet diese Sichtweise den Aktionär nicht in erster Linie als denkendes, freiwillig handelndes Rechtssubjekt. Entscheidend ist vielmehr, dass sein treibendes Interesse mit dem wirtschaftlichen Zweck der Gesellschaft übereinstimmt.

Solange das Streben nach Gewinn und der Steuerung der Gesellschaft in demselben Personenkreis zusammenfallen, wird das Unternehmen effizient gelenkt –

---

114 *Hu/Black* (2006b), S. 1017 f.

115 Vgl. *Easterbrook/Fischel* (1991), S. 67.

116 Gesellschaftsgläubiger und Arbeitnehmer der AG handeln die für sie maßgeblichen Vertragsbedingungen mit der Gesellschaft aus, und die daraus resultierenden Ansprüche sind regelmäßig völlig unabhängig von der wirtschaftlichen Lage der AG. *Easterbrook/Fischel* (1991), S. 24 f.

117 *Easterbrook/Fischel* (1991), S. 67 f.

ähnlich wie beim Einzelunternehmer, bei dem Eigentum und Kontrolle nicht auseinanderfallen[118].

Ein zweiter Grund für das Stimmrecht, den man im ökonomischen Schrifttum findet, scheint eher systemtheoretisch zu sein[119]: es ermöglicht dem Risikoträger, die Gesellschaft ständig an neue Umstände anzupassen[120]. Das Bild der Gesellschaft als geschlossenes Netzwerk von Verträgen, das dem Interesse der Aktionäre zur Zeit der Gesellschaftsgründung entspricht, ist aber offenbar zu starr und deterministisch. Mit Hilfe des Stimmrechts können die ursprünglichen Bestimmungen einer Satzung später ergänzt[121] und das Management fortdauernd überwacht (*monitoring* und *ratification*) werden [122], um die Tätigkeit der Gesellschaft ständig am Willen der Aktionäre auszurichten. Auf diese Weise trägt das Stimmrecht des Aktionärs zur Anpassungsfähigkeit der Gesellschaft bei.

An dieser Stelle soll ein wesentlicher Unterschied zwischen der dogmatischen und der ökonomischen Sichtweise verdeutlicht werden. Für den Ökonomen ist das Stimmrecht eine Art Kanal, durch den die akkumulierten Wünsche der einzelnen Aktionäre nach Gewinnmaximierung in die Geschäftsleitung einmünden. Die eigentliche Rechtfertigung des Stimmrechts ist daher nicht die durch die Aktie vermittelte Mitgliedschaft, sondern das Interesse des Unternehmens: die Gesellschaft soll den Gewinn maximieren. Das Stimmrecht ist wichtig, weil es der Gesellschaft hilft, dieses Ziel zu erreichen. Die Aktionäre stimmen automatisch richtig, weil sie Risiko tragen. Im Gegensatz zur dogmatischen Sicht rührt hier die Legitimität nicht hauptsächlich aus dem Recht des einzelnen Mitglieds, sondern aus dem wirtschaftlichen Zweck des Verbandes als solchem. Der Schlüssel zum Verständnis des Stimmrechts liegt nicht in seiner Rechtsnatur, sondern in der wirtschaftlichen Stellung des Aktionärs. Fällt die Ausrichtung der Interessen weg – wie beim Verkauf des Stimmrechts – so verliert das Stimmrecht seine *raison d'etre*. Damit müssten aus der rein ökonomischen Perspektive die Abspaltung des Stimmrechts von dem zugrunde liegenden wirtschaftlichen Interesse durch Vertrag, Aktienleihe oder Derivategeschäfte unzulässig sein. Darüber hinaus verliert von diesem Ausgangspunkt her das Stimmrecht der Aktionäre dann an Legitimität, wenn das Ziel der Gewinnmaximierung der Gesellschaft in die Kritik gerät, etwa durch die Überzeugung, dass die Gesellschaft dem Gesamtwohl dienen sollte[123].

---

118 Vgl. *Easterbrook/Fischel* (1991), S. 67. Die Trennung zwischen dem Eigentum an der Gesellschaft und der Kontrolle der Gesellschaft wird näher im nächsten Abschnitt dieses Kapitels behandelt.

119 Vgl. z.B. *Luhmann* (1968), S. 218.

120 *Easterbrook/Fischel* (1991), S. 66.

121 *Easterbrook/Fischel* (1991), S. 66.

122 Vgl. *Jensen/Smith* (1985) S. 142.

123 Vgl. z.B. *Blair/Stout* (1999), S. 255.

(c) Rechtspolitische Perspektive

Monks und *Minow* verstehen die Verwaltung der Aktiengesellschaft als eine Demokratiestruktur, die durch die amerikanischen Reformgesetze der 30er Jahren verstärkt werden sollte:

> *"[Lawmakers] tried to set up a process of corporate accountability – an impartial set of rules preserving the widest possible latitude for shareholders to protect their financial interests. In searching for a reliable and familiar model, they turned to America's own traditions of political accountability.*
>
> *Shareholders were seen as voters, boards of directors as elected representatives, proxy solicitations as election campaigns, corporate charters and bylaws as constitutions and amendments. Just as political democracy acted to guarantee the legitimacy of governmental or public power, the theory went, so corporate democracy would control – and therefore legitimate – the otherwise uncontrollable growth of power in the hands of private individuals. Underpinning that corporate democracy, as universal franchise underpinned its political counterpart, was the principle of one share, one vote"*[124].

Auch das Gericht des Staates Delaware sieht in der Legitimationsfunktion des Stimmrechts den Hauptgrund für dessen zentrale Rolle in der Aktiengesellschaft[125]. Ein prominenter Beleg dafür ist die Entscheidung *Blasius Industries v. Atlas Corporation*[126]. In diesem Fall hatte eine Beteiligungsgesellschaft, Blasius Industries, einen 9,1%igen Anteil an Atlas Corp., einem auf den Goldabbau spezialisierten Bergbauunternehmen, gekauft. Blasius suchte anschließend die Unterstützung der anderen Aktionäre für eine Schuldenaufnahme der Gesellschaft und eine darauf folgende Dividendenzahlung[127]. Die Finanzberater der Gesellschaft, Goldman Sachs, vertraten die Meinung, dass der Blasius-Plan Atlas möglicherweise in die Insolvenz treiben würde[128]. Die Geschäftsleitung von Atlas erweiterte das Board um zwei Personen, um einem möglichen Sieg von Blasius bei der Abstimmung vorzubeugen und dadurch den Plan zu vereiteln[129].

Nach seiner Untersuchung des Beweismaterials befand das Gericht, dass die Geschäftsleiter vernünftigerweise und auf der Grundlage angemessener Information annehmen durften, dass der Blasius-Plan eine Bedrohung für die Gesellschaft darstellte und dass die Geschäftsleiter das Wohl der Gesellschaft fördern wollten und nicht ihren persönlichen Vorteil suchten[130]. Gleichwohl hielt das Gericht die Maßnahme der Geschäftsleitung für einen unzulässige Eingriff in die Kompe-

---

124 *Monks/Minow* (2004), S. 126.

125 *MM Companies, Inc. v. Liquid Audio, Inc.*, 813 A. 2d 1118, 1126 (Del. Supr. 2003).

126 *Blasius Industries v. Atlas Corp.*, 564 A. 2d 651 (Del. Ch. 1988).

127 *Blasius*, 564 A. 2d 653 f.

128 *Blasius*, 564 A. 2d 657.

129 *Blasius*, 564 A. 2d 656.

130 *Blasius*, 564 A. 2d 658.

tenz der Aktionäre, weil diese das Recht hätten, auch einen unvernünftigen Plan zu billigen und dieser Entscheidung durch Ausübung ihres Stimmrechts Ausdruck zu verleihen[131]. Dabei erklärte das Gericht, dass die erhebliche Macht der Geschäftsleitung über das Vermögen der Anleger nur durch das Stimmrecht legitimiert sei:

> *"It has, for a long time, been conventional to dismiss the stockholder vote as a vestige or ritual of little practical importance. It may be that we are now witnessing the emergence of new institutional voices and arrangements that will make the stockholder vote a less predictable affair than it has been. Be that as it may, however, whether the vote is seen functionally as an unimportant formalism, or as an important tool of discipline, it is clear that it is critical to the theory that legitimates the exercise of power by some (directors and officers) over vast aggregations of property that they do not own. Thus, when viewed from a broad, institutional perspective, it can be seen that matters involving the integrity of the shareholder voting process involve consideration not present in any other context in which directors exercise delegated power"*[132].

Diese Rechtfertigung für das Stimmrecht der Aktionäre hat nicht das Gericht entwickelt, wie schon aus der zitierten Stellungnahme von *Monks/Minow* klar geworden ist; es beruft sich vielmehr auf die Grundlagen einer demokratischen Regierungsstruktur. *Pound* legt überzeugend dar, dass das amerikanische Publikum das "demokratische" Modell der Aktiengesellschaft dem marktorientierten Modell eindeutig vorzieht[133]. Es belegt dies anhand der zahlreichen gesetzlichen Maßnahmen auf Bundes- und Einzelstaatenebene, die feindliche Übernahmen erschweren, *proxy contests* dagegen erleichtern[134]. Auch *Bebchuk* merkt an, dass die Aktiengesellschaft im Grunde genommen eine Demokratie sei, die von Abgeordneten/Beauftragten verwaltet werde[135]. Im Modell einer Demokratie delegiert das Volk das Recht, Staatsgewalt auszuüben, an ihre Vertreter in der Regierung[136]. Das Stimmrecht der Aktionäre ist folglich ein unverzichtbares Element des Modells der Aktionärsdemokratie.

(d) Zwischenergebnis

Die drei maßgeblichen Sichtweisen der Stellung des Aktionärs – die Rechtsdogmatik, die ökonomische Analyse des Rechts und die "politische" Perspektive – stimmen darin überein, dass das Stimmrecht des Aktionärs einen unentbehrlichen Bestandteil des Aktienrechts darstellt. Aus rechtsdogmatischer Sicht ist das Stimmrecht ein Teil der Mitgliedschaft, der so wesentlich ist, dass er nicht von den anderen Rechten abgespalten werden kann. Aus Sicht der ökonomischen

---

131 *Blasius*, 564 A. 2d 662.
132 *Blasius*, 564 A. 2d 659.
133 *Pound* (1995), S. 1007.
134 *Pound* (1995), S. 1024.
135 *Bebchuk* (2005), S. 837.
136 Vgl. z.B. Art. 20 Abs. 2 GG; Präambel sowie 10. Amend. U.S. Const.

Analyse dient das Stimmrecht dazu, die Geschäftsleitung an den Willen der Aktionäre als nach Gewinn strebenden Wesen zu binden, und der Gesellschaft die notwendige Flexibilität zu verleihen, sich ständig an neue Umständen anzupassen. Hinsichtlich der Machtverhältnisse in der Publikumsgesellschaft dient das Stimmrecht als Legitimation dafür, die Macht, über das Vermögen anderer Menschen zu entscheiden, an eine kleine Gruppe von Geschäftsleitern zu delegieren. Bei allen Unterschieden in der Betrachtung trägt doch jede dieser Sichtweisen die Schlussfolgerung, dass eine Störung des Stimmrechts ein ernstes Problem für das Aktienrecht darstellt.

Dennoch bleibt die Frage, ob das Stimmrecht auch in Anbetracht der gegenwärtig anzutreffenden Struktur verstreuter Aktienbeteiligungen ein in der Praxis nützliches Instrument für den oben ausgeführten Zweck ist.

§ 10 Die Trennung von Eigentum und Kontrolle und deren Überwindung

(a) Die Trennung von Eigentum und Kontrolle und das Entstehen von "Agency Costs"

Bereits im vorstehenden Abschnitt war von der Trennung von Eigentum und Kontrolle die Rede, sowie von der Aufgabe des Stimmrechts, diese Trennung zu überbrücken. Dieser Abschnitt untersucht ausführlicher Ursachen und Auswirkungen dieser Trennung. Im Jahr 1911 machte der spätere Bundesverfassungsrichter Louis D. *Brandeis* eine beeidigte Aussage vor dem amerikanischen Kongress über den Zustand der Aktiengesellschaften um die Jahrhundertwende:

> "*The wide distribution of stock, instead of being a blessing, constitutes, to my mind, one of the gravest dangers to the community. It is absentee landlordism of the worst kind. . . . By the distribution of nominal control among ten thousand or a hundred thousand stockholders, there is developed a sense of absolute irresponsibility on the part of the person who holds the stock*"[137].

Dieser Zustand der "absoluten Unverantwortlichkeit" wurde im Jahre 1932 durch eine empirische Studie von *Berle* und *Means* bestätigt. *Berle* und *Means* stellten auf der Basis ihrer Daten fest, dass das Betriebsvermögen des größten Teils der Wirtschaft (-s Unternehmen) in bedenklicher Weise der Kontrolle durch die Eigentümer entzogen sei:

---

[137] Zitiert nach *Monks/Minow* (2004), S. 127 f. Um die Bedeutung dieser Aussage richtig einschätzen zu können, muss man bedenken, dass einige Mitglieder des Kongress, deren Familien aus Irland stammten, das willkürliche Handeln der englischen Großgrundbesitzer, die zwar Grundbesitz, aber keinen Wohnsitz im Irland hatten (*absentee landlords*), als eine der entscheidenden Ursachen für das Leiden ihrer Vorväter ansahen. Vgl. *Boorstin* (1973), S. 250 ff.; *Tindall/Shi* (2000), S. 385 f. Erst die von den *absentee landlords* verursachte Trennung von Eigentum und Kontrolle ermöglichte es den Gutsverwaltern, den Grundbesitz in geradezu schamloser Weise zu vernachlässigen, mit schrecklichen Folgen für die Pächter.

"Outwardly the change is simple enough. Men are less likely to own the physical instruments of production. They are more likely to own pieces of paper, loosely known as stocks, bonds, and other securities, which have become mobile through the machinery of the public markets. Beneath this, however, lies a more fundamental shift. Physical control over the instruments of production has been surrendered in ever growing degree to centralized groups who manage property in bulk, supposedly, but by no means necessarily, for the benefit of the security holders. Power over industrial property has been cut off from the beneficial ownership of this property – or, in less technical language, from the legal right to enjoy its fruits. Control of physical assets has passed from the individual owner to those who direct the quasi-public institutions, while the owner retains an interest in their product and increase. We see, in fact, the surrender and regrouping of the incidence of ownership, which formerly bracketed full power of manual disposition with complete right to enjoy the use, the fruits, and the proceeds of physical assets. There has resulted the dissolution of the old atom of ownership into its component parts, control and beneficial ownership"[138].

Diese Trennung erfolgt im Rahmen der Unternehmensfinanzierung durch Aktienemissionen. Wenn der geschäftsführende Unternehmer Anteile an der Gesellschaft an Dritte verkauft, entsteht eine Trennung von Eigentum (das nun den Dritten zusteht) und Kontrolle (die beim Unternehmer oder bei der sonstigen Geschäftsleitung verbleibt) über die Gesellschaft. Diese Trennung kann negative Auswirkungen auf die Führung der Gesellschaft haben, wenn sie nicht durch ausreichenden Einfluss der Aktionäre ausgeglichen wird.

Einerseits hat der Unternehmer oder die sonstige Geschäftsleitung weniger Anreiz, sich für das Wohl der Gesellschaft einzusetzen, weil ein Manager im Gegensatz zum Einzelunternehmer i.d.R. allenfalls einen begrenzten Anteil des Geschäftsgewinns erhält. Andererseits besteht ein erheblicher Anreiz, private Vorteile, wie z.B. unverhältnismäßig hohe Gehälter, schöne Büros, teure Geschäftswagen oder –flugzeuge, von der Gesellschaft zu beziehen[139]. Diese Anreizstruktur hat zur Folge, dass die nicht in der Geschäftsleitung aktiven Anteilinhaber Kosten aufwenden müssen, um den Unternehmer zu überwachen ("*monitoring costs*"). Die gesamten Kosten der Privatvorteile und der Überwachung der Geschäftsleitung sowie die Kosten des Aushandelns und Formulierens des Dienstleistungsvertrags sind sog. *agency costs* (die Kosten der Beauftragung der

138 *Berle/Means* (1968), S. 8.

139 *Jensen/Meckling* (1976), S. 90 und 111; vgl. auch *Easterbrook/Fischel* (1991), S. 74 (*"Separation of shares from votes introduces a disproportion between expenditures and reward."*)

Geschäftsleitung)[140]. Große Teile des Aktienrechts und des Kapitalmarktrechts sind der Begrenzung dieser Kosten gewidmet[141].

Abbildung 1.1
Die Trennung von Eigentums und Kontrolle

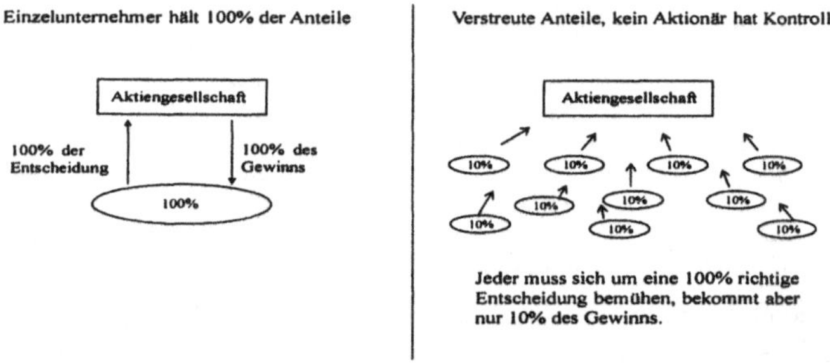

Wie Abb. 1.1 verdeutlicht, verursacht diese Trennung ein Missverhältnis zwischen den Aufwendungen, die für einen durchschnittlichen Aktionär nötig sind, um informierte Entscheidungen treffen zu können, und dem potentiellen Gewinn, den er für den Fall zu erwarten hat, dass seine informierte Ausübung des Stimmrechts den Wert der Gesellschaft erhöht. Dies hält den Kleinaktionär davon ab, von seinem Stimmrecht Gebrauch zu machen. Kostet eine sorgfältige Prüfung der entscheidungsrelevanten Unterlagen den betroffenen Aktionär mehr, als er von der richtigen Entscheidung der Gesellschaft an Nutzen zu erwarten hat, so ist es vernünftiger, sowohl auf die Prüfung als auch auf die Stimmabgabe zu verzichten (rationale Apathie)[142]. Im Übrigen wird der rationale Aktionär bedenken, dass sein eigener Prüfungs- und Abstimmungsaufwand den Wert aller Aktien erhöhen würde. Hierdurch würden die anderen Aktionäre kosttenlos von der guten Entscheidung profitieren (so genannte "Trittbrettfahrer" oder "*free riders*")[143]. Wären die anderen Aktionäre konkurrierende Investment

---

140 *Jensen/Meckling* (1976), S. 85 ("*We define agency costs as the sum of 1. the costs of creating and structuring contracts between the principal and the agent, 2. the monitoring expenditures by the principal, 3. the bonding expenditures by the agent, and 4.the residual loss.*")

141 Vgl. z.B. *Baums* (2001). Die Mehrzahl der Vorschläge der Regierungskommission versucht, entweder das Verhalten und die Leistung der Geschäftsleitung zu verbessern oder die Information über die Geschäftsleitung zu erweitern oder die Rechte der Aktionäre und deren wirksame Ausübung sicherzustellen. Für eine rechtsvergleichende Perspektive vgl. *Kraakman/Davies/Hansmann /Hertig/Hopt/Kanda/Rock* (2004), S. 21 ff.

142 *Easterbrook/Fischel* (1991), S. 66 f.; *Schäfer/Ott* (2005), S. 656; *Clark* (1986), S. 390 f.

143 *Clark* (1986), S. 392 ff.

Fonds, hätte man Aufwendungen gehabt, um den Konkurrenten zu helfen – offensichtlich keine gute Geschäftsstrategie[144]. Die rationale Apathie und das Problem des Trittbrettfahrers werden zusammen mit den Problemen der unvollständigen Information und der schwierigen Koordinierung vieler einander nicht bekannte Aktionäre als Probleme des kollektiven Handelns ("*collective action problems*") bezeichnet[145].

(b) Das Wiederherstellen der Einheit von Eigentum und Kontrolle

Die meist vorgeschlagene Lösung für die Probleme des kollektiven Handelns ist, dass man die verstreuten Aktien wieder in wenigen Händen konzentriert. *Easterbrook /Fischel* erklären, dass "die Probleme des kollektiven Handelns durch das Bündeln der Aktien (und der dazu gehörigen Stimmrechte) im Rahmen eines Unternehmenskaufs überwunden werden können"[146]. Die Übertragbarkeit der Aktien ermöglicht die Bildung eines Kontrollblocks, in dem die verstreuten Kleinaktionäre im Rahmen einer Übernahme ihre Aktien auf den Bieter übertragen[147]. Auf diese Weise kann der Bieter eine Kontrollmehrheit erwerben. Weil die "Kollektivität" der Kleinaktionäre aufgehoben wird, ist auch eine Kommunikation und Koordination zwischen zahlreichen Aktionären nicht mehr erforderlich. Weil der Kontrollblock einen größeren Anteil des Grundkapitals bildet, verbessert sich zugleich das Verhältnis zwischen den Kosten der Überwachung und der Ausübung des Stimmrechts (*agency costs*) einerseits und dem Gewinnanteil, den der Aktionär erwarten kann, anderseits.

Der zu diesem Zweck bevorzugte Typ der Übernahme ist ein Angebot einer kleinen Unternehmergruppe, die Kredit aufnimmt, um die Mehrheit der Aktien zu übernehmen – der so genannte "Leveraged Buyout" (LBO)[148]. Die übernehmende Gruppe kann dabei auch aus Geschäftsleitern der Gesellschaft bestehen; in diesem Fall wird die Übernahme als "Management Buyout" (MBO) bezeichnet.

Die übernehmende Gesellschaft besetzt meist die Geschäftsleitung der Zielgesellschaft neu, um den Aktienkurs beeinträchtigende Ineffizienzen zu beseitigen[149]. Was die Konzentration der Stimmrechte betrifft, sind LBOs und MBOs oft anderen Arten von Übernahmen überlegen, da die übernehmende Gruppe häufig klein und sehr gut informiert ist; im Fall eines MBOs ist die übernehmende Gruppe mit der Führung der Zielgesellschaft ohnehin bereits vertraut[150]. Ein 100%iger MBO durch einen Einzelunternehmer stellt die perfekte Einheit

144 *Pozen* (2003), S. 99 (2003); *Monks/Minow* (2004), S. 177.

145 *Easterbrook/Fischel* (1991), S. 390 ff.

146 *Easterbrook/Fischel* (1991), S. 67.

147 *Clark* (1985), S. 94 f.; *Easterbrook/Fischel* (1991), S. 26.

148 *Jensen/Meckling* (1976), S. 111; *Jensen* (1989), S. 63 ff.

149 *Easterbrook/Fischel* (1991), S. 162.

150 *Jensen* (1989), S. 67.

zwischen Eigentum und Kontrolle wieder her – ohne *agency costs* und mit 100% informierter Beteiligung bei jeder Ausübung des Stimmrechts[151]. So ist diese "Lösung" der Probleme des kollektiven Handelns eigentlich keine Beseitigung der Probleme einer Publikumsgesellschaft, sondern vielmehr die Wiederherstellung des vor der Trennung von Eigentum und Kontrolle bestehenden einheitlichen "Urzustandes"[152]. Die Wiederherstellung der Einheit mittels einer Übernahme durch Außenstehende bzw. das Management werden im Hinblick auf die Stimmrechte und den Anteilbesitz in Abb. 1.2 dargestellt.

Die Übernahme stellt jedoch prinzipiell keine dauernde Lösung des Problems der uninformierten und unkoordinierten Ausübung des Stimmrechts dar, weil die Konzentration der Stimmrechte nur zeitweilig ist. In vielen Fällen wird die Zielgesellschaft auf die Bietergesellschaft verschmolzen, mit der Folge, dass die Geschäftstätigkeit der Zielgesellschaft in einen Geschäftsbereich des Bieters übergeht[153]. Hat der Bieter eine aus vielen Kleinaktionären gebildete Aktionärsstruktur, so ändert die Übernahme im Hinblick auf die Ausübung der Stimmrechte

---

151 *Jensen/Meckling* (1976), S. 111 f. ("*In general, if the agency costs engendered by the existence of outside owners are positive it will pay the absentee owner (i.e., shareholders) to sell out to an owner-manager who can avoid these costs. This could be accomplished in principle by having the manager become the sole equity holder by repurchasing all of the outside equity claims with funds obtained through the issuance of limited liability debt claims and the use of his own personal wealth. This single-owner corporation would not suffer the agency costs associated with outside equity.*").

152 Auch aus philosophischer Perspektive ist der Versuch, diesen einheitlichen Zustand wiederherzustellen, interessant. Die Figur einer unmittelbaren Einheit des effizienten Organismus scheint das gelegentlich verleugnete Wunschbild der ökonomischen Analyse zu sein. Es wird behauptet, dass die Kosten der Trennung zwischen Eigentum und Kontrolle immer durch eine Rückkehr zum Einzelunternehmer beseitigt werden können. *Jensen/Smith* (1985), S. 140. Die ganze Lehre der Übernahme zielt – wenigstens im Hinblick auf die Ausübung der Stimmrechte –auf diesen Zweck. Dennoch gesteht *Jensen* ein, dass die Trennung sowohl *agency costs* verursacht als auch bestimmte Vorteile bringt. Das Verkaufen der Anteile an Dritte gestattet größere Investitionen, als dem Einzelunternehmer sonst möglich wären, erlaubt die Aufteilung von Risiko und ermöglicht das Delegieren von Entscheidungsbefugnis an qualifizierte Fachleute. *Jensen/Smith* (1985), S. 142 ff. Allerdings verursacht der Streubesitz auch Verluste (*agency costs*) und schwächt das gezielte Streben nach Gewinnmaximierung. Daher sucht die ökonomische Analyse zwar einerseits nach einer Wiederherstellung der Einheit von Eigentum und Kontrolle, andererseits leugnet sie aber, dass dies der letztlich angestrebte Zustand ist. *Jensen/Meckling* (1976), S. 106. Die schwierige Spannung in dieser Analyse zwischen einer gewünschten Vielfalt und einer gewünschten Einheit stellt eine typische Bewusstseinsbewegung dar, die die so genannte "Dekonstruktion" typischerweise zu enthüllen versucht. Vgl. Jacques Derridas' Analyse von Jean-Jacques Rousseau (der letzterer sucht eine "reine" Natur, die aber schon von der Kultur artikuliert ist) in *Derrida* (1967), S. 344 ff. Eine solche "Dekonstruction" der ökonomischen Theorie des Rechts könnte z.B. die ideologische und ontologische Voraussetzungen der ökonomischen Analyse beleuchten, um die Bedeutung eines Übergangs von der dogmatischen zur der ökonomischen Denkweise in der Rechtswissenschaft besser zu erklären.

153 Diese Technik ist so häufig eingesetzt, dass der Staat Delaware und andere amerikanische Bundesstaaten eine Verhinderung der sofortigen Verschmelzung als eine Maßnahme die Anzahl der feindlichen Übernahme zu begrenzen gesehen haben. Vgl. Del. Code Ann. tit. 8, § 203; *Ward/Welsch/Turezyn* (2001), § 203.

wenig. In den meisten Fällen wird die Zielgesellschaft durch private Platzierung oder öffentliches Angebot wieder verkauft[154]. Ziel eines erfolgreichen LBOs ist es gerade, die Zielgesellschaft zu kaufen, zu sanieren und wieder öffentlich zu verkaufen[155].

Abbildung 1.2
Die Wiederherstellung der Einheit

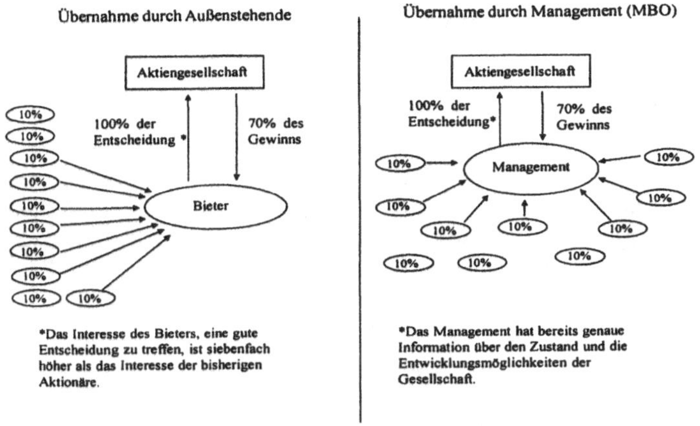

Ein öffentliches Angebot der Aktien der sanierten Gesellschaft wird wiederum nach dem leitenden Prinzip der Risikodiversifikation (*diversified investment*) dazu führen, dass die Aktien der Zielgesellschaft wieder in Streubesitz übergehen. Damit bleiben die Kosten des kollektiven Handelns im Ergebnis ebenso hoch wie bei der Zielgesellschaft vor der Übernahme. Die Übernahme kann zwar schlechtes Management erfolgreich ersetzen und hat zwar eine präventive Bedeutung, in dem die drohende Bestrafung durch feindliche Übernahme dem Management einen Anreiz zur besseren Performance geben kann[156], bietet aber letztlich keine systeminterne Lösung für das Problem des schwachen Aktionärseinflusses in der Publikumsgesellschaft[157]. Im Hinblick auf die Leitung der AG ist das Ergebnis der "Übernahmelösung" nur ein Zyklus von ineffizienter Streu-

---

154 *Ferran* (2007), S 2.

155 *Brealey/Myers/Allen* (2003), S. 909 f.

156 Zum Verhältnis zwischen Vorstand und Aktionären im Rahmen einer Übernahme nach deutschem Recht vgl. *Baums/Thoma* (2007), § 33 Rdn. 8 ff., 41.

157 Eine Verbesserung der Performance wird in der Tat durch Studien bestätigt, hängt aber von der Dauer der durch die übernehmende Gruppe ausgeübten Kontrolle ab und dauert in vielen Fällen nach dem Wiederverkauf der Zielgesellschaft nur für kurze Zeit an. Vgl. *Cao/Lerner* (2006), S. 4 ff.

ung, vorläufiger Konzentration durch Übernahme und ineffizienter Streuung der Aktien[158].

§ 11 Kollektives Handeln, Kommunikation und Zusammenarbeit

Die weite Streuung der Aktien unter vielen Kleinanlegern erschwert das kollektive Handeln der Aktionäre. Wie vorstehend gezeigt wurde, leidet die meist vorgeschlagene Lösung, die Einheit zwischen Eigentum und Kontrolle wiederherzustellen, darunter, dass sie zu einem Zyklus zwischen risikoreicher effizienter Konzentration und risikoarmer ineffizienter Streuung führt. Eine zweite Lösung für das Problem der Trennung von Eigentum und Kontrolle ist es, die Abstimmungsmöglichkeiten zwischen den verstreuten Aktionären zu erleichtern. Dieser Abschnitt untersucht, welche Möglichkeiten bestehen, um eine Verbesserung der Kommunikation und der koordinierten Zusammenarbeit der Aktionäre zu erreichen. Der hierauf folgende Abschnitt wird die wachsende Präsenz der institutionellen Anleger darstellen und prüfen, ob sie einen wesentlichen Beitrag zur Lösung der Probleme des kollektiven Handels leisten können.

Wie oben ausgeführt, dürfen Aktionäre ihre Kontrollrechte nur auf bestimmten Wegen ausüben. Der übliche Weg ist das Erreichen einer vorgeschriebenen Mehrheit der Stimmen in der Hauptversammlung. Wenn Kleinaktionäre ihr Kontrollrecht ausüben wollen, müssen sie zusammen mit anderen Aktionären handeln. Kommunikation und Konsultation zwischen Aktionären sind daher notwendige Voraussetzungen für gemeinsames Handeln in der Publikumsgesellschaft. Das kollektive Handeln muss einen Grad an Effizienz erreichen, der es den Aktionären ermöglicht, die Abgabe ihrer Stimmrechte mit geringem Aufwand zu koordinieren[159].

Weil das Stimmrecht in der Regel in der Hauptversammlung ausgeübt wird, ist das Recht, eine solche Versammlung einzuberufen, von erheblicher Bedeutung. Nach dem *Revised Model Business Corporation Act* steht dieses Recht den Aktionären zu[160]. Andere Gesetze, einschließlich des Aktiengesetzes des Staates Delaware, gestatten, dass die Satzung den Aktionären das Einberufungsrecht verleiht[161]. Nach dem Recht von Delaware können die Aktionäre überdies auch ohne eine Hauptversammlung Entscheidungen treffen[162]. Der Regelfall ist aber,

---

[158] Dieses Problem kann aus Sicht der Kapitalstruktur auch als Zyklus von liquider Streuung und illiquider Konzentration betrachtet werden. Vgl. *Patrick/Bolton* (1998), S. 3.]

[159] *Easterbrook* und *Fischel* erwähnen diese Möglichkeit zwar beiläufig, gehen ihr aber nicht weiter nach: ".... *some sort of collective information-generating agency is necessary.*" *Easterbrook/Fischel* (1991), S. 67. Die Autoren erklären dann, dass die Geschäftsleitung schon diese Aufgabe erfüllt – was kein Sinn macht, weil es gerade um die Überwachung (*Monitoring*) der Geschäftsleitung geht.

[160] § 7.02 Abs. a, Nr. 2 RMBCA; vgl. auch *Cox/Hazen/O'Neal* (2002), § 13.13.

[161] *Balotti/Finkelstein (2002)*, § 7.5.

[162] Title 8 Delaware Code, § 228. Diese Bestimmung wird in § 17 (a) (ii) analysiert.

dass die Geschäftsleitung die Hauptversammlung einberuft und die Aktionäre um Stimmrechtvollmachten bezüglich der Tagesordnungspunkte bittet[163].

Obwohl die Stimmrechtvollmacht nach dem *Common Law* nicht zulässig war, haben die Aktiengesetze der amerikanischen Bundesstaaten dieses Verbot aufgehoben, um die Ausübung des Stimmrechts für Aktionäre zu erleichtern, die an der Hauptversammlung nicht teilnehmen können[164]. Allerdings eröffnet das Recht, die Aktionäre um die Erteilung von Stimmrechtsvollmachten zu ersuchen, auch die Möglichkeit zu Täuschungen und Betrügereien. Im ersten Drittel des 20. Jahrhunderts war es üblich, dass die Geschäftsleitung unwahre Äußerungen oder andere Täuschungen einsetzte, um Stimmrechtsvollmachten von den Aktionären einzuholen und zu missbrauchen[165]. Ein Ziel des *Exchange Act* war es, derartige Betrügereien bei der Werbung um Stimmrechtsvollmachten zu bekämpfen. Die Gesetzesbegründung zum Exchange Act führt hierzu aus:

> "*It is contemplated that the rules and regulations promulgated by the [SEC] will protect investors from promiscuous solicitation of their proxies, on the one hand, by irresponsible outsiders seeking to wrest control of a corporation away from honest and conscientious corporation officials; and, on the other hand, by unscrupulous corporate officials seeking to retain control of the management by concealing and distorting facts*"[166].

Die Regeln über das Einwerben von Stimmrechtsvollmachten, die im Jahr 1935 nach § 14 *Exchange Act* erlassen worden sind (im Folgenden: "*Proxy Rules*" oder "*Regulation 14A*")[167], schreiben ausführliche Berichtspflichten für jeden vor, der um die Erteilung einer Stimmrechtvollmacht wirbt. Der Bewerber muss ausführliche Informationen an die Aktionäre liefern, bestimmte Zeitrahmen einhalten, und i.d.R. alle den Aktionären zuzuleitenden Unterlagen vorab der SEC zur Billigung einreichen[168]. Gründliche Regulierung hat aber den Nachteil, dass sie zu weit gehen und hierdurch letztlich die Tätigkeit, die sie in geordnete Bahnen lenken will, vollständig unterbinden kann[169].

---

163 Vgl. Kapitel II.

164 Zur historischen Entwicklung des Stimmrechtsvollmacht in den Vereinigten Staaten, siehe *Thomas/Dixon* (2001), § 1.01 und *Loss/Seligman* (2004), §§ 6-C-1, 6-C-2.b (auf English); *Tuerks* (2000), S. 73 ff. (auf Deutsch).

165 Vgl. *Loss/Seligman* (2004), § 6-C-1.

166 Senate Report Nr. 73-1455 (1934), S. 77.

167 Vgl. 17 CFR 240.14a.1 ff. Die Bestimmungen der Regulation 14A sind seit dem Jahr 1935 ständig ergänzt und novelliert worden. Vgl. *Thomas/Dixon* (2001), § 5.01; *Loss/Seligman* (2004), § 6-C-2.b; *Tuerks* (2000), Teil C.

168 Vgl. Regulation 14A; 17 CFR 240.14a-1 ff.; *Tuerks* (2000), S. 76 ff.; *Thoma*, S. 54 ff.; *Loss/Seligman* (2004), § 6-C-2; *Thomas/Dixon* (2001), § 5.02; *Cox/Hazen/O'Neal* (2002), § 13.27. Sichc auch dic Bcsprcchung in § 16 (b).

169 *Easterbrook/Fischel* (1991), S. 310 f.

(a) Behinderung der Kommunikation durch die Proxy Rules

Zweck der *Proxy Rules* ist zwar der Aktionärschutz; allerdings hat eine extensive Anwendung dieser Regeln dazu geführt, dass die Kommunikation unter den Aktionären und die Abstimmung über die Ausübung ihrer Rechte gerade durch diese Regeln erheblich beeinträchtigt wurde. Ansatzpunkt für die extensive Anwendung der *Proxy Rules* war die ursprünglich sehr weite Bestimmung des Begriffs "werben" ("*solicitation*") um die Erteilung einer Stimmrechtsvollmacht in Regel 14a-1. Nach dieser Regel bedeutete der Begriff "*solicitation*" nicht nur die ausdrückliche Bitte an einen Aktionär, eine Stimmrechtsvollmacht zu erteilen oder zu widerrufen, sondern auch jede Kommunikation mit einem Aktionär, die als Teil eines Planes verstanden werden konnte, eine Erteilung, Verweigerung oder den Widerruf einer Vollmacht zu veranlassen[170]. Diese nicht sonderlich präzise und weite Begriffsbestimmung machte es äußerst schwierig vorauszusagen, welches Verhalten von diesen Regeln erfasst war. Ein Aktionär, der seine Meinung über das Geschäftsergebnis oder das Management lediglich öffentlich äußerte, musste befürchten, wegen einer Verletzung der *Proxy Rules* angeklagt und in teure Gerichtverfahren verwickelt zu werden[171]. Wohl nicht zuletzt aus diesem Grund vermieden es Aktionäre, ihre Meinungen über das Management mit den anderen Aktionären öffentlich auszutauschen.

Schon in den späten 1980er Jahren haben sich institutionelle Anleger darüber beklagt, dass diese Unsicherheit und die daraus folgende ständige Gefahr einer Klage eine verantwortungsvolle Stimmrechtsausübung weitgehend ausgeschlossen habe[172]. Nach einigen Jahren des Ringens zwischen den Gremien der Aktionäre und des Managements wurden die *Proxy Rules* im Jahr 1992 geändert[173], und zwar in erster Linie durch eine Einengung des *soliciation*-Begriffs. Ziel dieser Änderung war es, die Aktionärskommunikation ("*shareholder communicati-*

---

170 17 CFR § 240.14a-1, lit. l; vgl. *Loss/Seligman* (2004), § 6-C-2.c; *Cox/Hazen/O'Neal* (2002), § 13.27; *Thoma*, S. 51 f.; *Tuerks* (2000), S. 78 f.

171 Vgl. *Thomas/Dixon* (2001), § 5.03; siehe auch die zahlreichen Beispiele bei *Thoma*, S. 52 f. Ein grundsätzliches Problem für Aktionäre ist, dass die Bestimmungen, die betrügerischem Marktverhalten oder dem Missbrauch des Aktionärseinflusses entgegentreten wollen, meistens *ex ante* ansetzende prophylaktische Regeln sind, die auch ein eigentlich erlaubtes Handeln der Aktionäre einschränken können. Im Vergleich dazu sind die Regeln, die gesetzwidrigem Verhalten der Geschäftsleitung entgegentreten wollen, oft eher offene Sorgfalts- oder Treupflichten, die die Handlungsfreiheit nur wenig einschränken. Die unterschiedlichen Regelungstypen zeigen eine Rechtskultur, die uneingeschränkte Handlungsfreiheit der Geschäftsleitung hoch schätzt, aber keinen guten Grund für eine ähnliche Freiheit der Aktionäre sieht. Zur Auswirkung der Überregulierung bei den beiden Arten von Regelungen vgl. *Shavell* (2006).

172 Vgl. Proposed Rule: Regulation of Securityholder Communications, SEC Mitteilung Nr. 34-29315, 56 *Federal Register* 28987 (25. Juni 1991), Fußnote 9 und folgender Text, sowie *Thomas/Dixon* (2001), § 1.01[E].

173 Final Rule: Regulation of Communications Among Securityholders, SEC Mitteilung Nr. 34-31326, 57 *Federal Register* 48276 (22. Okt. 1992); *Thomas/Dixon* (2001), § 1.01[E] und *Loss/Seligman* (2004), § 6-C-2.b, Fußnote 62.

ons") zu fördern[174]. Die wichtigsten Bestimmungen, die eine Kommunikation zwischen Aktionären von den Beschränkungen der *Proxy Rules* freigestellt haben, lauten:

1. Ein Aktionär, der nicht auf andere Weise um die Erteilung einer Vollmacht wirbt, darf in einer öffentlichen Rede, Presserklärung oder Veröffentlichung in einer Zeitung oder Zeitschrift bekannt geben, wie er zu stimmen beabsichtigt und seine Gründe dafür darlegen, sowie auf etwaige Fragen, die eine solche Rede, Presserklärung oder Veröffentlichung aufwirft, antworten[175];
2. Ein Aktionär darf sich über den Emittenten, das Management und die beabsichtigte Ausübung seines Stimmrechts frei mit den anderen Aktionären austauschen, sofern er (a) nicht um die Erteilung einer Stimmrechtsvollmacht bittet, (b) kein erhebliches Interesse (außer als Aktionär) an der Abstimmung hat, (c) weder dem Emittenten noch dessen Geschäftsleitung angehört oder als Vertreter dient, (d) keinen 5 % einer Aktienklasse überschreitenden Aktienanteil besitzt und nicht die Absicht hat, das Board zu wählen oder die Kontrolle über das Unternehmen zu beeinflussen, (e) keinen Aktienanteil mit einem Wert von mehr als $5 Millionen besitzt und (f) niemanden vertritt, auf den die Buchstaben (a) bis (e) Anwendung finden würden[176];
3. Jede Person darf bis zu 10 Aktionäre um die Erteilung von Stimmrechtsvollmachten bitten, sofern er das Unternehmen nicht vertritt[177];

---

174 Vgl. die ausführliche Erläuterung von *Tuerks* (2000), S. 94 ff. Diese Reform hat im amerikanischen Schrifttum viel Aufmerksamkeit bekommen. Siehe, z.B., *Coffee* (1994), S. 837; *Fisch* (1993), S. 1129; *Black* (1992a), S. 828; *Loss/Seligman* (2004), § 6-C-1, Fußnote 1 m.w. Nachw.; *Thomas/Dixon* (2001), § 5.03.

175 17 CFR § 240.14a-1, lit. l, (iv)(A), (C); *Tuerks* (2000), S. 95 f.; *Thomas/Dixon* (2001), § 5.03[A]. Der Unterteilungsbuchstabe (B) dieser Freistellung gestattet institutionellen Anlegern, sich bei ihren Begünstigten um die Ausübung der Stimmrechte zu erkundigen, ohne die Offenlegungspflichten der *Proxy Regel* auszulösen.

176 17 CFR § 240.14a-2, lit. b, Nr. 1 in Verbindung mit § 240.14a-6, lit. (g). Diese Ausnahme befreit den Bewerber nicht von der möglichen Haftung nach Regel 14a-9 für irreführende Äußerungen oder das Verschweigen erheblicher Tatsachen. Vgl. 17 CFR § 240.14a-2 i.V.m. § 240.14a-9. *Tuerks* (2000), S. 95 ff.; *Thomas/Dixon* (2001), § 5.03[B]; *Cox/Hazen/O'Neal* (2002), § 13.27; *Capital Real Estate Investors Tax Exempt Fund Ltd. Partnership v. Schwartzberg*, 917 F. Supp. 1050, 1061 (S.D.N.Y. 1996). Die Bedingung zu lit. (d) ist nur anwendbar, wenn die Emittentin die Kosten der Werbung um Stimmrechtsvollmachten trägt. 17 CFR § 240.14a-2, lit. b, Nr. 1, (ii).

177 17 CFR § 240.14a-2, lit. b, (2). Auch diese Ausnahme befreit den Aktionär nicht von der möglichen Haftung nach Regel 14a-9 für irreführende Äußerungen oder das Verschweigen erheblicher Tatsachen. Vgl. 17 CFR § 240.14a-2 i.V.m. § 240.14a-9. Die Nutzung dieser Ausnahme setzt selbstverständlich voraus, dass man die 10 Aktionäre und ihre Anschriften kennt.

Nach den in der Liberalisierung der *Proxy Rules* eingeführten Freistellungen lösen diese Tätigkeiten weder Berichts- noch Einreichungspflichten gegenüber der SEC aus[178].

Die Freistellung nach Nr. 1 ermöglicht es einem Aktionär u.a., eine Presseerklärung zu veröffentlichen, in der er sein beabsichtigtes Stimmverhalten bekannt gibt. Ausnahme Nr. 2 würde anderen Aktionären, die die Presseerklärung lesen, gestatten, sich mit dem ersten Aktionär in Verbindung zu setzen. So können Aktionäre mit einander Kontakt aufnehmen und sich über ihr beabsichtigtes Stimmverhalten austauschen. Institutionelle Anleger wie z.B. das California Public Employees' Retirement System (CalPERS) haben diese Möglichkeit häufig genutzt, um ihre Meinungen über die Leistungen verschiedener Portfoliounternehmen mit den anderen Aktionären auszutauschen[179]. Seit einigen Jahren veröffentlicht CalPERS jährlich eine Liste der Gesellschaften, deren Leistung der CalPERS für verbesserungsfähig hält (die so genannte "*focus list*") und in deren Hauptversammlung er bestimmte Governance-Maßnahmen zu fordern beabsichtigt[180]. Aktionärsvereinigungen und Dienstleistungsorganisationen, die die Ausübung der Stimmrechte erleichtern wollen, wie z.B. die Institutional Shareholder Services, Inc. (ISS), nutzen die Ausnahmeregelungen, um ihre Meinungen zu bestimmten Tagesordnungspunkte bekannt zu machen. ISS analysiert die

Abbildung 1.3
Die Kommunikation und Zusammenarbeit

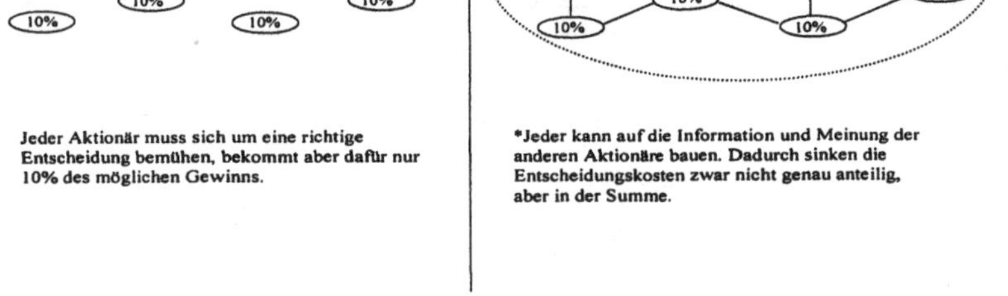

---

178 Hier werden nur die Freistellungen dargestellt, die eine uneingeschränkte Kommunikation zwischen den Aktionären erlauben. Eine hervorragende Behandlung der im 1992 erlassenen Ausnahmebestimmungen findet sich bei *Thomas/Dixon* (2001), § 5.03.

179 *Thomas/Dixon* (2001), § 5.02[A][1].

180 Die jeweils neueste Liste wird auf der CalPERS Website unter www.calpers-governance.org veröffentlicht.

Unternehmensveröffentlichungen und die Bekanntmachungen zahlreicher Emittenten und veröffentlicht ihre Stellungnahmen zur Kenntnis der anderen Aktionäre. Dieser Vorgang ermöglicht Skaleneffekte für das ansonsten kostspielige Verfahren der Aktionärsentscheidung. Als System wirkt es ähnlich wie eine Fachzeitschrift. Abbildung 1.3 illustriert die Rahmenbedingungen, unter denen Aktionäre ihre Informationen und Stellungnsahmen austauschen, im Vergleich zu dem System unter Geltung der früheren *Proxy Rules*.

Zweck der Änderungen der *Proxy Rules* aus dem Jahr 1992, den Aktionären zu ermöglichen, ihre Vorstellungen untereinander und mit dem Emittenten auszutauschen, wurde jedoch durch die Marktinfrastruktur teilweise vereitelt. Wie im nächsten Kapitel erläutert wird, spielt das Aktienregister eine entscheidende Rolle, wenn ein Aktionär die anderen Aktionären ansprechen will. Die Abwicklungsstruktur, die in den frühen 1970er Jahren auf dem amerikanischen Finanzmarkt eingeführt wurde, lässt nicht zu, dass die "wirtschaftlichen" Aktionäre im Aktienregister eingetragen werden. Daher kann weder ein Aktionär noch der Emittent erkennen, wen sie um die Unterstützung für einen Aktionärsvorschlag oder die Erteilung einer Vollmacht bitten sollen. Der Gesetzgeber hat durch einige Änderungen des *Exchange Act* versucht, eine alternative Quelle für Information über die Aktionärsstruktur der Publikumsgesellschaften zu schaffen. Allerdings hatten auch diese Änderungen unerwartete negative Auswirkungen, die den soeben angesprochenen Wirkungen der *Proxy Rules* ähneln. Wie im nächsten Abschnitt gezeigt wird, ist das Ergebnis dieser Auswirkungen, dass die aktive Teilnahme der Aktionäre an der Unternehmungsführung behindert wird.

(b) Behinderung kollektiven Aktionärshandelns durch die gegenwärtige Gestaltung der Meldepflichten

Das im Jahr 1968 verabschiedete Übernahmegesetz (*The Williams Act*)[181] führte in den *Exchange Act* eine Meldepflicht beim Erreichen bestimmter Stimmrechts- bzw. Kapitalanteile ein[182]. Die SEC hat ausführliche Umsetzungsregeln für diese Bestimmung erlassen[183]. Gemäß *Exchange Act* Regel 13d-1 muss jeder *wirtschaftliche* (nicht nur der eingetragene) Aktionär den Erwerb eines 5 %igen (Stimm- oder Kapital)Anteils[184] einer stimmberechtigten Aktiengattung eines bei der SEC eingetragenen Emittenten mitteilen[185]. Weiterhin muss jede Verfügung, die eine Änderung des Anteils von mindestens 1% verursacht, unverzüg-

---

181 *Williams Act*, Pub.L, 90-439, 29. Juni 1968, 82 Stat. 457, ändernde 15 USCA §§ 78m, 78n (2000).

182 Vgl. 15 USCA § 78m Abs. d (2000). Für eine Besprechung dieser Regeln, siehe *Thoma*, S. 94 ff.; *Kyriakakis*, S. 151 ff.; *Loss/Seligman* (2004), § 6-D-2.b.

183 17 CFR §§ 240.13d-1 – 240.13f-1 ("*Regulation 13D*").

184 17 CFR § 240.13d-3(a).

185 17 CFR §§ 240.13d-1(a) in i.V.m. .13d-3. Vgl. *Loss/Seligman* (2004), § 6-D-2.b; *Thoma*, S. 95 f.; *Kyriakakis*, S. 151 ff.

lich ("*promptly*") gemeldet werden[186]. Die Mitteilung muss auf dem Formblatt *Schedule 13D* innerhalb von 10 Tagen nach dem Erreichen der entsprechenden Schwelle eingereicht werden[187]. Der Aktionär muss die *Schedule 13D* gleichzeitig dem Emittenten und der Börse, an der der Emittent notiert ist, zusenden[188]. Diese Offenlegungspflicht soll dem Emittenten und dessen Aktionären nicht zuletzt deswegen eine Frühwarnung vor einer "schleichenden" Übernahme ("*creeping*" *tender offer*) geben[189], weil vollständige Informationen über die Aktionärsstruktur im Aktienregister nicht vorhanden sind. Jeder kann die eingereichten Formblätter kostenlos bei der EDGAR Datenbank der SEC abrufen[190].

Ebenso wie bei den *Proxy Rules* neigte die SEC auch bei Regel 13d zunächst zur Überregulierung. *Schedule 13D* erfordert die Veröffentlichung von weit mehr als nur dem Namen, der Anschrift und der Anteilsgröße des Aktionärs. Auf dem Formblatt muss der Aktionär vielmehr darüber hinaus folgende Angaben bekannt machen[191]:

1. Etwaige Verurteilungen nach dem Wertpapiergesetz oder Strafgesetzen gegen den Aktionär während der letzten fünf Jahre.
2. Angaben zur Finanzierung des Anteilserwerbs, einschließlich der Kopie eines etwaigen Kreditvertrags.
3. Den Zweck des Anteilerwerbs, insb. etwaige Absichten, weitere Geschäfte mit den Aktien des Emittenten zu tätigen, außerordentliche Gesellschaftsmaßnahmen, wie Verschmelzungen oder Auflösungen durchzuführen, die Zusammensetzung der Geschäftsleitung oder die Satzung zu ändern, oder die Aktien des Emittenten aus dem Börsenhandel zu entfernen (sogenanntes *delisting*).
4. Eine Beschreibung sämtlicher Geschäfte mit den Aktien des Emittenten, die er während der letzten 60 Tage getätigt hat, sowie
5. eine Beschreibung etwaiger Verträge zwischen dem Aktionär und dem Emittenten, einschließlich solchen über den Verkauf oder die Verpfändung der Aktien, sowie Kauf- und Verkaufsoptionen betreffend die Aktien, samt einer Kopie des zugrundeliegenden Vertrags.

Diese Angaben überschreiten den bescheidenen Inhalt des Aktienregisters bei weitem und ähneln eher der Angebotsunterlage, die im Rahmen eines Übernah-

---

186 17 CFR § 240.13d–2 Abs. a.

187 17 CFR §§ 240.13d-1 Abs. a, in i.V.m. .13d-101 (*Schedule D*).

188 17 CFR § 240.13d-7.

189 Vgl. *Loss/Seligman* (2004) § 6-D-2.b.

190 Das Akronym "EDGAR" bedeutet *Electronic Data Gathering, Analysis, and Retrieval system* und ist auf www.sec.gov verfügbar.

191 17 CFR § 240.13d–101.

meangebotes veröffentlicht werden muss[192]. Ihr Zweck besteht nicht darin, die Ausübung der Aktionärsrechte zu ermöglichen, sondern ein Frühwarnsystem gegen Übernahmeangebote einzurichten. Das Ausmaß dieser Offenlegung ist schon für einen Aktionär, der allein 5% des Grundkapitals einer Publikumsgesellschaft kaufen will, beträchtlich: das gilt insbesondere für die verbindliche Formulierung zukünftiger Pläne und die Veröffentlichung der maßgeblichen Verträge[193]. Die gleichen Pflichten gelten aber sogar für die Mitglieder einer Gruppe von Kleinaktionären, die in der gemeinsamen Absicht zusammenwirken, die Aktien zu erwerben, zu halten, die Stimmrechte auszuüben oder zu verkaufen[194]. Ebenso wie die Regeln über das "*acting in concert*" im Rahmen einer Übernahme sollen diese Bestimmungen Umgehungen der Frühwarnschwelle verhindern. Im Ergebnis beeinträchtigen sie aber darüber hinaus die Zusammenarbeit von Kleinaktionären ganz erheblich[195]. Bereits die Gefahr, durch die gesetzmäßige Ausübung ihre Mitverwaltungsrechte in den Regelungsbereich einer Meldepflicht zu geraten, kann Kleinaktionäre von der Zusammenarbeit mit anderen Aktionären abschrecken. Obwohl bloß informelle Gespräche nicht ausreichen, um die Aktionäre als "Gruppe" nach § 13 *Exchange Act* zu behandeln[196], könnte eine ernsthafte Kooperation, um das Management zu ersetzen, möglicherweise die Meldepflicht auslösen[197]. Damit schützt die Meldepflicht das Management nicht nur gegen unfaire Übernahmeangebote, sondern auch vor gesetzmäßiger Ausübung von Einfluss durch die Aktionäre.

Zehn Jahre später, im Jahr 1978, erließ die SEC die weniger weit reichende *Schedule 13G*, die institutionelle Anleger i.d.R. nur jährlich einreichen mussten, sofern sie "Wertpapiere im Rahmen des üblichen Geschäftsablaufs erwerben ... ohne die Absicht, die Kontrolle über den Emittenten zu übernehmen oder dessen Management zu beeinflussen"[198]. *Schedule 13G* erfordert nur, dass der Name, die Steuernummer und die Staatsangehörigkeit des Aktionärs sowie die Größe

---

192 Angaben zur Sicherstellung der Finanzierung des Anteilserwerbs müssen nach § 11 Abs. 2 Satz 2 Nr. 1 WpÜG in der Angebotsunterlage veröffentlicht werden.

193 Vorschläge für eine noch weitergehende Veröffentlichung durch die *Schedule 13D* wurden bereits positiv aufgenommen; vgl. *Hu/Black* (2006b), S. 1047.

194 17 CFR § 240.13d-5(b)(1).

195 *Thoma*, S. 96, mit weitern Zitaten; *Coffee* (1994), S. 877 f.

196 *Bath Indus., Inc. v Blot*, 427 F.2d 97, 110 (7. Cir 1970).

197 Aktionäre, die in der Absicht handeln, die Stimmrechtsausübung abzustimmen, können als eine "Gruppe" betrachtet werden, wenn sie einen gemeinsamen Plan verfolgen, koordinierte Tätigkeiten und Kommunikationen vorzunehmen, öffentliche Stellungnahmen abzugeben und gleichzeitig fortdauernd Aktien der Gesellschaft zu erwerben. *Champion Parts Rebuilders, Inc. v Cormier Corp.*, 661 F. Supp. 825, 850 (N.D. Ill. 1987); *Loss/Seligman* (2004), § 6-D-2.b, n 144.

198 Final Rules: Filing And Disclosure Requirements Relating To Beneficial Ownership, SEC Mitteilung Nos. 33-5925 and 34-14692, 1978 WL 170898 (21.4.1978) ("*Schedule 13G* Verordnung "). Das *Schedule 13G* ist im 17 CFR § 240.13d-102 kodifiziert.

seiner Beteiligung offen gelegt werden[199]. Im Jahr 1998 änderte die SEC *Schedule 13G*, um auch nicht-institutionellen, passiven Anlegern deren Verwendung zu gestatten[200]. Gegenwärtig dürfen institutionelle Anleger, deren Anteil 5 %, jedoch nicht 10 % einer Aktiengattung überschreitet, eine *Schedule 13G* innerhalb von 45 Tagen nach dem Ablauf des *Jahres* einreichen, in dem sie die Schwelle überschritten haben[201]. Überschreitet ihr Anteil die Schwelle von 10 %, müssen sie eine *Schedule 13G* innerhalb von 10 Tagen nach dem Ablauf des *Monats* einreichen, in dem sie die Schwelle überschritten haben[202]. Jede 5%ige Änderung des Anteils muss innerhalb von 10 Tagen nach dem Ablauf des Monats angemeldet werden, in dem die Änderung erfolgt ist[203]. Ein nicht-institutioneller, passiver Anleger darf die einfache *Schedule 13G* verwenden, sofern sein Anteil 20 % einer Gattung der Wertpapiere nicht überschreitet[204]. Im Fall eines solchen Überschreitens muss der Anleger innerhalb von 10 Tagen eine vollständige *Schedule 13D* einreichen[205]. Für institutionelle Anleger hängt die zulässige Verwendung der *Schedule 13G* dagegen nicht von einem Höchstanteil ab.

Die zeitlichen und inhaltlichen Erleichterungen der *Schedule 13G* geben den Anlegern einen Anreiz, *Schedule 13D* zu vermeiden. Um in den Genuss der Vorteile von *Schedule 13G* zu kommen, darf der Anleger nicht den Anschein erwecken, dass er die "Kontrolle über den Emittenten zu übernehmen oder dessen Management zu beeinflussen" beabsichtigt. Für einen Aktionär, der seine Stimmrechte aktiv einsetzen will, sind die Voraussetzung der Passivität und deren vage Grenzen problematisch. Im Jahr 1998 hat die SEC daher versucht, klare Beispiele für aktives Verhaltens zu liefern, bei deren Vorliegen die Verwendung der *Schedule 13G* ausgeschlossen ist. Dabei handelt es sich namentlich um folgende Fälle:

- Der Aktionär stellt einen Gegenvorschlag zu einem Vorschlag des Managements zur Abstimmung.
- Der Aktionär wirbt um Unterstützung der anderen Aktionäre für seinen Vorschlag.
- Der Aktionär stellt einen Vorschlag zur Abstimmung, der auf die Übernahme der Kontrolle des Emittenten gerichtet ist.

---

199 17 CFR § 240.13d–102, *Schedule 13G*, Items 1-8.

200 Final Rule: Amendments to Beneficial Ownership Reporting Requirements, SEC Mitteilung no 34-39538, 63 Fed Reg 2854, 2855 (16 January 1998) ("*Schedule 13G* Novellierung ").

201 17 CFR § 240.13d-1(b)(2).

202 17 CFR § 240.13d-1(b)(2).

203 17 CFR § 240.13d-2(c).

204 17 CFR § 240.13d-1(c)(3).

205 17 CFR § 240.13d-1(f)(1).

- Der Aktionär stellt einen Vorschlag zur Abstimmung, der einen Kontrollwechsel in der Gesellschaft bewirken könnte (z.B. ein gestaffeltes Board abzuschaffen)[206].

Obwohl die schlichte Ausübung des Stimmrechts zugunsten eines gegen das Management gerichteten Vorschlags eine Verwendung der *Schedule 13G* nicht ausschließt[207], wird das abgestimmte Verhalten der Aktionäre durch diese Regelungen spürbar beschränkt.

(c) Zwischenergebnis

In einer Volkswirtschaft, in der die Aktionäre von Publikumsgesellschaften weit verstreut sind, entsteht eine Kluft zwischen Eigentum und Kontrolle. Nach Ansicht führender Wissenschaftler liegt die Lösung der daraus resultierenden Probleme in der Möglichkeit von Unternehmensübernahmen. Sie bieten indessen keinen Ausweg aus der Machtlosigkeit der Aktionäre in der Publikums-AG an, sondern lösen einen Zyklus von Konzentration und Streuung aus. Eine Alternative besteht darin, das kollektive Handeln der Aktionäre durch verbesserte Kommunikation und die Möglichkeit der Zusammenarbeit zu erleichtern. Die Probleme, die sich als Folge sowohl der *Proxy Rules* als auch der Meldepflichten für bedeutende Beteiligungen entwickelt haben, zeigen, wie eine umfangreiche Regulierung die Kommunikation und aktive Teilnahme der Aktionäre an der Unternehmensleitung behindern kann. Obwohl ein Gleichgewicht schwer zu erreichen ist, zeigen die verschiedenen Korrekturversuche der SEC, dass sie bestrebt ist, die richtige Balance bei der Regulierung zu finden. Aber selbst dann, wenn die aufsichtsrechtlichen Rahmenbedingungen perfekt abgestimmt wären, bliebe doch die Frage, ob die verstreuten Aktionäre überhaupt die fachliche und organisatorische Kapazität haben, um ihre Stimmrechte hinsichtlich komplexe Sachverhalte vernünftig auszuüben. Die seit einigen Jahrzehnten wachsende Bedeutung institutioneller Anleger, die im nächsten Abschnitt erörtert wird, hat die wirtschaftlichen Rahmenbedingungen so geändert, dass diese Frage für die Mehrheit der Aktionäre zu bejahen ist.

§ 12 Institutionelle Anleger in der Rolle der überwachenden Aktionäre

(a) Die wachsende Präsenz der Investmentfonds

Im Jahr 1932 beschrieben *Berle* und *Means* eine Volkswirtschaft, in der die amerikanischen Aktionäre isolierte, schwache und unverantwortliche Eigentümer gegenüber einer dominanten Geschäftsleitung geworden waren[208]. Die von

---

206 Schedule 13G Novellierung, S. 2859. Ein "gestaffeltes" Board ist ein Verwaltungsrat, in dem die Mitglieder in verschiedene Klassen aufgeteilt sind, und in einem Bestimmten Jahr steht nur eine Klasse zur Wahl, was die Ersetzung der Mitglieder zu einen mehrjährige Projekt macht.

207 Schedule 13G Novellierung, S. 2859.

208. *Berle/Means* (1968), S. 8.

ihnen dargestellte Epoche folgte auf ein Zeitalter der Wirtschaftsgeschichte, in der Investmentbanken, wie etwa das Bankhaus des Finanziers J.P. Morgan, oft größere Aktienpakete an Industrie- und Eisenbahngesellschaften hielten und einen starken Einfluss auf der Geschäftsleitung ausgeübt hatten[209]. Obwohl die wachsende Volkswirtschaft der Jahrhundertwende schon die Entwicklung hin zu einer breiten Streuung des Aktienbesitzes in Gang gebracht hatte, sieht *Jensen* den teilweise vom Gesetz geforderten Abbau der Großbeteiligungen der Finanzinstitutionen als mitursächlich für die zurückgehende Zahl der aktiven Anleger im amerikanischen Kapitalmarkt an[210]. Damit haben die Reformgesetze unbeabsichtigt eine mögliche Lösung für das von *Berle* und *Means* beschriebene Problem vereitelt.

Nach der Finanzkrise von 1929 waren Reformgesetze wie der Glass-Steagall Act of 1933[211] verabschiedet worden, um gezielt die Verflechtungen zwischen Finanzinstitutionen und Industrieunternehmen aufzulösen[212]. Als Folge dieser Entwicklungen sieht *Jensen* eine systematische Schwächung des Einflusses der Aktionäre in amerikanischen Publikumsgesellschaften:

> "*The result of these political and other forces over the past fifty years has been to leave managers increasingly unmonitored. . . . Few chief executive officers (CEOs) look kindly on the prospect of having institutions with substantial stock ownership sitting on their corporate board. That would bring about the monitoring of managerial activities by people who more closely bear the wealth consequences of managerial mistakes and who are not beholden to the CEO for their jobs. As financial institution monitors left the scene in the post-1940 period, managers commonly came to believe companies belonged to them and that stockholders were merely one of many stakeholders the firm had to serve. . . . The banning of financial institutions from fulfilling their critically important monitoring role has resulted in major inefficiencies*"[213].

Diese Lage begann, sich zu der Zeit zu ändern, als *Jensen* den soeben zitierten Absatz schrieb. Das von *Berle* und *Means* gezeichnete Bild hat schrittweise einem anderen Szenario Platz gemacht. Darin stehen gut organisierte, professionelle Investmentfonds im Vordergrund. *Eisenberg* hat diese Entwicklung schon im Jahr 1969 hervorgehoben,[214] und in den 1990er Jahren hat das Schrifttum diese Entwicklung häufig kommentiert.[215] Das in der amerikanischen Wirtschaft angelegte Geld wird zu einem immer größeren Teil durch Fonds verwaltet, so

---

209 Vgl. *Chernow* (1990), S. 67 ff.; *Coffee* (2001), S. 29 f.; *Seligman* (2003) S. 32.

210 *Jensen* (1989), S. 64.

211 *Banking Act of 1933* (*Glass-Steagall Act, 1933*), 16. Juni 1933, 48 Stat. 162.

212 *Baums* (1992), S. 27 ff.; *Seligman* (2003), S. 218.

213 *Jensen* (1989), S. 65 f.

214 *Eisenberg* (1969), S. 53 ("*The short of the matter is that at the present time one-third of the stock in corporations listed on the New York Stock Exchange is held by highly sophisticated investors ....*").

215 Vgl. z.B. *Back* (1992a), (1992a), *Coffe* (1991), (1994), *Fisch* (1994).

dass Finanzinstitute wie Pensionsfonds und Organismen für gemeinsame Anlagen in Wertpapieren (*mutual funds*) nun das Bild des "typischen Aktionäre" prägen sollen[216]. Zwar sind Finanzinstitute am amerikanischen Markt weniger bedeutend als im deutschen Markt[217], aber ihrer erheblichen Präsenz widerspricht das Bild einer Wirtschaft, die aus kleinen, unwissenden Aktionären besteht. Tabelle 1 zeigt die Anteile verschiedener Typen von Aktionären zu ausgewählten Zeitpunkten zwischen 1960 und 2005:

Tabelle 1: Ende des Zeitraums, US Dollar in Milliarden

Sector	1960	1970	1990	2000	2005
Private pension funds	16,5	67.1	605,9	1.915,0	1.726,1
State & local pension funds	0,6	10,1	284,6	1.223,1	1.752,1
Federal pension funds	0,0	0,0	0,3	56,6	115,6
Life insurance companies	5,0	14,6	81,9	891,9	1,154,1
Property-casualty insurance companies	7,5	13,2	79,9	194,3	206,6
Bank personal trusts●	0,0	87,9	190,1	356,8	-----
Mutual funds	14,8	39,7	233,2	3.227,3	4.173,8
Closed-end funds	5,0	4,3	16,2	36,6	104,6
Exchange-traded funds	0,0	0,0	0,0	65,6	281,0
Foreign sector	9,3	27,2	243,8	1.643,2	2.303,7
Gesamte Anteile in den Händen der amerikanischen institutionellen Anleger●	58,7	176,2	1.544,9	9.253,6	11.817,6
Brokers and dealers	0,5	2,0	9,6	77,2	150,0
Commercial and savings banks	1,3	2,9	11,0	36,1	50,4
State and local governments	0,0	0,0	4,8	97,1	93,2
Households & nonprofit organizations	359,8	562,3	1.770,1	7.806,2	6.088,9
Gesamte Anteile im Umlauf●	420, 3	743,4	3.340,4	17.270,2	18.200,1
% in den Händen der amerikanischen institutionellen Anleger●	13,9%	23,7%	46,2%	53,6%	64,9%
% in den Händen der Privatanleger und der gemeinnützigen Organisationen●	85,96%	75,6%	53%	45,2%	33,5%

Quelle: Federal Reserve Board, "*Flow of Fund Accounts of the United States*"[218].

●Nicht für das Jahr 2005 verfügbar.

●Schließt die Posten des Federal Reserve Boards *private pension funds, state & local pension funds, federal pension funds, life insurance companies, other insurance companies, bank personal trusts, mutual funds, closed-end funds, exchange-traded funds*, und das *foreign sector* ein.

●Außer der oben aufgeführten Position, *total equities held by US institutions*, umfasst diese Einheit auch die Federal Reserve Board Posten *brokers and dealers, commercial and savings banks, state and local governments*, sowie *households & nonprofit organizations*.

●Bezeichnet die Gesamtheit der in den Händen der amerikanischen institutionellen Anleger stehenden Anteile im Verhältnis zu der Gesamtzahl der im Umlauf stehenden Anteile.

●Bezeichnet die Position *households & nonprofit organizations* im Verhältnis zu der Gesamtzahl der im Umlauf stehenden Anteile.

Die in der Tabelle 1 aufgeführten Daten zeigen, dass der von institutionellen Anlegern gehaltene Anteil an der amerikanischen Börsenkapitalisierung wäh-

216 Vgl. *Monks* (2001) Kap. 5.

217 *Coffee* (1991), S. 1302 ff.; *Barca/Becht* (2001) S. 143.

218 Board of Governors of the Federal Reserve System, "Flow of Funds Accounts of the United States: Annual Flows and Outstandings, 1955-1964, 1965-1974, 1985-1994, 1995-2005" (9 March 2006), S. 82, "Corporate Equities", abrufbar auf der Website der Federal Reserve Board unter www.federalreserve.gov/releases/z1/Current/data.htm.

rend der Jahrzehnte zwischen 1960 und 2005 von 13,9 % auf 64,9 %, auf mehr als Vierfache angestiegen ist. Dabei hat sich der Anteil der Privatanleger[219] von 85,5 % im Jahr 1960 auf 33,5 % im Jahr 2005 mehr als halbiert. Diese Daten zeigen den Wandel der Merkmale des durchschnittlichen Aktionärs sehr deutlich: die Mehrheit der Aktionäre besteht aus fachkundigen Institutionen, die ihre Anlage treuhänderisch für ihre Kunden, Begünstigten oder eigene Aktionäre oder Partner verwalten.

(b) Die Bedeutung der institutionellen Anleger für die Corporate Governance

Was bedeutet diese Entwicklung für die wirksame Ausübung des Stimmrechts? Sie hat zum einen eine geschichtliche Bedeutung. Es ist an der Zeit, die Rolle und das Potenzial der Aktionäre unter Berücksichtigung der veränderten Umstände neu zu beurteilen. Seit *Bearle* und *Means* sind Aktionäre als nicht informiert, schlecht organisiert und (rational) desinteressiert verstanden worden. *Manning* hat daraus eine Ideologie des "*Managerialism*" entwickelt und die These vertreten, dass den Unternehmen und der gesamten Wirtschaft am besten mit einer herrschenden Managerklasse gedient sei[220]. Auch *Lipton* vertrat stets eine Form des *Managerialism*[221] und wird seit einigen Jahren von so genannten "Mannschaftstheoretikern" (*team theorists*) unterstützt[222]. Die durch die Veränderung der Aktionärsstruktur überholten Annahmen von *Bearle/Means* und der darauf gestützte Glaube an die unvermeidliche Schwäche der Aktionäre haben der andauernden Einflusslosigkeit des Aktionärs innerhalb der amerikanischen Aktiengesellschaften den Anschein der Unabänderlichkeit verliehen. Die wachsende Beteiligung der institutionellen Aktionäre am amerikanischen Markt hat indessen zu einem veränderten Verhältnis zwischen den Aktionären und der Geschäftsleitung geführt. Inzwischen droht sich das von den Kommentatoren zuvor gezeichnete Bild vom schwachen und passiven Aktionär in sein Gegenteil zu verkehren: Nach einigen Transaktionen, in den die sog. "Hedge Fonds" ihren Einfluss dem Management gegenüber spürbar gemacht haben, haben sich Aktionäre nach Ansicht einiger Kommentatoren in dominante Aggressoren verwandelt[223]. Diese Entwicklung zeigt aber nur, dass die Aktionäre ihre Rechte wirksam ausüben können und es auch tatsächlich tun.

---

[219] Das Board of Governors of the Federal Reserve System veröffentlicht die Zahlen für Privatanleger zusammen mit denen für gemeinnützige Gesellschafte, aber schätzt, dass die gemeinnützige Gesellschaften etwa 6 % der Gesamtziffer für diese gemeinsame Kategorie ausmachen. Vgl. Board of Governors of the Federal Reserve System, "Guide to the Flow of Funds Accounts", Bd. 2 Table F-100, abrufbar unter www.federalreserve.gov/releases/z1/fofguide.pdf.

[220] Vgl. *Manning* (1958).

[221] *Lipton/Rosenblum* (2003).

[222] Vgl. z.B. *Blair/Stout* (1999), S. 255.

[223] Vgl. *Becht/Franks/Mayer/Rossi* (2007); *Brav/Jiang/Partnoy/Thomas* (2006); *Bratton* (2006); *Kahan/Rock* (2006); *Thomas/Partnoy* (2006) und *Briggs* (2006), die diese übertriebene Angst vor Hedge Fonds untersuchen und widerlegen.

Zwar führt die zunehmende Bedeutung der institutionellen Anleger nicht zu einer Bündelung der unternehmerischen Interessen in einer Hand, denn Mehrheitsanteile widersprechen generell dem Prinzip der Risikostreuung; immerhin haben institutionelle Anleger aber Übernahmen, die zu einer zumindest vorläufigen Bündelung des Aktieneigentums in einer Hand führen, weitgehend gefördert. Weil die Aktionäre einer Zielgesellschaft meistens erhebliche Kursgewinne im Rahmen einer Übernahme erhalten[224], haben institutionellen Anleger sich regelmäßig gegen Maßnahmen gewandt, die eine Übernahme hindern könnten.

Verteidigungsmaßnahmen gegen feindliche Übernahmen sind nach dem Recht des Staates Delaware erlaubt, wenn sie dem Wohl der Gesellschaft dienen und nicht unverhältnismäßig tiefgreifend sind[225]. Deshalb war es üblich, dass die Geschäftsleitung versuchte, die Satzung zu ändern, um Verteidigungsmaßnahmen einzuführen[226]. Im Jahr 1986 veröffentlichte die SEC das Ergebnis einer Untersuchung, in der eine durchschnittliche Minderung des Aktienkurses um 1,7 % als Folge der Einleitung einer "*poison pill*"-Verteidigungsmaßnahme dokumentiert wurde[227]. Im Jahr 1987 haben die große Pensionsfonds CalPERS und die College Retirement Equities Fund ("CREF", inzwischen "TIAA-CREF") Aktionärsanträge gegen die Einführung bzw. Beibehalten solcher Verteidigungsmaßnahmen gestellt[228]. Seitdem haben institutionelle Anleger sich regelmäßig gegen Verteidigungsmaßnahmen gewandt[229]. Sie sind in diesem Bereich mittlerweile so einflussreich geworden, dass im Jahr 2005 die Geschäftsleitungen mehr Beschlussvorschläge gegen gestaffelte Boards zur Abstimmung gestellt haben als die Aktionäre selbst, und solche Vorschläge im Jahr 2005 bzw. Jahr 2006 mit 60,5% bzw. 66.8% der Stimme beschlossen worden sind[230].

Schließlich verfügen institutionelle Anleger über die Größe, die Fachkenntnis und die Organisation, um Informationen über ihre Portfoliogesellschaften effi-

---

224 Vgl. *Bradley/Sundaram* (2004), S. 3 ("*Mergers and acquisitions are among the most extensively researched topics in finance .... Emerging from this impressive body of research are a number of reoccurring and compelling themes that are now accepted as conventional wisdom. On average, target shareholders realize significant gains ....*").

225 Vgl. *Unocal Corp. v. Mesa Petroleum Co.*, 493 A.2d 946 (Del. Supr. 1985); *Moran v. Household International, Inc.*, 500 A.2d 1346 (Del. Supr. 1985); *Unitrin, Inc. v. American General Corp.*, 651 A.2d 1361 (Del. Supr. 1995).

226 Unter "Verteidigungsmaßnahmen" versteht man z.B. ein gestaffeltes Board, eine qualifizierte Mehrheitserfordernis für eine Verschmelzung mit einem Mehrheitsaktionär oder die Schaffung einer Klasse von Wertpapieren, deren Rechte eine Übernahme vereiteln würden – z.B. Wandelschuldverschreibungen, die das Recht verleihen, jede Aktie der Bietergesellschaft mit einem Preisabschlag von 50% zu erwerben ("*poison pill*").

227 *Heard/Sherman* (1987), S. 28.

228 *Heard/Sherman* (1987), S. 28.

229 Die Aktionärsvorschläge zur Abwehr von Verteidigungsmaßnahmen werden jährlich im Berichte der u.a. *Institutional Shareholder Services* und *Georgeson Shareholder* veröffentlicht.

230 *Institutional Shareholder Services* (2005a), S. 14; (2006), S. 19.

zient zu verarbeiten und einzusetzen. Auch wenn sie keine Mehrheitsbeteiligung halten, sind ihre Anteile oft erheblich. Diese Eigenschaften geben nach *Jensen* Anlass zu der Zuversicht, dass institutionelle Aktionäre die richtigen "aktiven Anleger" ("*Active Investors*") für gute Unternehmensleitung sind:

> "*Active investors are individuals or institutions that simultaneously hold large debt and/or equity positions in a company and actively participate in its strategic direction. Active investors are important to a well-functioning governance system because they have the financial interest and independence to view firm management and policies in an unbiased way. They have the incentives to buck the system to correct problems early rather than late when the problems are obvious but difficult to correct. Financial institutions such as banks, pension funds, insurance companies, mutual funds, and money managers are natural active investors, but they have been shut out of boardrooms and firm strategy by the legal structure, by custom, and by their own practices*"[231].

Diese Aktionäre haben die notwendige Fachkenntnis und Organisation, um die Probleme des kollektiven Handelns wenigstens abzumildern. Das Desinteresse an den Entscheidungen der Hauptversammlung ist nur dann rational, wenn die Kosten einer informierten Entscheidung den potentiellen Gewinn aus einer solchen Entscheidung übersteigen. Institutionelle Anleger können schon allein portfoliobezogene Informationen effizient bearbeiten. Zudem haben sie gemeinsame Gremien gegründet und andere Institutionen gefördert, die ihre Kommunikation und Koordination stärken. So wurde im Jahre 1985 das Council of Institutional Investors (CII) ins Leben gerufen, um den Widerstand von Pensionsfonds gegen Übernahmeabwehrmaßnahmen zu stärken, die den Wert einer Gesellschaft mindern. Heute sind etwa 130 Pensionsfonds mit einem Vermögen von circa 3 Billionen U.S. Dollar Mitglieder des CII[232]. Im Jahre 1985 verließ Robert *Monks* das amerikanische Bundesarbeitsministerium, um die Institutional Shareholder Services, Inc. (ISS) zu gründen[233]. ISS analysiert entscheidungsrelevante Angaben und Unterlagen im Rahmen der Hauptversammlungen der großen Publikumsgesellschaften und berät etwa 1.000 Großanleger im Hinblick auf die Ausübung ihrer Stimmrechte[234]. Unternehmen wie Georgeson Shareholder haben sich diesen Markt ebenfalls erschlossen, um Dienstleistungen im Zusammenhang mit der Abgabe des Stimmrechts anzubieten. CII und ISS schaffen Skaleneffekte bei der Stimmrechtsausübung, indem sie für ihre Mitglieder und Kunden die Kosten der Maßnahmen, über die beschlossen werden sollen, analysieren und Aktionärsanträge und Abstimmungen koordinieren[235].

---

231 *Jensen* (1993), S. 54.

232 Vgl. Angaben auf der CII Website, www.cii.org und *Kyriakakis* (2002), S. 223.

233 *Heard/Sherman* (1987), S. 48.

234 Vgl Angaben auf der ISS Website, www.issproxy.com.

235 Vgl. die Analyze beim *Kyriakakis* (2002), S. 222 ff.

So effizient die institutionelle Anleger auch geworden sind, besteht doch auch für sie ein Problem fort: Das Trittbrettfahren, durch das auch die passive Aktionäre kostenlos von der informierten Entscheidung der aktiven Aktionäre profitieren[236]. Wären die passiven Aktionäre konkurrierende institutionelle Anleger, hätte man Aufwendungen gehabt, um den Konkurrenten zu helfen[237].

Monks und *Minow* führen dazu aus, dass der Chef der Investmentfonds "Berkshire Hathaway", Warren Buffet, sich durch das Kaufen von Aktienpaketen unter der aufschiebenden Bedingung, dass die Gesellschaft Vorzugsaktien mit höheren Ausschüttungsrechten an ihn ausgebe, vor den Nachteilen des Trittbrettfahrens schützt[238]. Eine solche Vorzugsdividende erhöht den Gewinn aus seinen Bemühungen, die Verwaltung der Gesellschaft zu verbessern. Damit sinkt zugleich der Anteil der trittbrettfahrenden Aktionäre an den Erträgen aus Buffets Ideen.

CalPERS veröffentlicht jährlich eine *focus list* der Gesellschaften, deren Leistung der Fonds verbessern will. Über die Jahre haben die Anstrengungen des Fonds bei den in der *focus list* aufgeführten Gesellschaften die Kurse dieser Gesellschaften tatsächlich erhöht[239]. Aufgrund der dadurch begründeten Erwartung des Marktes kann CalPERS nunmehr von Kursgewinnen profitieren, die durch den bloßen Ausweis seiner Beteiligung und der Bekanntgabe seiner Absichten zur Einflussnahme auf die betreffende Gesellschaft ausgelöst werden. Die *Momentum Traders*, die CalPERS folgen, erzielen als Trittbrettfahrer folglich nur einen geringeren Ertrag, da sie die Aktie erst erwerben, nachdem der Kurs bereits gestiegen ist[240].

Die zunehmende Präsenz solcher institutionellen Anleger steigert die Stimmkraft der Aktionäre. Insbesondere dank der Dienstleistungen von Organisationen wie des CII und der ISS verbessert sich das Verhältnis der Entscheidungskosten der institutionellen Anleger zum potentiellen Ertrag. Weil ein institutioneller Anleger oft indexiert kauft und i.d.R. kleinere Anteile als ein Bieter im Rahmen einer Übernahme erwirbt, ist die Wahrscheinlichkeit eines Wiederverkaufs und der oben beschriebenen Zyklusbildung kleiner. Deshalb stellen institutionelle Anleger, jedenfalls unter angemessenen rechtlichen Rahmenbedingungen und bei einer Börseninfrastruktur, die für das Kollektivhandeln in der Publikums-AG keine Hindernisse in den Weg legt, eine realistische Lösung der Ineffizienz der weit verstreuten Aktien dar[241]. Dabei ist auch zu berücksichtigen, dass institu-

---

236 *Clark* (1986), S. 392 ff.

237 *Pozen* (2003), S. 99 (2003); *Monks/Minow* (2004), S. 177.

238 *Monks/Minow* (2004), S. 177.

239 *Anson/White/Ho* (2004).

240 Vgl. die Darstellung des Verhältnisses zwischen Maklern, die auf Wert zielen, und denjenigen, die auf Preisänderungen zielen, bei *Harris* (2003), S. 232.

241 *Jensen* (1993), S. 53.

tionelle Anleger aufgrund ihrer Sorgfalts- und Treupflichten gehalten sind, die Stimmrechte aus den ihren Fondsvermögen befindlichen Aktien auszuüben (näher dazu sogleich (c)).

(c) Pflicht zur Stimmrechtsausübung?

Allein der Umstand, dass ein Aktionär in der Lage wäre, sein Stimmrecht informiert und im besten Interesse der Gesellschaft auszuüben, hilft für sich genommen nicht, wenn er von dieser Möglichkeit keinen oder gar einen unvernünftigen Gebrauch macht. In der Tat bestimmt weder das amerikanische noch das deutsche Aktienrecht, wie ein durchschnittlicher Aktionär, der keinen besonderen Einfluss ausüben kann, sein Stimmrecht ausübt[242]. Nur ein Kapitalanteil, der dem Inhaber einen besonderen Einfluss auf die Gesellschaft verleiht, wie z.B. ein Mehrheitsanteil[243] oder eine Sperrminorität[244], begründet eine Pflicht zu verantwortlicher Stimmrechtsausübung. Institutionelle Anleger halten zwar u.U. große Stimmrechtsbeteiligungen an großen börsennotierten Gesellschaften, selten aber eine Sperrminorität oder eine Mehrheitsbeteiligung. Abgesehen vom Fall einer solchen Beteiligung, soll die Frage, ob ein Aktionär sein Stimmrecht ausüben *muss*, von etwaigen außerhalb des Aktienrechts kommenden Pflichten beantwortet werden. Hält der Aktionär die Aktien aus eigenem Interesse, hat er in der Regel keine solche Pflicht. Hält der Aktionär dagegen die Aktien für Rechnung eines Dritten, kann er sehr wohl der Pflicht zur sorgfältigen Stimmrechtsausübung unterliegen.

(i) Das Stimmrecht aus eigenen Aktien

Eine Pflicht, durch Ausübung des Stimmrechts auf die Geschicke des Unternehmens Einfluss zu nehmen, würde der Pflicht des Eigentümers ähneln, die in seinem Eigentum stehenden Vermögensgegenstande, wie z.B. gefährliche Tiere oder Substanzen, zu kontrollieren oder das Fundament eines Nachbargrundstucks nicht zu beeinträchtigen[245]. In der Tat ziehen *Berle* und *Means* einen solchen Vergleich, wenn sie bedauern, dass Aktionäre nicht die gleichen Pflichten und Befugnisse wie Eigentümer anderer Arten von Vermögensgegenständen haben: "*It has often been said that the owner of a horse is responsible. If the*

242 *Hewlett v. Hewlett-Packard*, 2002 Del. Ch. LEXIS 44 (Del. Ch. 2002), S 4; Zum deutschem Recht BGHZ 130, 184, S. 195.

243 Zum amerikanischen Recht vgl. *Sinclair Oil Corporation v Levien*, 280 A.2d 717 (Del. Supr. 1971); *Kahn v. Lynch Communication Sys.*, Inc. 638 A.2d 1110 (Del. 1994); *Jones v. H.F. Ahmanson*, 460 P.2d 464 (Cal. Supr. 1969). Zum deutschen Recht vgl. BGHZ 103, 184 ("*Linotype*").

244 Zum amerikanischen Recht vgl. *Smith v Atlantic Properties, Inc.*, 422 N.E.2d 798, 802 (1981) (In einer kleinen Aktiengesellschaften mit nur vier Aktionären verweigerte ein Aktionär die Zustimmung zu einer Ausschüttung, obwohl sie für eine bessere Steuerbehandlung unentbehrlich war. Dieses Vorgehen verletzte die Treupflicht des Aktionärs den anderen Aktionären gegenüber.). Zum deutschen Recht vgl. BGHZ 129, 136 ("*Girmes*"), und die instruktive Erläuterung hierzu bei *Turks*, S. 12 f.

245 *Megarry/Wade* (1966), S. 811; *Vaines* (1962), S. 39.

horse lives he must feed it. If the horse dies he must bury it. No such responsibility attaches to a share of stock"[246].

Eine Pflicht zur Stimmrechtausübung, die auf den Eigentümerstatus gegründet wäre, würde die Rechenschaftspflicht ("*Accountability*") der Geschäftsleitung gegenüber den Aktionären stärken und zugleich ein öffentliches Gut (*public good*) schaffen, das dem Staat Aufsichtskosten ersparen würde[247]. Die Auswirkungen der Misswirtschaft in Unternehmen wie Enron, Worldcom, EM.TV und Parmalat hat zwischen 2001 und 2003 den potentiellen Wert einer solchen Privataufsicht gezeigt. Gute Governance steigert aber auch den privaten Wert einer Anlage. *Gompers/Ishii/Metrick* haben gezeigt, dass während des neunjährigen Zeitraumes zwischen den Jahren 1991 und 1999 Gesellschaften mit der besten Governance im Durchschnitt um 8,5% höhere Erträge erzielt haben als die Gesellschaften mit der schlechtesten Governance[248]. *Becht/Franks /Mayer/Rossi* haben eingehend erläutert wie der Hermesfonds seinen Anlagegewinn durch aggressive Aufsichtsmaßnahmen erheblich steigert[249].

Es gibt daher zwar gute wirtschaftliche Gründe für eine Pflicht, die Stimmrechte aus Aktien auszuüben, um gute Governance zu fördern. Die Natur des Privateigentums, das die freie Verfügung über das eigene Eigentum gewährt, wenn kein überwiegendes Interesse der Allgemeinheit entgegensteht[250], widerspricht aber der Einführung einer solchen Pflicht. Daher muss die Verpflichtung, das Stimmrecht auszuüben, trotz der Attraktivität einer solchen Rechtspflicht – zumindest für im *eigenen* Interesse gehaltene Aktien – lediglich eine moralische bleiben.

(ii) Stimmrecht aus Aktien, die für fremde Rechnung verwaltet werden

Tabelle 1 zeigt, dass im Jahr 2005 mehr als 60 % der auf dem amerikanischen Markt notierten Aktien von institutionellen Anlegern wie Pensionsfonds, Kapitalanlagegesellschaften und Banken zugunsten ihrer Kunden verwaltet wurden. Das daraus zwischen dem Finanzinstitut und dem Kunden entstehende Rechtsverhältnis stellt nach amerikanischem Recht eine Treuhandbeziehung dar, wenn Eigentum des Kunden in der Verwaltung des Finanzinstituts bleibt. Nach dem *Law of Trusts* schuldet ein Treuhänder seinem Destinatär eine Treupflicht (*duty of loyalty*) und eine Sorgfaltpflicht (*duty of care*) in Bezug auf die Verwaltung des Treuhandvermögens[251]. Gegenstand eines Treuhandvermögens können auch

---

246 *Berle/Means* (1968), S. 64.

247 Vgl. *Hirschman* (1970), S. 101; *Monks/Minow* (2004) S. 118; *Harris* (2004).

248 *Gompers/Ishii/Metrick* (2003), S. 144 f.

249 *Becht/Franks/Mayer/Rossi* (2006), S. 22 f.

250 Art. 14 GG; 5. Amend. U.S. Const.

251 Scott on the Law of Trusts (2001), §§ 170, 174; Restatement (Third) of Trusts §§ 170, 174, 227 (2004); Vgl. auch *Heard/Sherman* (1987), S. 31 und *Kyriakakis* (2002), S. 172 ff.

Wertpapiere sein[252]. Weil das Stimmrecht einen wertvollen Bestandteil der Aktien darstellt, ist der Treuhänder verpflichtet, den Wert des Rechts durch dessen sorgfältige Ausübung zu bewahren[253]. Hieraus folgt, dass die Verwahrungs- und Verwaltungseinrichtungen, die als *trusts* zu verstehen sind, wie z.B. die Treuhandabteilungen (*trust departments*) der Banken, einer solchen Pflicht unterliegen. Sie müssten nach den Prinzipien des *Law of Trusts* die Stimmrechte aus Aktien, die sie als Treuhänder halten, entweder selbst ausüben oder auf die Begünstigten für die Ausübung übertragen[254].

Finanzinstitute, die Wertpapiere für Rechnung anderer verwalten, die aber nicht als *trusts* organisiert sind, unterliegen nicht dieser strengen Treupflicht. Das ist bedauerlich, da bestimmte institutionelle Anleger einen Anreiz haben, die Stimmrechte aus den für ihre Auftraggeber gehaltenen Aktien gerade *nicht* auszuüben. Im Jahr 1971 veröffentlichte die SEC einen wichtigen und immer noch aussagekräftigen Bericht – den *Institutional Investor Study Report* – über die Rolle der institutionellen Anleger im Kapitalmarkt. Der Bericht erläuterte viele Gründe für die sog. "Passivität" der institutionellen Anleger, und insb. die daraus folgende Praxis der "*Wall Street Rule*":

> "*[I]nstitutions tend to vote with management on questions put to a shareholder vote and ... if they lose confidence in management they tend to sell their holdings in a company rather then to attempt to control or influence management decisions. This conclusion appears attributable to two factors. First, institutions are inclined to believe that their responsibility is to make investment decisions rather than to attempt to influence management decisions. Second, while there are no statutory restrictions upon the right of institutions to attempt to influence management decisions, institutions tend to believe that an effort to do so would be inappropriate and would subject them to criticism ... In general, it can be concluded that even where institutions have the potential power to influence management decisions they tend to be reluctant to exercise this power, particularly in an open and public way*"[255].

Außer Passivität zeigten die institutionellen Anleger der 1970er Jahre eine noch bedenklichere Tendenz. Interessenkonflikte hatten die unbefangene Ausübung der Stimmrechte durch Banken, Kapitalanlagegesellschaften und Pensionsfonds ernsthaft gefährdet. Diese Institutionen hatten oft das Stimmrecht im Sinne der Geschäftsleitung der Portfoliogesellschaften ausgeübt, um ihre anderweitigen Beziehungen mit derselben Portfoliogesellschaft – etwa das Mandat, die Pensionskasse der Gesellschaft zu verwalten oder andere Dienstleistungsverträge – zu

---

252 Restatement (Second) of Trusts § 74 (1959).

253 *Scott* (2001), § 193.1.

254 Diese Pflicht findet sich auch in den Empfehlungen der zuständigen amerikanischen Aufsichtbehörde: *The Office of the Comptroller of the Currency. Comptroller of the Currency* (2002), S. 10. Eingehend dazu vgl. *Baums* (1992), S. 88 f.

255 Ausgeführt im *Heard/Sherman* (1987), S. 40 f.

pflegen[256]. Die Reaktion auf diese Lage waren eine Regierungsermittlung, der oben zitierte Bericht sowie eine anschließende Einführung der Pflichten nach dem Employee Retirement Investment Savings Act of 1974[257] (im folgend "ERISA") betreffend die Ausübung des Stimmrechts[258].

Die Einfügung dieser Pflicht in ERISA ist auf den geradezu heldenhaften Einsatz von *Monks* zurückzuführen, der zuerst die Pflicht zur verantwortlichen Ausübung des Stimmrechts in der amtlichen Interpretation der Treu- und Sorgfaltspflichten nach dem ERISA eingeführt hat und anschließend die ISS gründete, um die praktische Durchsetzung dieser Pflichten zu gewährleisten. Nach ERISA muss der Verwalter eines privaten Pensionsfonds das Treuhandvermögen sorgfältig und ausschließlich im Interesse der Begünstigten verwalten[259]. In den 80er Jahren, als *Monks* beim Bundesarbeitsministerium für die Durchsetzung des ERISA verantwortlich war, setzte er sich immer wieder für eine unbefangene und verantwortliche Ausübung des Stimmrechts durch Pensionsfonds ein. Als im Jahr 1985 der amerikanische Kongress eine Untersuchung der Interessenkollisionen in der Fondsindustrie einleitete[260], vertrat *Monks* als Fachgelehrter den Standpunkt, dass das Stimmrecht ein wertvoller Bestandteil des Fondsvermögens und seine Ausübung daher Teil der Pflicht sei, das Vermögen sorgfältig zu verwalten[261]. Diese Position ist dann zunächst in Beratungsbriefen zum Ausdruck gekommen, die das Bundesarbeitsministerium an einzelne Fonds sandte[262]; später ist sie in den amtlichen Rundschreiben veröffentlicht worden, die Richtlinien für die Ausübung des Stimmrechts gemäß ERISA festlegten[263].

Nach dem ERISA-Rundschreiben muss der zuständige Treuhänder der Fonds oder der beauftragte Investmentmanager die Stimmrechte aus den Fondsaktien

---

256 *Heard/Sherman* (1987), S. 41. Für neuere Angaben zu solchen Interessenkonflikten vgl. auch *Davis/Kim* (2005).

257 *The Employee Retirement Income Security Act of 1974*, Pub. L. 93-406, 2. Sept. 1974, 88 Stat. 829, kodifiziert in 29 USCA §§ 1001-2008.

258 Vgl. auch *Buxbaum* (1990), S. 7, 23 ff.

259 § 404 Abs. a Nr. (1) ERISA erfordert, dass der Fondverwalter (*Fiduciary*) seine Pflichten gemäß der Pensionsregelung ausschließlich zum Wohl der Beitragzahler ohne unnötige Kosten und nach einem bestimmten Sorgfalts- und Treustandard ausübt.

260 *Heard/Sherman* (1987), S. 45.

261 *Heard/Sherman* (1987), S. 32.

262 Vgl. z.B. Labor Department Letter on Proxy Voting by Plan Fiduciaries to Board of Avon Products (February 29, 1988), 15 BNA Pension Reporter 391 (*"[I]t is the Department's position that the decision as to how proxies should be voted with regard to the issues presented by the fact pattern are fiduciary acts of plan asset management: a proposal to change the state of incorporation of a corporation in which a plan owned shares (thereby possibly affecting shareholders' rights to participate in the decision-making process of the corporation which, in turn, affects the value of their investment) and a proposal to rescind "poison pill" arrangements with regard to various corporations in which a plan is invested."*).

263 Department of Labor, Interpretive bulletin relating to written statements of investment policy, including proxy voting policy or guidelines, 29 CFR § 2509.94–2.

ausüben. Er darf auch versuchen, die Geschäftsleitung der beteiligten Gesellschaften zu beeinflussen, sofern dadurch den Wert der Beteiligung voraussichtlich erhöht wird[264]. Wurde die Verwaltung des Fondsvermögens einem Investmentmanager übertragen, so muss der Manager sowohl diese Pflicht erfüllen als auch eine ausführliche Dokumentation über seine Stimmrechtsausübung aufbewahren und an den Treuhänder weiterleiten, um diesem eine ausreichende Aufsicht über die Tätigkeit des Managers zu ermöglichen[265]. Das Rundschreiben empfiehlt, dass Fonds Leitlinien für ihre Geschäftspolitik bei der Ausübung der Stimmrechte verfassen[266], was sicherlich die Formulierung einer vernünftigen Geschäftspolitik veranlasst. Zu unterstreichen ist, dass das ERISA nur für *private* Pensionsfonds Anwendung findet. Allerdings haben sich auch die meisten öffentlichen Pensionsfonds freiwillig einer ähnlichen Pflicht zur Stimmrechtsausübung unterworfen[267].

Kapitalanlagegesellschaften (*mutual funds*) und Pensionsfonds haben eine starke Präsenz auf dem amerikanischen Kapitalmarkt. Zum 31.12.04 hielten amerikanische *mutual funds* etwa 22 % der in den Vereinigten Staaten notierten Aktien[268]. Im Jahr 2002 haben die zahlreichen in den Vereinigten Staaten aufgedeckten Treupflichtverletzungen und Bilanzbetrügereien die SEC dazu veranlasst, die Überwachung der Geschäftsleitung notierter Gesellschaften zu stärken. Unter anderem hat die SEC eine Regelung erlassen, die sämtliche Kapitalanlagegesellschaften verpflichtet, ihre Stimmrechtsausübung[269] und ihre Grundsätze für die Ausübung der Stimmrechte[270] zu veröffentlichen[271]. In den Leitsätzen der neuen Regelung erläutert die SEC ihre Absicht, die Stimmkraft der institutionellen Anleger zum Wohl des Kapitalmarktes zu erschließen:

> "*Recent corporate scandals have ... underscored the need for mutual funds and other institutional investors to focus on corporate governance. The increased equity holdings and accompanying voting power of mutual funds place them in a position to have enormous influence on corporate account-*

---

264 29 CFR § 2509.94–2, (1) und (3).

265 29 CFR § 2509.94–2, (1).

266 29 CFR § 2509.94–2, (2).

267 Viele institutionelle Anleger streben auch prinzipiell danach, die Corporate Governance der Gesellschaften, an denen sie Anteile halten, zu verbessern. TIAA-CREF hat in einer *policy* Erklärung erläutert, dass sie von einer Abhängigkeit zwischen Corporate Governance und überzeugt ist; vgl. *TIAA-CREF* (2007), S. 1.

268 *Investment Company Institute* (2005), S. 7.

269 17 CFR § 270.30b1–4 *Report of proxy voting record.*

270 17 CFR § 239.15A, Form N–1A, Item 13. *Management of the Fund*, lit. (f) *Proxy Voting Policies*. Das gleiche Erfordernis wurde auf dem Veröffentlichungsformblatt N-2 für die sogenannten "*Closed Ended Funds*" vorgeschrieben. Vgl. 17 CFR § 239.14.

271 Final Rule: Disclosure of Proxy Voting Policies and Proxy Voting Records by Registered Management Investment Companies, SEC Mitteilung Nr. 33–8188, 34–47304, 68 *Federal Register* 6564 (7. Feb. 2003).

ability. As major shareholders, mutual funds may play a vital role in monitoring the stewardship of the companies in which they invest"[272].

Zum gleichen Zweck hat die SEC eine ähnliche Regelung für Investmentmanager –nach § 202 Abs. a Nr. 11 *Investment Adviser Act of 1940 investment advisers* genannt[273] – erlassen[274]. Zur Zeit der Einführung der Neuregelung verwalteten diese Manager Vermögen im Wert von etwa 19 Billionen U.S. Dollar für ihre Auftraggeber[275], bei denen es sich häufig um *mutual funds* handelte. Wie bereits erwähnt, müssen Investmentmanager, die von privaten Pensionsfonds beauftragt wurden, bestimmte Sorgfalts- und Treupflichten nach dem ERISA erfüllen. Außerdem unterliegen sämtliche Investmentmanager den allgemeinen Sorgfalts- und Treupflichten des *Investment Advisers Act*[276]. Die im 2003 erlassene Regelung verpflichtet nun mehr Investmentmanager,

- Verfahren und Grundsätze für die Ausübung der Stimmrechte zu beschließen, die die Interessen des Auftraggebers optimal erfüllen und insb. Interessenkonflikten beiseitigen.
- Diese Verfahren und Grundsätze dem Auftraggeber auf dessen Verlangen zu erklären.
- Dem Auftraggeber schriftlich zu erklären, wie er Angaben über die tatsächliche Ausübung der Stimmrechte erhalten kann[277].

In Anbetracht dieser Transparenz ist es schwer vorstellbar, dass ein Investmentmanager die Ausübung des Stimmrechts schlicht unterlassen oder pflichtwidrig im eigenen Interesse vornehmen wird.

Obwohl der Aktionär keine Pflicht hat, die Stimmrechte aus seinen eigenen Aktien auszuüben, wird eine solche Pflicht in vielen Fällen vorgeschrieben, in denen ein Aktionär das Stimmrecht für einen Begünstigten ausübt. Eine Bank, die Aktien als Treuhänder für ihren Kunden hält, hat eine entsprechende Pflicht nach dem *Law of Trusts*. Ein Privatpensionsfonds hat eine solche Pflicht gemäß ERISA. Kapitalanlagegesellschaften und ihre Investmentmanager sind verpflichtet, Grundsätze für die Ausübung der Stimmrechte zu veröffentlichen und den Anlegern auf Verlangen Informationen über die tatsächliche Ausübung zu liefern. Damit sind institutionelle Anleger i.d.R. direkt oder indirekt verpflichtet, die Stimmrechte aus Aktien, die sie für Rechnung ihrer Antraggeber verwalten, pflichtgemäß auszuüben. Angesichts der Tatsache, dass mehr als 60% der auf

272 SEC Mitteilung Nr. 34–47304, S. 6565.

273 15 USCA § 80b-2 Abs. a Nr. 11 (2000).

274 Final Rule: Proxy Voting by Investment Advisers, SEC Mitteilung Nr. IA–2106, 68 *Federal Register* 6585 (7. Feb. 2003).

275 SEC Mitteilung Nr. IA–2106, S. 6586.

276 SEC Mitteilung Nr. IA–2106, S. 6586; vgl. *SEC v. Capital Gains Research Bureau, Inc.*, 375 U.S. 180, 194 (1963).

277 Vgl. 17 CFR § 275.206(4)-6 (a) – (c) Die SEC erläutert diese Regelung in der Mitteilung Nr. IA–2106, S.6586 ff.

dem amerikanischen Markt umlaufenden Aktien im Besitz von institutionellen Anlegern sind, deckt diese Ausübungspflicht den größten Teil des Marktes ab.

§ 13 Zusammenfassung

Zweck dieses Kapitels war es, die zentrale Rolle des Stimmrechts in der Aktiengesellschaft aufzuzeigen. Die verschiedenen Rechte des Aktionärs greifen ineinander, und die Wirksamkeit der einzelnen Rechte ist von den jeweils anderen Rechten abhängig. Unter den sog. "Verwaltungsrechten" ist das Stimmrecht am wichtigsten. Das Stimmrecht ist für die Aktiengesellschaft zentral, ganz gleich ob es dogmatisch, ökonomisch oder rechtspolitisch betrachtet wird.

Nachdem zunächst die zentrale Bedeutung des Stimmrechts in der Theorie gezeigt wurde, musste die praktische Wirksamkeit des Stimmrechts nachgewiesen werden. Die Streuung der Aktien und die Trennung von Eigentum und Kontrolle haben die Ausübung des Stimmrechts zwar erschwert, aber das Recht selbst nicht seiner Bedeutung beraubt. Die Wiederherstellung der Einheit der Stimmrechte in einer Hand durch eine Übernahme bietet keine dauerhafte Lösung für das Problem des kollektiven Handelns der Aktionäre, sondern führt zu einem Zyklus von risikoreicher effizienter Konzentration und risikoarmer ineffizienter Streuung. Daher sollte die Kommunikation unter Aktionären und ihre Zusammenarbeit erleichtert und gefördert werden. Die Maßnahmen der SEC, die durch den Erlass der *Proxy Rules* und der Meldepflichten eine aktive Beteiligung der Aktionäre eher behindert haben, zeigen, dass dem kollektiven Handeln der Aktionäre zu wenig Beachtung geschenkt worden ist. Jedenfalls die institutionellen Anleger, die heute eine Mehrheit der Aktionäre auf dem amerikanischen Markt ausmachen, haben ausreichende fachliche Kenntnis und hinreichende Organisation, um ihre Stimmrechte wirksam ausüben zu können.

Auch eine überzeugende Darstellung der zentralen Bedeutung des Stimmrechts und seiner praktischen Wirksamkeit bedeutet aber nicht, dass die Stimmrechte überhaupt ausgeübt werden müssen. In der Tat besteht keine Pflicht, die Stimmrechte aus im eigenen Interesse gehaltenen Aktien auszuüben, obwohl gute wirtschaftliche Gründe dafür sprechen würden. Institutionelle Anleger haben beträchtliche Interessenkonflikte, die sie zur Wahl der *Wall Street Rule* führen. Als Gegenmittel hat das Gesetz Treupflichten eingeführt. Ein Finanzinstitut, das Wertpapiere als Treuhänder für Kunden verwaltet, wird durch das *Law of Trusts* zur sorgfältigen Ausübung der Stimmrechte verpflichtet. Private Pensionsfonds sind gemäß ERISA verpflichtet, die Rechte aus Fondsvermögen – einschließlich der Stimmrechte – sorgfältig zu verwalten. Staatliche Pensionsfonds folgen ihrem Beispiel. Kapitalanlagegesellschaften und ihre Investmentmanager sind verpflichtet, Grundsätze für die Ausübung der Stimmrechte zu verfassen und ihren Kunden über die tatsächliche Einhaltung dieser Grundsätze auf Verlangen zu berichten.

Damit ist das Stimmrecht im Aktienrecht nicht nur in der Theorie zentral, sondern hat jedenfalls insoweit auch große praktische Bedeutung, als Aktien durch institutionelle Anleger gehalten werden. Eine Abwicklungsstruktur, die das Stimmrecht beeinträchtigt, hat daher erhebliche negative Auswirkungen auf die Unternehmensführung, die der Gesetzgeber in Betracht ziehen muss. Das nächste Kapitel erläutert, wie eine "Entleerung" des Aktienregisters die Wirksamkeit des Stimmrecht beeinträchtigt.

II. Die Bedeutung des Aktienregisters für die Mitgliedschaftsrechte

§ 14 Problemstellung

Im vorstehenden Kapitel wurde die zentrale Rolle des Stimmrechts in der Systematik des Aktienrechts dargestellt. In diesem Kapitel wird die ebenso große Bedeutung des Aktienregisters im amerikanischen Aktienrecht erläutert. Im Gegensatz zu einem System, in dem die Aktionäre vor allem Inhaberaktien halten, setzen amerikanische Aktiengesetze die Feststellbarkeit der Aktionäre und eine direkte Kommunikation mit den Aktionären voraus. Nicht die Veröffentlichung in den Medien, sondern die schriftliche Mitteilung an den einzelnen Aktionär ist der vom Gesetz für Pflichtmitteilungen vorgesehene Kommunikationskanal. Ein unmittelbares Anschreiben setzt aber die Feststellbarkeit der Identität – oder mindestens der Anschrift – des Empfängers voraus. Das Gesetz sieht das Aktienregister als Quelle für die dafür notwendigen Informationen vor.

Die Angaben im Aktienregister ermöglichen jedoch nicht nur die Kommunikation zwischen der Gesellschaft und den Aktionären, sondern bestimmen auch, wer die Rechte eines Aktionärs geltend machen kann. Sowohl die Berechtigung des Aktionärs als solche als auch die Ausübung seine Rechte hängen daher von der Eintragung im Aktienregister ab.

§ 15 erläutert, wie die Zuordnung der Mitgliedschaftsrechte mittels des Aktienregisters erfolgt. § 16 beschreibt den Kommunikationskanal, der für die Einberufung der Hauptversammlung und die Ausübung der Stimmrechte vorgesehen ist. § 17 illustriert, wie die effektive Ausübung anderer Mitgliedschaftsrechte offene Kommunikationskanäle zwischen den Aktionären selbst voraussetzt. Die drei Abschnitte zeigen, wie nach dem gesetzlichen Modell die Aktionärsidentität festgestellt wird und die Kommunikation erfolgt. § 18 beschreibt, wie wegen eines entgegenwirkenden Wertpapierabwicklungssystems, das den gesetzmäßigen Inhalt des Aktienregisters verdrängt, die gesetzlich vorgesehenen Vorgänge nur mühsam durchgeführt können. Ein unvollständiges Aktienregister verhindert, dass eine Aktiengesellschaft ihre Aktionäre kennt und erschwert die vom Gesetz geforderte Zusendung von Pflichtmitteilungen. Es verhindert auch, dass die Aktionäre sich miteinander verständigen und zusammenarbeiten.

§ 15 Maßgeblichkeit der Eintragung im Aktienregister

(a) Die Berechtigung zur Stimmrechtausübung

Das amerikanische Recht kennt ausschließlich Namensaktien[278]. In einer Gesellschaft, deren Grundkapital in Namensaktien aufgeteilt ist, gilt nur derjenige als

---

[278] Vgl. *Guttman* (2006), § 1:11, S. 1-40. Wie alle negativen Tatsachen ist die vollständige Abwesenheit von Inhaberaktien in den Vereinigten Staaten schwerer zu beweisen als eine positive Tatsache. Die Aussage im Text basiert auf Folgendem: Die Bestimmungen der

Aktionär, der im Aktienregister eintragen ist[279]. In den Vereinigten Staaten ist dieser Grundsatz sowohl im Aktienrecht als auch im Wertpapierrecht (*commercial law*) fest verankert. Nach dem amerikanischen Mustergesetz eines Handelsgesetzbuchs (*The Uniform Commercial Code*), das in allen 50 Bundesstaaten umgesetzt worden ist, darf die Aktiengesellschaft diejenigen, die im Aktienregister eingetragen sind, als Inhaber aller Rechte aus den Aktien behandeln[280]. Gemäß § 219 Abs. c DGCL sind nur diejenigen stimmberechtigt, die auf der für die Hauptversammlung erstellten Aktionärsliste aufgeführt sind[281]. Eine ähnliche Regelung findet sich auch in den anderen amerikanischen Aktiengesetzen[282]. Wenn eine Aktie nach der Aufstellung der Liste verkauft wird, kann der Kaufvertrag dem Käufer einen schuldrechtlichen Anspruch auf Erteilung einer Vollmacht zur Ausübung des Stimmrechts aus der verkauften Aktieeinräumen, aber damit wird der Käufer nicht Aktionär[283].

In diesem Zusammenhang sei erwähnt, dass der *Model Business Corporation Act* eine Bestimmung eingeführt hat, die auch dem nicht eingetragenen "wirtschaftlichen" Aktionär (*beneficial owner*) das Stimmrecht einräumt[284]. Diese Bestimmung wird aber zum einen selten Publikumsgesellschaften betreffen[285];

---

wichtigsten amerikanischen Aktiengesetze (etwa Delaware, das RMBCA, New York, Kalifornien, Illinois, und Texas) sehen keine Inhaberaktien vor. Die wichtigsten Gesellschaftsrechtkommentare über amerikanisches Aktienrecht enthalten keine Hinweise auf Inhaberaktien (vgl. *Ballantine* (1946); *Clark* (1985); *Gewurtz* (2000); *Cox/Hazen/O'Neal* (2002); *Fletcher* (2004)). Eine Suche nach den Wörtern "*bearer share*" in der Datenbank "WestLaw" für Gerichtsentscheidungen aller 50 Staaten ergibt keinen Treffer außer Hinweisen auf Aktien ausländischer (hauptsächlich latein- oder südamerikanischer) Gesellschaften.

279 *Guttman* (2006), § 1:5, S. 1-15, § 2.2, S. 2-7; *Estate of Bridges v. Mosebrook*, 662 S.W.2d 116, 120 (Tex. App. Fort Worth 1983); *Johnson v. Johnson*, 764 S.W.2d 711, 715 (Mo. Ct. App. E.D. 1989). Nach deutschem Recht kann der Gegenbeweis, das Aktienbuch sei unrichtig, indes nicht geführt werden. Z.B. OLG Hamburg, AG 2003, 694, 1.9.2003: "Bei der Ausgabe von Namensaktien begründet § 67 Abs. 2 AktG die unwiderlegliche Vermutung dafür, dass nur derjenige Aktionär ist, der in das Aktienregister eingetragen ist. Dies gilt auch, wenn Eintragung und materielle Rechtslage auseinanderfallen." Vgl. auch LG Frankfurt, 10.3.05, ZIP 2005, 859; *Cahn* in Spindler/Stilz Komm. § 67 Rdn. 25 ff.

280 § 8-207 Abs. a UCC. Zu bemerken ist aber, dass diese Regel die formelle Eintragung nicht über die Substanz erhebt. Wenn ein Käufer gegenüber der Gesellschaft nachweist, dass er die betreffenden Aktien vom eingetragenen Aktionär erworben hat, wird die Vermutung zugunsten des eingetragenen Aktionärs widerlegt. Vgl. § 8-207 Abs. a, amtliche Erläuterung Nr. 2.

281 Del. Code Ann. tit. 8, § 219 Abs. c. Vgl. auch *Williams v. Sterling Oil of Oklahoma, Inc.*, 267 A.2d 630, 634 (Del. Ch. 1970); *Ward/Welch/Turezyn* (2001), § 219.4.

282 Vgl. *Cox/Hazen/ONeal* (2002), § 13.18.

283 Allerdings hat der Delaware Chancery Court auch entschieden, dass die formelle Eintragung das Gericht nicht hindern wird, das Aktienregister im Fall des Betruges oder der klaren Ungerechtigkeit außer Betracht zu lassen. Vgl. *In re Giant Portland Cement Co.*, 21 A.2d 697, 702 (Del. Ch. 1941) und *Ward/Welch/Turezyn* (2001), § 219.4.

284 § 7.23 RMBCA.

285 Diese Bestimmung gilt nur in Bundesstaaten, in denen wenige große Aktiengesellschaften gegründet werden. Vgl. *Macey* (2002), § 13.11 mit einer Liste der Bundesstaaten.

noch wichtiger erscheint zum anderen der Hinweis, dass sie nichts an der zentralen Bedeutung des Aktienregisters ändert. Ein "wirtschaftlicher" Aktionär hat ein Rechtsverhältnis lediglich dem "eingetragenen" Aktionär gegenüber, auch wenn Letzterer nach Bundesrecht verpflichtet wird, die Möglichkeit der Ausübung der Rechte aus diesem Verhältnis sicherzustellen[286]. Allein die Eintragung im Register konstituiert die Aktionärsstellung; der Umstand, dass der eingetragene Aktionär die Rechte eines Dritten berücksichtigen muss, ist für die konstitutive Wirkung der Eintragung ohne Bedeutung. Das verursacht eine gewisse Spannung zwischen dem Bundesrecht und dem Bundesstaatenrecht[287]. Das Aktienregister bleibt maßgeblich, auch wenn das Bundesrecht den eingetragenen Aktionär bestimmten Pflichten gegenüber dem wirtschaftlichen Anteilsinhaber unterwirft.

Das Stimmrecht wird hauptsächlich in der Hauptversammlung ausgeübt[288]. Nach dem Recht des Staates Delaware muss das Board an einem Tag, der höchstens 60 und mindestens 10 Tage vor der Hauptversammlung liegt und als der Stichtag (*record date*) bezeichnet wird, eine Liste der im Aktienregister eingetragenen Personen erstellen[289]. Stimmberechtigt sind nur Inhaber von Aktien, die auf dieser Liste aufgeführt sind, weil sie am Stichtag im Aktienregister eingetragen waren[290]. Da Handel in den Aktien nach dem Stichtag stattfindet, und weil die Eintragung im Aktienregister für die Übertragung des Eigentums an der Aktien nicht notwendig ist[291], müssen die wirtschaftlichen Eigentümer der Aktien und die zum Stimmrecht berechtigten Personen nicht identisch sein. Wie bereits erwähnt, hat ein Käufer, der Aktien der Gesellschaft nach dem Stichtag erwirbt, lediglich einen schuldrechtlichen Anspruch gegen den Verkäufer auf Erteilung einer Vollmacht zur Ausübung des Stimmrechts; aktienrechtlich ist er aber nicht selbst zur Stimmrechtsausübung berechtigt.

(b) Das Auskunftsrecht in Verbindung mit dem Inhalt des Aktienregisters

Nach dem Aktiengesetz des Staates Delaware hat jeder Aktionär ein Recht auf Einsicht in das Aktienregister[292], in die für die Hauptversammlung aufgestellte

---

286 § 14 *Exchange Act* und verschiedene nach dieser Bestimmung erlassene Regeln verpflichten bestimmte Finanzinstitute, die Aktien für ihre Kunden halten, diesen die Ausübung der Rechte aus den Aktien zu ermöglichen. Siehe unten, § 18. Zum Legitimationsvorgang nach deutschem Recht vgl. *Noack/Zetzsche* (2002), S. 654 ff.

287 Vgl. *Guttman* (1990), 452 ff.

288 Eine Ausnahme ist die Abstimmung durch geschriebene "*consents*", die in § 17 (a) (ii) beschrieben werden.

289 Del. Code Ann. tit. 8, § 213 Abs. a.

290 Del. Code Ann. tit. 8, § 219 Abs. c.

291 Siehe unten, § 20 (b) für eine Erläuterung der Übereignung der Wertpapiere nach amerikanischem Recht.

292 Im Gegensatz zu § 67 Abs. 6 AktG, wird das Einsichtsrecht nicht auf "[die] zu seiner Person in das Aktienregister eingetragenen Daten" beschränkt. Zu diesem Recht vgl. *Thoma* (2006), S. 43 ff.

Liste der Aktionäre und in die Gesellschaftsbücher sowie das Recht, Kopien dieser Unterlagen anzufertigen[293]. Wie im 1. Kapitel besprochen, sollen diese Auskunfts- und Einsichtsrechte die anderen Mitgliedschaftsrechte sichern und ihre wirksame Ausübung ermöglichen[294]. Sie stehen jedem Aktionär unabhängig von Größe und Dauer seiner Beteiligung zu[295], sofern nur der Antrag auf Einsicht einem angemessenen Zweck ("*proper purpose*") dient[296]. Der Zweck des Einsichtsantrags ist "*proper*", wenn er in einem sinnvollen Verhältnis zum Aktionärsinteresse ("*reasonably related to such person's interest as a stockholder*") steht[297]. Ein vom Gericht sehr häufig gebilligter Zweck für eine Einsicht in das Aktienregister ist die Kontaktaufnahme mit den anderen Aktionären, etwa um Stimmrechtsvollmachten für die Neuwahl der Mitglieder des Boards einzuwerben[298], eine von der Geschäftsleitung geplante Kapitalmaßnahme mit den anderen Aktionären zu diskutieren[299] oder Unterstützung für einen Rechtsstreit gegen die Geschäftsleitung zu suchen[300]. Angemessene Zwecke für die Einsicht in die Gesellschaftsbücher sind u.a., einen begründeten Verdacht von Unregelmäßigkeiten bei der Geschäftsleitung zu untersuchen[301] oder den Wert der Aktien zu ermitteln bzw. die Aktien anderen Aktionäre anzubieten, sofern kein Markt für die Aktien vorhanden ist[302]. Der Umfang der Einsichtnahme in die Gesellschaftsbücher wird stets an dem Zweck gemessen, der daher auch den Umfang

293 Del. Code Ann. tit. 8, § 220 Abs. b. Vergehen fünf Tage nach der Übermittlung einer ordentlichen und angemessenen Anforderung, ohne dass die Gesellschaft die Einsicht gewährt, darf der Aktionär das Gericht bitten, die Einsicht anzuordnen. § 220 Abs. c.

294 Siehe oben, § 8 (b).

295 *Balotti/Finkelstein* (2002), § 7.41; *Ward/Welsch/Turezyn* (2001), § 220.3. Die Aktiengesetze einiger anderer Bundesstaaten sehen auf Beteiligungsgröße und -dauer abstellende Voraussetzungen vor. Vgl. *Cox/Hazen/O'Neal* (2002), § 13.4.

296 Del. Code Ann. tit. 8, § 220 Abs. b.

297 Del. Code Ann. tit. 8, § 220 Abs. b; *Sahagen Satellite Technologz Group, LLC. v. Ellipso, Inc.*, 791 A.2d 794, 796 (Del. Ch. 2000).

298 *Balotti/Finkelstein* (2002), § 7.44; *Ward/Welsch/Turezyn* (2001), § 220.7. Die beiden Kommentare zitieren zahlreiche Gerichtsentscheidungen. Vgl. z.B. *General Time Corp. v. Talley Indus.*, 240 A.2d 755 (Del. Supr. 1968). Aus der deutschen Literatur vgl. *Thoma* (2005), S. 165 f.

299 *Balotti/Finkelstein* (2002), § 7.44; *Ward/Welsch/Turezyn* (2001), § 220.7. Vgl. auch, z.B. *Weiss v. Anderson, Clayton & Co.*, C.A. Nr. 8488, slip op. at 5 (Del. Ch. 1986).

300 *Balotti/Finkelstein* (2002), § 7.44; *Ward/Welsch/Turezyn* (2001), § 220.7. Vgl. auch, z.B. *Compaq Computer Corp. v. Horton*, 631 A.2d 1 (Del. Supr. 1993).

301 *Balotti/Finkelstein* (2002), § 7.44; *Ward/Welsch/Turezyn* (2001), § 220.7. Vgl. auch, z.B. *U.S. Die Casting & Dev. Co. v. Security First Corp.*, C.A. No. 14019, slip op. at 12 (Del. Ch. 8.2.1996); *Schluter v. Merritt Chapman & Scott*, C.A. No. 4828 (Del. Ch. 1975).

302 *Balotti/Finkelstein* (2002), § 7.44; *Ward/Welsch/Turezyn* (2001), § 220.7. Vgl. auch, z.B. *Ostrow v. Bonney Forge Corp.*, C.A. No. 13270, slip op. (Del. Ch. 6.4.1994); *Eastlund v. Fusion Sys. Corp.*, C.A. No. 11574 (Del. Ch. 1990).

des Einsichtsbegehrens begrenzt – das schlichte "Herumstöbern" (*fishing expedition*) in den Büchern ist nicht zulässig[303].

Ebenso wie das Stimmrecht und die anderen Rechte des Aktionärs hängt auch das Recht auf Einsicht in das Aktienregister von der Eintragung im Aktienregister ab. Um sein Einsichtsrecht auszuüben, muss der Antragsteller sich daher zunächst als Aktionär ausweisen, was er letztlich nur durch die Eintragung im Aktienregister erreichen kann[304]. Wenn der Aktionär die Einsichtnahme beantragt, um die Kontaktdaten der anderen Aktionäre einzusehen, aber das Aktienregister lediglich Angaben über wenige als Stellvertreter eingetragene Finanzinstitute enthält, läuft das Einsichtsrecht insoweit leer[305].

Bis zum Jahr 2003 waren nach dem Recht des Staates Delaware tatsächlich nur die im Aktienregister eingetragenen Personen befugt, das Einsichtsrecht auszuüben[306]. Sofern eine Depotbank oder ein Makler an Stelle ihres Kunden im Aktienregister verzeichnet war, musste der Kunde, der "wirtschaftlicher" Aktionär war, entweder den eingetragenen Aktionär beauftragen, die Einsicht zu beantragen, oder eine Vollmacht von diesem erhalten, die den wirtschaftlichen Aktionär zur Wahrnehmung des Einsichtsrechts des Instituts ermächtigte[307]. Die Diskrepanz zwischen einem Gesetz, in dem das Aktienregister eine zentrale Rolle spielt, und einer Praxis, in der fast ausschließlich Legitimationsaktionäre in den Register eingetragen sind, streut viel Sand ins Getriebe der amerikanischen Corporate Governance. Im Jahr 2003 hat der Bundesstaat Delaware versucht, diese Situation durch eine Änderung des § 220 DGCL zu verbessern, in dem der Begriff "Aktionär" ("*stockholder*") bezogen auf den Zweck der Einsicht nach § 220 DGCL erweitert wurde[308]. Die Struktur dieses Versuches gleicht dem zuvor erörterten § 7.23 *Revised Model Business Corporation Act*[309]. Seit 2003 schließt der Begriff "Aktionär" im Sinne des § 220 nicht nur die eingetragenen Aktionäre gemäß § 219 Abs. c DGCL ein, sondern auch den "wirtschaftlichen Inhaber" ("*beneficial owner*"), der seine Aktien vermittelt durch Depotbanken, Makler oder sonstige Legitimationsaktionäre hält, auch wenn das Institut an Stelle des wirtschaftlichen Inhabers als Aktionär eingetragen ist[310]. Seinem Antrag auf

---

303 *Balotti/Finkelstein* (2002), § 7.47; *Ward/Welsch/Turezyn* (2001), § 220.8. Vgl. auch *Everett v. Hollywood Park, Inc.*, C.A. No. 14556), slip op. (Del. Ch. 1.19.1996); *Sahagen* 791 A.2d 796.

304 Del. Code Ann. tit. 8, § 219 Abs. c.

305 Siehe unten, § 18.

306 *Ward/Welsch/Turezyn* (2001), § 220.3 und *State ex rel. Healy v. Superior Oil Corp.*, 13 A.2d 453, 454 (Del. Super. 1940).

307 *Ward/Welsch/Turezyn* (2001), § 220.3; *Balotti/Finkelstein* (2002), § 7.41; *Trans World Airlines, Inc. v. State*, 183 A.2d 174 (Del. Supr. 1962).

308 74 Del. Laws, c. 84, §§ 5-8, Delaware State Senate 142nd General Assembly Senate Bill Nr. 127, § 5 (1.8.2003).

309 Siehe oben, § 15 (a).

310 Del. Code Ann. tit. 8, § 220 Abs. a Nr. 2.

Einsicht muss der wirtschaftliche Inhaber einen schriftlichen Beweis beilegen, wonach er tatsächlich der wirtschaftliche Inhaber der Aktien ist[311]. Selbstverständlich muss ein Legitimationsaktionär, der einen entsprechenden Nachweis ausstellt, selbst eingetragener Aktionär sein. Damit benötigt der wirtschaftliche Aktionär nun mindestens *zwei* Eintragungen: zum einen muss der Legitimationsaktionär im Aktienregister eingetragen sein und zum anderen muss der wirtschaftlicher Aktionär in den Büchern des Legitimationsaktionärs eingetragen sein. Folglich ändert die neue Bestimmung nicht viel an der schwierigen Lage des Aktionärs. Die Rechte eines Aktionärs stehen ausschließlich dem eingetragenen Aktionär zu, und die neuen Bestimmungen gestatten lediglich die Ausübung solcher Rechte durch einen bestimmten Dritten, den sog. wirtschaftlichen Aktionär.

Die zweite notwendige Voraussetzung für das Auskunftsrecht ist, dass das Aktienregister die notwendigen Angaben über die Aktionäre enthält[312]. Es ist für den Antragsteller wenig hilfreich, wenn dort nur Legitimationsaktionäre eingetragen sind. In diesem Fall muss der Antragsteller sich nämlich auf ein verzwicktes Spiel zwischen Bundesrecht und Bundesstaatenrecht einlassen, um dem Einsichtsrecht wenigstens einen Mindestwert zu verleihen. Dieses verläuft im Wesentlichen wie folgt: § 220 DGCL verleiht kein Recht, Auskunft von den Legitimationsaktionären zu fordern. Die nach dem *Exchange Act* erlassene Regel 14a-7[313] verpflichtet aber ein bei der SEC eingetragenes Unternehmen, das sich um Stimmrechtsvollmachten bewirbt, einem Aktionär auf sein Verlangen entweder eine Liste der eingetragenen und - sofern vorhanden[314] – der wirtschaftlichen Aktionäre auszuhändigen oder selbst die Abstimmungsunterlagen des Antragstellers gegen Kostenerstattung an die wirtschaftlichen Aktionäre zu senden. Die nach dem *Exchange Act* erlassene Regel 14a-13 i.V.m. der Regel 14b gibt der Gesellschaft das Recht zu verlangen, dass ein als Aktionär eingetragenes Finanzinstitut ihr eine Liste liefert, die Angaben über diejenigen wirtschaftlichen Aktionäre enthält, die einem Weiterleiten ihre Kontaktdaten nicht widersprechen (sogen. "*Nonobjecting Beneficial Owners*" oder "NOBOs") oder einer solchen Weitergabe ausdrücklich zugestimmt haben (sogen. "*Consenting Beneficial Ow-*

311 Der Gesetzestext lautet: "*documentary evidence of beneficial ownership.*" Vgl. Del. Code Ann. tit. 8, § 220 Abs. a Nr. 2. Ein solcher schriftlicher Nachweis wäre wohl ein Schreiben des depotführenden Instituts, das die vertragliche Kette vom eingetragenen Aktionär bis zum wirtschaftlichen Aktionär belegt.

312 Die für die Hauptversammlung aufzustellende Liste muss außer den Namen aller Aktionäre auch deren Anschriften und die Nummer der ihnen gehörenden Aktien enthalten. Vgl. Del. Code Ann. tit. 8, § 219 Abs. a. Weil eine andere Quelle der Information nicht im Gesetz vorgesehen ist, muss das Aktienregister die für die Aufstellung der Liste nötigen Informationen enthalten.

313 17 CFR § 240.14a-7. Vgl. *Thomas/Dixon* (2001), § 3.01 ff.; *Thoma* (2006), S. 62 ff.; *Loss/Seligman* (2004) § 6-C-4.a.

314 Die Regel schreibt keine Pflicht vor, eine Liste der wirtschaftlichen Aktionäre zu beschaffen. Vgl. 17 CFR § 240.7 Abs. a, Nr. 2, (ii); *Thomas/Dixon* (2001), § 3.02[A].

ners")[315]. Wenn die Gesellschaft schon im Besitz einer NOBO-Liste ist, hat der Antragssteller eine Chance, eine Liste der *beneficial owners* zu bekommen. Ein Aktionär wird jedenfalls dann Schwierigkeiten bei der Ausübung seines Einsichtsrechts haben, wenn er eine streitige Neuwahl des Managements durchsetzen will. Die Geschäftsleitung des Unternehmens wird in diesem Fall stets die Unterlagen selbst an die Aktionäre weiterleiten, statt die Liste preiszugeben, um einen direkten Kontakt zwischen dem herausfordernden Aktionär und den übrigen wirtschaftlichen Aktionären zu verhindern und um die Unterlagen im Vorhinein zu lesen[316].

Günstig für den herausfordernden Aktionär ist aber, dass das Auskunftsrecht der Bundesstaaten nicht durch Bundesrecht verdrängt wird[317]. Der Chancery Court des Staates Delaware hat entschieden, dass eine nach Bundesrecht erstellte Liste der NOBOs auch auf der Grundlage des Einsichtsrechts nach § 220 DGCL eingesehen und kopiert werden darf[318]. Daher darf ein Aktionär im Rahmen eines Wettbewerbs um Stimmvollmachten Einsicht auch in die NOBO-Liste verlangen, soweit das Unternehmen über eine solche Liste verfügt. Die Geschäftsleitung kann allerdings dieses Einsichtsrecht in vielen Fällen dadurch vereiteln, dass sie sich keine NOBO-Liste beschafft und dementsprechend selbst keine Kenntnis von der Zusammensetzung des Aktionärskreises hat, die sie einem auskunftssuchenden Aktionär zur Verfügung stellen könnte[319]. Zwar wurde nach dem Aktiengesetz des Staates New York entschieden[320], dass die Geschäftsleitung auf Verlangen eines Aktionärs eine NOBO-Liste beschaffen muss; diese Entscheidung entfaltet aber nur für einen kleinen Teil der Publikumsgesellschaf-

---

315 17 CFR § 240.14a-12 Abs. b i.V.m. 17 CFR §§ §240.14b-1(b)(3) oder 240.14b- 2(b)(4). Die ausdrückliche Zustimmung wird nur erfragt, wenn das Konto vor dem Erlass der Regel schon bestand.

316 *Thomas/Dixon* (2001), § 3.02[D]; *Thoma* (2006), S. 64, 165 f.; *Loss/Seligman* (2004) § 6-C-4.a.

317 *Thomas/Dixon* (2001), § 3.02[D]; *Shamrock Associates v. Texas American Energy Corporation*, 517 A.2d 658, 661 f. (Del. Ch. 1986); *Stern v. South Chester Tube Co.*, 390 U.S. 606, 609 f. (1968).

318 *Shamrock Associates v. Texas American Energy Corporation*, 517 A.2d 658, 661 (Del. Ch. 1986). Vgl auch *Balotti/Finkelstein* (2002), § 7.45; *Ward/Welsch/Turezyn* (2001), § 220.4.

319 *Klein* (1997), S. 174. In diesem Zusammenhang ist auf den Unterschied zwischen einem so genannten "*Cede Breakdown*" und einer NOBO-Liste hinzuweisen. Erstere ist eine Liste der Banken, die die Aktien der Gesellschaft im Depot bei der zentralen Wertpapiersammelbank halten. Letztere ist, eine Liste der wirtschaftlichen Aktionäre, die Aktien durch Legitimationsaktionäre halten. Nach Delaware-Recht darf ein Aktionär verlangen, dass die Gesellschaft ein *Cede Breakdown*, aber nicht eine NOBO-Liste beschafft. *Ward/Welsch/Turezyn* (2001), § 220.4; *RB Associates v. Gillette Co.*, C.A. No. 9711, slip op., S. 15 (Del. Ch. 3.22.1988). Ein *Cede Breakdown* hat einen sehr begrenzten Wert, weil es nur eine Liste der regelmäßig ohnehin schon bekannten Großbanken enthält, die Teilnehmer der Wertpapiersammelbank sind. *Thomas/Dixon* (2001), § 3.03[C][1].

320 *Sadler v. NCR Corp.*, 928 F.2d 48, 53 (2nd Cir. 1991), besprochen von *Thomas/Dixon* (2001), § 3.03[C].

ten Wirkung[321]. Im Übrigen führt die Entleerung des Aktienregisters zu erheblichen Beeinträchtigungen des auf Transparenz und Kommunikation basierenden Systems der Governance.

Wie im vorhergehenden Kapitel erläutert, versucht § 13 *Exchange Act*, eine alternative Informationsquelle über die Aktionärsstruktur bei der SEC eingetragener Publikumsgesellschaften zu schaffen. Nach dieser Vorschrift muss ein Aktionär den Erwerb von 5 % einer stimmberechtigten Aktiengattung bei der SEC anmelden[322]. Auf Grundlage der *Schedules 13D* und *13G* kann daher jedermann eine Liste der Großaktionäre einer Publikumsgesellschaft zusammenstellen.

Abgesehen von den schon im Kapitel I erläuterten Schwierigkeiten[323], die *Schedule 13D* für eine aktive Zusammenarbeit der Aktionäre mit sich bringt, lässt diese Quelle der Information aber immer noch zwei Probleme ungelöst. Erstens bekommt man Angaben, die nur die größten Aktionäre betreffen. Zweitens sind die "*wirtschaftlichen* Aktionäre", die in den *Schedules* aufgeführt sind, eben nicht zugleich Anteilsinhaber de iure. Sie sind daher aktienrechtlich nicht zur Ausübung von Mitgliedschaftsrechten befugt, obwohl das Bundesrecht versucht hat, die Folgen dieses Auseinanderfallens von wirtschaftlicher und rechtlicher Anteilsinhaberschaft zumindest teilweise abzumildern. Daher ist die Lösung des § 13 *Exchange Act* weit weniger hilfreich, als es ein vollständiges Aktienregister sein könnte.

(c) Das Recht der Aktionäre auf Ausschüttungen

Die zentrale Rolle des Aktienregisters ist nicht auf Verwaltungsrechte beschränkt. Sowohl ein Beschluss des Boards, Dividenden auszuzahlen[324], als auch die Verteilung des Gesellschaftsvermögens im Fall der Auflösung[325] führen zu einer Auszahlung von Geldern an *bestimmte* Aktionäre. Die Empfangsberechtigung der Aktionäre bestimmt sich dabei jeweils nach der Eintragung im Aktienregister. Ebenso wie das Stimmrecht steht auch die Dividende nur den am *record date* als Aktionäre im Aktienregister eingetragenen Personen zu[326]. Werden Aktien nach dem Stichtag übertragen, ist daher der Käufer trotz wirksamen Erwerbs der Mitgliedschaft nicht zum Empfang der Dividende berechtigt, und die

---

321 Wie bereits erwähnt, ist die Mehrheit der amerikanischen Publikumsgesellschaften nach dem Recht des Staates Delaware gegründet. Die übrigen Gesellschaften sind nach dem Recht der anderen 49 Bundesstaaten, und zwar hauptsächlich der wirtschaftlich bedeutsameren Staaten wie Kalifornien, Texas, New York, Illinois, Massachusetts und Florida gegründet.

322 17 CFR §§ 240.13d-1(a) in i.V.m. .13d-3. Siehe die ausführliche Erörterung dieser Regelung in § 11 (b), oben.

323 Siehe oben, § 11 (b).

324 Del. Code Ann. tit. 8, § 170 Abs. a.

325 Del. Code Ann. tit. 8, § 281 Abs. a.

326 Del. Code Ann. tit. 8, § 213 Abs. c; *Cox/Hazen/O'Neal* (2002), § 20.1.

Aktien werden *ex Dividende* gehandelt[327]. Ein etwaiges Recht des Käufers, die Auszahlung vom Verkäufer zu verlangen, verpflichtet nicht die Gesellschaft. Bis der Käufer im Aktienregister eingetragen ist, bleibt die Gesellschaft berechtigt, alle Auszahlungen an den eingetragenen (verkaufenden) Aktionär vorzunehmen[328].

§ 16 Die Bedeutung der Kommunikation für die Ausübung des Stimmrechts

(a) Ausübung des Stimmrechts in der jährlichen Hauptversammlung und bei außerordentlichen Maßnahmen

In Ermangelung einer abweichenden Satzungsbestimmung[329] wird eine amerikanische Aktiengesellschaft ausschließlich vom Board oder unter dessen Aufsicht geleitet[330]. Im Gegensatz zum deutschen Aktienrecht steht den Aktionären nach dem Recht des Staates Delaware weder ein Recht auf Einberufung der Hauptversammlung[331] noch die Befugnis zu, über die Verwendung des Bilanzgewinns zu entscheiden[332]. Dafür dürfen die Aktionäre aber in der Regel jährlich das Board neu wählen und dieses ist verpflichtet, zu diesem Zweck wenigstens einmal im Jahr die Hauptversammlung einzuberufen[333]. Die Mehrheit der Aktionäre darf auch die Mitglieder des Board abberufen[334], sofern nicht bei einem "gestaffelten" [335] Board eine Abberufung durch die Satzung ausgeschlossen

327 Rules of the New York Stock Exchange, Rule 235 i.V.m. Rules 237 und 259, aufrufbar unter http://rules.nyse.com (im Folgenden: "NYSE Rules"); NASD Manual, Sec. 11140. Transactions in Securities "Ex-Dividend," "Ex-Rights" or "Ex-Warrants", i.V.m. Sec. 11630 "Due-Bills and Due-Bill Checks" aufrufbar unter http://nasd.complinet.com/nasd (im Folgenden: "NASD Manual").

328 Del. Code Ann. tit. 8, § 213 Abs. c; § 8-207 Abs. a UCC.

329 Im Gegensatz zu dem Grundsatz des § 23 Abs. 5 AktG können alle gesetzlichen Bestimmungen durch die Satzung abbedungen werden. Der Grundsatz der Vertragsfreiheit gilt auch allgemein in allen amerikanischen Aktiengesetzen. Vgl. *Pistor* (2005), S. 21.

330 Del. Code Ann. tit. 8, § 141 Abs. a; § 8.01 RMBCA.

331 Vgl. § 122 AktG. Aus eigener Initiative dürfen die Aktionäre ohne eine Hauptversammlung direkt untereinander durch schriftliche "*consents*" über alle Fragen entscheiden, die in die Kompetenz der Hauptversammlung fallen. Vgl. Del. Code Ann. tit. 8, § 228 Abs. a; *Balotti/Finkelstein* (2002), § 7.1.

332 Vgl. § 174 AktG. Sofern die Satzung einer Delaware AG keine andere Bestimmung enthält, hat das Board eine unbeschränkte Befugnis zu entscheiden, ob Dividenden ausgezahlt werden und die Höhe etwaiger Dividenden zu bestimmen. Del. Code Ann. tit. 8, § 170 Abs. a.

333 Del. Code Ann. tit. 8, § 211 Abs. b.

334 Del. Code Ann. tit. 8, § 141 Abs. k.

335 Ein gestaffeltes (*staggered* oder *classified*) Board wird in mehrere Klassen von Mitgliedern geteilt, und nur eine Klasse der Mitglieder wird in einem Jahr gewählt. Wenn das Board in drei Klassen aufgeteilt ist, steht jährlich nur ein Drittel des Board zur Neuwahl an.

wird[336]. Wie bereits im vorigen Kapitel erläutert, haben die Aktionäre ein Zustimmungs- bzw. Vetorecht hinsichtlich der vom Management vorgeschlagenen Maßnahmen, die die Unternehmensstruktur wesentlich umgestalten oder die Satzung ändern. Dieses Zustimmungs- bzw. Vetorecht besteht für besonders einschneidende Maßnahmen wie etwa Verschmelzungen[337], Verkauf oder Vermietung eines erheblichen Teils des Gesellschaftsvermögens[338] oder die Auflösung der Gesellschaft[339]. Auch eine vom Board beschlossene Änderung der Satzung bedarf der Zustimmung der Aktionäre[340]. Sofern kein Fall einer direkten Entscheidung durch *consents*[341] vorliegt, haben die Aktionäre von Gesetzes wegen nicht das Recht, die Satzung zu ändern oder ein Geschäft zu veranlassen, das die Struktur der Gesellschaft ändert; die Befugnisse der Aktionäre bleiben vielmehr auf die Billigung oder das Veto von Maßnahmen der Verwaltung beschränkt[342].

Eine amerikanische Aktiengesellschaft beruft in der Regel wenigstens einmal jährlich eine Hauptversammlung ein, in der das Board oder ein Teil der *directors* neu zu wählen ist. Im Gegensatz zur früheren deutschen Praxis[343] ist es üblich, dass das Board sich um die Erteilung von Stimmrechtsvollmachten für die Hauptversammlung bemüht. Weil die Werbung um Stimmrechtsvollmachten nach amerikanischem Bundesrecht weitgehenden Transparenzerfordernissen genügen muss (näher dazu im nächsten Abschnitt), ist die jährliche Hauptversammlung der erste Anlass für die Verbreitung unternehmensbezogener Information an die Aktionäre.

(b) Die Verteilung der Einladung zur Hauptversammlung und der Abstimmungsunterlagen

Die Regelungen über die Einberufung der Hauptversammlung und die Verteilung der Abstimmungsunterlagen illustrieren besonders gut das föderalistische Wechselspiel zwischen dem Recht der Einzelstaaten und dem Bundesrecht in den Vereinigten Staaten. Ähnlich wie das Recht der anderen Bundesstaaten[344] verlangt auch das Recht des Staates Delaware nur, dass das Board eine Haupt-

---

336 Del. Code Ann. tit. 8, § 141 Abs. k Nr. 1.

337 Del. Code Ann. tit. 8, § 251 Abs. c.

338 Del. Code Ann. tit. 8, § 271 Abs. a.

339 Del. Code Ann. tit. 8, § 275 Abs. b. Die Aktionäre dürfen auch als Ausnahme zu ihrer vom Gesetz ansonsten vorgeschriebenen Passivität auf Eigeninitiative die Gesellschaft auflösen. Vgl. Del. Code Ann. tit. 8, § 275 Abs. c.

340 Del. Code Ann. tit. 8, § 242 Abs. b Nr. 1.

341 Siehe unten, § 17 (a) (ii).

342 *Bebchuk* (2005), S. 836.

343 Für eine rechtsvergleichende Erörterung des Themas, vgl. *Tuerks*, S. 112 ff. Die deutsche Praxis hat sich zugig geändert, seit dem § 134 Abs. 3 AktG im Jahr 2001 modifiziert wurde, um auch die Bevollmächtigung von durch die Gesellschaft benannten Vertretern zu gestatten. Vgl. *Thoma* (2006), S. 218.

344 *Cox/Hazen/O'Neal* (2002), §§ 13.13 – 13.14.

versammlung innerhalb des vorgesehenen Zeitraums einberuft[345], dass eine schriftliche Einladung das Datum, den Ort (oder das Kommunikationsmedium für eine virtuelle Hauptversammlung) und die Zeit der Versammlung festlegt[346], und dass die Einladung nicht mehr als 60 oder weniger als 10 Tage vor dem Datum der Hauptversammlung versandt wird[347]. Wirbt die Geschäftsleitung oder ein Aktionär um Stimmrechtsvollmachten, so muss nach dem Recht des Staates Delaware die Einladung alle entscheidungsrelevanten Angaben offen legen[348]. Wie bereits erwähnt, versendet das Board die Einladung an diejenigen Aktionäre, die am Stichtag im Aktienregister eingetragen sind[349]. Die Einladung und die anderen Unterlagen sollen in der Regel direkt an die Aktionäre gesandt und nicht in den Medien veröffentlicht werden[350]. Nach dem Recht des Staates Delaware geschieht dies per Post[351], Fax oder elektronischer Post, sofern der betroffene Aktionär dieser Form der Mitteilung zugestimmt hat[352], oder per elektronischer Veröffentlichung in Verbindung mit einer direkten elektronischen Nachricht, die einen Hinweis auf die Veröffentlichung enthält, auch hier unter der Voraussetzung , dass die Zustimmung des Aktionärs vorliegt[353]. Die Mitteilung der Einladung hängt deshalb im hohen Maße von der Feststellbarkeit der Aktionärskontaktdaten ab.

Diese rudimentären bundesstaatlichen Normen werden durch ein sehr detailliertes, von der SEC nach § 14 *Exchange Act* erlassenes Regelwerk für die Aushändigung der Abstimmungsunterlagen und die Ausübung der Stimmrechte ergänzt (im Folgenden: Die "*Proxy Rules*" oder "*Regulation 14A*")[354]. Die *Proxy Rules*

---

345 Del. Code Ann. tit. 8, § 211 Abs. c.

346 Del. Code Ann. tit. 8, § 222 Abs. a.

347 Del. Code Ann. tit. 8, § 222 Abs. b.

348 *Balotti/Finkelstein* (2002), § 7.21; *Stroud v. Grace*, 606 A.2d 75, 85 (Del Supr., 1992). Wird nicht um Stimmrechtsvollmachten geworben, erfordert das Recht Delawares nicht, dass die Einladung die Tagesordnung der Hauptversammlung bekannt macht. Falls die Aktionäre gebeten werden, eine bestimmte Transaktion zu billigen, muss deren Zweck beschrieben werden. Vgl. Del. Code Ann. tit. 8, § 222 Abs. a.

349 Del. Code Ann. tit. 8, §§ 213 Abs. a und 222 Abs. a.

350 Die Entscheidung *Hall v. Trans-Lux Daylight Picture Screen Corp.*, 171 A. 226 (Del. Ch. 1934) wird gelegentlich als Beleg dafür angeführt, dass eine Veröffentlichung der Gesellschaftsmitteilungen nach dem Recht des Staates Delaware zulässig ist. Im Fall *Trans-Lux* ging es aber um die Rückerstattung von Geldern aus dem Gesellschaftsvermögen, die die Geschäftsleitung für eine Veröffentlichung in den Medien ausgegeben hatte, nicht aber um die Frage, ob eine direkte Mitteilung per Post durch einer solche Veröffentlichung ersetzt werden darf. Die Rückerstattung wurde vom Gericht gebilligt, die Frage der Veröffentlichung als Ersatz für die Postsendung dabei aber nicht einmal *obiter* angesprochen. Vgl. *Balotti/Finkelstein* (2002), § 7.6; *Cox/Hazen/O'Neal* (2002), §§ 13.13.

351 Del. Code Ann. tit. 8, § 222 Abs. b.

352 Del. Code Ann. tit. 8, § 232 Abs. b Nr. 1 und 2.

353 Del. Code Ann. tit. 8, § 232 Abs. b Nr. 3.

354 17 CFR 240.14a.1 ff. Die Bestimmungen, die Regulation 14A gegenwärtig enthält, wurden ursprünglich in Jahre 1935 erlassen und sind während der letzten 70 Jahre ständig ergänzt und novelliert worden. Vgl. *Loss/Seligman* (2004), § 6-C-2.b.

sind auf Publikumsgesellschaften anwendbar, sofern deren Wertpapiere bei der SEC registriert sein müssen. Eine Gesellschaft muss bei der SEC registriert sein, wenn sie börsennotiert ist[355] oder mehr als 500 Aktionäre und ein Gesellschaftsvermögen von mehr als US$ 10 Millionen hat. Ausländische Gesellschaften sind auch dann von den *Proxy Rules* ausgenommen, wenn ihre Aktien an einer amerikanischen Böse notiert sind[356]. Nach *Regulation 14A* darf niemand um die Erteilung einer Stimmrechtsvollmacht von einem Aktionär bitten ("*solicitation*")[357], es sei denn, er liefert dem Aktionär einen detaillierten Bericht (das sogenannte "*proxy statement*")[358]. Versucht die Gesellschaft selbst, Stimmrechtsvollmachten für eine ordentliche Hauptversammlung zu erhalten (was der üblichen Praxis entspricht), muss sie jedem angesprochenen Aktionär darüber hinaus zusammen mit dem *proxy statement* einen Jahresbericht ("*annual report*") übersenden[359].

In den Vereinigten Staaten war mithin das Werben um die Erteilung der Stimmrechtsvollmachten historischer Anlass für die Verteilung von Unternehmensinformation an die Aktionäre, während das Aktienrecht anderer Rechtssysteme die regelmäßige Veröffentlichung von Finanzdaten schlechthin erfordert[360]. Der Jahresbericht nach amerikanischem Recht ähnelt seinem Inhalt und Umfang nach einem Wertpapierprospekt. Er enthält Finanzdaten, namentlich die geprüften und konsolidierten Bilanzen sowie die Gewinn- und Verlustrechnungen der letzten drei Geschäftsjahre zusammen mit einer Bewertung der Faktoren und Entwicklungen, die die Finanzlage des Unternehmens und die Betriebsergebnisse beeinflussen können, eine Beschreibung der Geschäftstätigkeit des Unternehmens während des letzten Geschäftsjahrs, Angaben zur Identität der Mitglieder des Board und der anderen Mitglieder der Geschäftsleitung, Informationen über den Kurs der Aktien und die Ausschüttung von Dividenden, sowie eine Zu-

---

355 § 12(g) *Exchange Act* i.V.m. *Exchange Act Rule* 12g-1, 17 CFR § 240.12g-1. Die Aktien müssen dabei an einer *national securities exchange* notiert sein. Eine Eintragungspflicht besteht auch für bestimmte Versicherungsunternehmen, die sonst eine Ausnahme nach § 12 Abs. g Nr. 2, lit. G *Exchange Act* genießen, und für geschlossene Anlagefonds oder Anlagefirmen, die nach dem *Investment Company Act of 1940* (22. Aug. 1940, 54 Stat. 789, kodifiziert in 15 USCA §§ 80a-1 – 80a-52) eingetragen sind. Vgl. 17 CFR § 240.13d-1(i). Der Begriff "gesamtes Gesellschaftsvermögen" (*total assets*) wird in 17 CFR § 240.12g5–2 bestimmt.

356 17 CFR § 240.3a12–3(b).

357 Der Inhalt des Begriffs "*solicitation*" geht weit über die Bedeutung hinaus, die er im allgemeinen Sprachgebrauch hat, und erschließt sich daher nicht ohne weiteres. Vgl. dazu i.e. § 11 (a).

358 17 CFR § 240.14a-3(a).

359 Vgl. 17 CFR § 240.14a-3(b).

360 Vgl. z.B. Art. 2 der Ersten Richtlinie 68/151/EWG des Rates vom 9. März 1968 zur Koordinierung der Schutzbestimmungen, die in den Mitgliedstaaten den Gesellschaften im Sinne des Artikels 58 Absatz 2 des Vertrages im Interesse der Gesellschafter sowie Dritter vorgeschrieben sind, um diese Bestimmungen gleichwertig zu gestalten, ABl. 1968 Nr L 65/ 8.

sicherung, dass jeder Empfänger des Berichts eine Kopie des letzten von der Gesellschaft an die SEC eingereichten Pflichtberichts auf Anfrage kostenlos erhalten kann[361]. Das *proxy statement* ergänzt den Jahresbericht um Angaben, die insbesondere die Interessen in Verbindung mit der Werbung um die Erteilung von Stimmrechtsvollmachten betreffen. Der Umfang der Informationen zeigt, wie wichtig dieser Informationskanal für die Aktionäre ist. Außer den für eine Einladung zur Hauptversammlung üblichen Angaben nach Bundesstaatenrecht[362] muss das *proxy statement* unter anderem die folgenden Angaben enthalten[363]:

1. Informationen über die Möglichkeit eines Widerrufs der erteilten Vollmacht[364] und etwaige Formalitäten für den Widerruf[365],
2. die Beschreibung eines etwaigen Abfindungsrechts, dass dem Minderheitsaktionär für den Fall zusteht, dass er gegen eine Verschmelzung der Gesellschaft stimmt, und Informationen darüber, wie dieses Recht ausgeübt werden kann[366],
3. die Art und Weise, in der die Werbekampagne für Stimmrechtsvollmachten durchgeführt wird, einschließlich Einzelheiten über etwaige Berater- und Dienstleistungsverträge und deren Kosten sowie darüber, wer diese und etwaige weitere Kosten der Werbekampagne trägt[367],
4. Namen, Alter, Amt, Amtszeit, Verwaltungsaufgaben für andere Gesellschaften, und Erfahrung der Mitglieder des Board, anderer Mitglieder der Geschäftsleitung und jedes Kandidaten, der sich für einen Sitz im Board bewirbt, eine Beschreibung etwaiger Familienbeziehungen zwischen den Mitgliedern des Board, den Mitgliedern der Geschäftsleitung und den Kandidaten sowie etwaige Rechtsstreitigkeiten (einschließlich Insolvenzverfahren), in die diese Personen verwickelt sind[368],

---

361 17 CFR § 240.14a-3(b) Nr. 1-10.

362 17 CFR § 240.14a–101, Item 1.

363 Im Folgenden sind die Angaben aufgeführt, die für den Regelfall einer von der Gesellschaft geführten Werbekampagne für Stimmrechtsvollmachten erforderlich sind. Bei einem Wahlkampf zwischen der Geschäftsleitung und einem herausfordernden Aktionär müssen darüber hinaus weitere Angaben, insbesondere über den Herausforderer und seine Beziehungen zur Gesellschaft, veröffentlicht werden. Vgl. 17 CFR § 240.14a–101, Items 4-5.

364 Der Vollmachtsformular selbst ("*Proxy Card*" oder "*Proxy*") muss ebenfalls detaillierten Voraussetzungen genügen. Vgl. 17 CFR § 240.14a-4.

365 17 CFR § 240.14a–101, Item 2.

366 17 CFR § 240.14a–101, Item 3.

367 17 CFR § 240.14a–101, Item 4.

368 17 CFR § 240.14a–101, Item 5 und Item 7, lit. b.

5. die Anzahl der stimmberechtigten Aktien der Gesellschaft, gegebenenfalls aufgeteilt in Klassen, der Stichtag oder andere Kriterien für die Teilnahmeberechtigung an der Hauptversammlung und ein etwaiges Recht, die Stimmen auf einen Kandidaten zu kumulieren ("*cumulative voting rights*")[369],
6. Name und Anschrift jedes Aktionärs, dessen Beteiligung 5 % des Grundkapitals oder der Stimmrechte einer Aktiengattung überschreitet, die Aktienbeteiligungen der Mitglieder des Board und der übrigen Geschäftsleiter sowie etwaige Vereinbarungen, nach denen die Kontrolle des Unternehmens an einen anderen übergehen könnte, und eine Erklärung, ob eine solche Übergabe der Kontrolle bereits vollzogen ist[370],
7. alle gegen das Unternehmen laufenden gerichtlichen Verfahren, an denen ein Mitglied des Board oder ein anderer Geschäftsleiter als Partei beteiligt ist oder an denen er ein Interesse hat[371],
8. eine Beschreibung jedes Geschäfts mit einem Wert von mehr als $ 60,000, einschließlich von dem Unternehmen gewährte Kredite an ein Mitglied des Board, einen anderen Geschäftsleiter, einen Kandidaten für eine Position im Board sowie Aktionäre, deren Beteiligung 5 % einer Gattung stimmberechtigter Aktien überschreitet, einschließlich Familienangehörige dieser Personen[372],
9. hinsichtlich jedes Mitglieds des Board und jedes Kandidaten für eine Position im Board oder ein Amt in der Geschäftführung des Emittenten Informationen über Anteile an Personengesellschaften oder 10 % des Grundkapitals übersteigende Beteiligungen an einer Kapitalgesellschaft, die Geschäftsbeziehungen – einschließlich solcher als Kreditgeber oder Rechtsberater – mit dem Emittenten unterhält, sofern deren Wert 5 % des Jahreseinkommens der Gesellschaft oder des Emittenten überschreiten[373],
10. jedes nach § 16 Exchange Act meldpflichtige[374] Geschäft in Aktien des Unternehmens, sofern die Anmeldung nach § 16 nicht rechtzeitig abgegeben wurde[375].

---

369 17 CFR § 240.14a–101, Item 6, lit. a-c.

370 17 CFR § 240.14a–101, Item 6, lit. d-e.

371 17 CFR § 240.14a–101, Item 7.

372 17 CFR § 240.14a–101, Item 7, lit. b.

373 17 CFR § 240.14a–101, Item 7, lit. c.

374 Gemäß § 16 Abs. a *Exchange Act* muss jedes Mitglied des Board oder der Geschäftsleitung sowie jeder Aktionär, dessen Aktienbeteiligung 10 % einer Aktienklasse überschreitet, alle Geschäfte – einschließlich Swapgeschäfte – in der Aktien des Unternehmens innerhalb von 2 Tagen bei der SEC anmelden und im Internet veröffentlichen.

Im Gegensatz zu dem Recht des Staates Delaware ist die Einladung zur Hauptversammlung nach Bundesrecht nicht lediglich eine schlichte Einberufung, sondern vor allem Anlass zur ausführlichen Berichterstattung an die Aktionäre. In einer wenig beachteten geschichtlichen Entwicklung hat sich diese Pflicht zur Berichterstattung im Laufe der Zeit von der Werbung um Stimmrechtsvollmachten abgekoppelt. Weil das Werben um die Erteilung von Stimmrechtsvollmachten eine kostspielige Berichtserstattungspflicht auslöste, versuchten Gesellschaften, diese Pflicht zu vermeiden, indem sie auf das Einwerben von Vollmachten verzichtet haben[376]. Um diese Lücke zu füllen, hat der amerikanische Kongress im Jahr 1964 § 14 Abs. c *Exchange Act* verabschiedet[377]. Diese Bestimmung gebietet die Zusendung eines detaillierten *information statement* vor der Hauptversammlung auch dann, wenn nicht um die Erteilung von Stimmrechtsvollmachten geworben wird[378]. Nach bundesstaatlichem Recht hat wenigstens einmal im Jahr eine Hauptversammlung stattzufinden. § 14 *Exchange Act* hat sich damit von einer Bestimmung, deren ursprünglicher Zweck in der Vermeidung von Missbrauch oder Betrug bei dem Werben um Stimmrechtsvollmachten lag, zu einer Quelle der allgemeinen jährlichen Berichtserstattung entwickelt. Die daraus folgende Pflicht, einen Jahresbericht und Abstimmungsunterlagen weiterzugeben, spielt eine zentrale Rolle in der Governance der amerikanischen Aktiengesellschaft[379].

Die Unterlagen sollen per Post direkt an die Anschrift jedes Aktionärs gesandt werden[380]. Weil der Name und die Anschrift jedes Aktionärs im Aktienregister aufgeführt sein sollten[381], könnte die Verbreitung dieser wichtigen Informationen ebenso einfach wie jede gewöhnliche Briefsendung sein. Wenn aber das Aktienregister die Kontaktdaten der Aktionäre nicht mehr enthält, wird die Verteilung dieser bedeutsamen Unterlagen mühsam und kostspielig[382].

(c) Die Abgabe der Stimme

Sobald der Aktionär den Jahresbericht und das *proxy statement* bekommen hat, soll er sich entscheiden und seine Stimme abgeben. Ein stimmberechtigter Aktionär darf seine Stimme persönlich in der Hauptversammlung oder durch einen Bevollmächtigten abgeben[383]; und der größte Teil der Aktionäre macht von der

---

375 17 CFR § 240.14a–101, Item 7, lit. b.

376 *Loss/Seligman* (2004), § 6-C-7.

377 *Loss/Seligman* (2004), § 6-C-7.

378 15 USCA § 78n Abs. c (2000). Über den Inhalt des *Information Statements* siehe 17 CFR § 14c.101 und *Loss/Seligman* (2004) § 6-C-7.

379 Vgl. *Loss/Seligman* (2004) § 6-C-2.b ("*There is little question that the proxy rules are very likely the most effective disclosure device in the SEC scheme of things.*")

380 17 CFR § 240.14a–3.

381 Del. Code Ann. tit. 8, § 219 Abs. a.

382 Siehe unten, § 18.

383 Del. Code Ann. tit. 8, § 212 Abs. b.

zuletzt genannten Möglichkeit Gebrauch[384]. Die Erteilung der Stimmrechtsvollmacht und die Pflichten der Bevollmächtigten unterliegen dem bundesstaatlichen Recht der Stellvertretung (*Agency Law*) und dem Aktienrecht[385]. Die Stimmrechtsvollmacht ist jederzeit widerruflich, wenn sie nicht vom Aktionär unwiderruflich erteilt und mit einem Interesse an den Aktien oder an der Gesellschaft verbunden wird[386]. Die Erteilung einer neuen Vollmacht, namentlich im Rahmen eines Wettbewerbs zwischen der Geschäftsleitung und einem Herausforderer um die Stimmen der Aktionäre, stellt den Widerruf einer früher abgegebenen Stimmrechtsvollmacht dar[387].

Das Aktienrecht des Staates Delaware erfordert keine bestimmte Form für eine gültige Stimmrechtsvollmacht[388]. Die Geschäftsleitung einer Publikumsgesellschaft, die den Proxy-Regeln unterliegt, darf nur mit einem den Anforderungen der SEC-Regel 14a-4 entsprechenden Vollmachtsformular (*proxy card*) um die Erteilung von Stimmrechtsvollmachten werben[389]. Gemäß Regel 14a-4 muss ein Vollmachtsformular Folgendes enthalten: Das Datum der Vollmachtserteilung, eine klare, neutrale Darstellung der einzelnen Abstimmungspunkte, einschließlich der Möglichkeit, für oder gegen jeden Tagesordnungspunkt zu stimmen, bzw bei der Wahl von Board-Mitgliedern, für den Kandidaten zu stimmen oder sich sich der Stimme zu enthalten[390]. Das Formular darf dem Bevollmächtigten einen Ermessensspielraum nur unter bestimmten Umständen einräumen und muss einen klaren Hinweis auf das beabsichtigte Abstimmungsverhalten des Bevollmächtigten enthalten[391].

Wie schon betont, muss sich der Aktionär als stimmberechtigt ausweisen können, um sein Stimmrecht persönlich in der Hauptversammlung oder indirekt durch das Vollmachtsformular abzugeben. Entscheidend dafür ist ausschließlich

---

384 *Cox/Hazen/O'Neal* (2002), §§ 13.24, 13.26.

385 Die Grundsätze, die Stimmrechtsvollmachten regeln, stammen aus dem Recht der Stellvertretung. Darüber hinaus enthält das Aktienrecht Sonderregeln, wie z.B. in Del. Code Ann. tit. 8, § 212 Abs. c, Nr. 1-2, wo bestimmt wird, welche Vollmachtformen in jedem Fall gültig sind. Vgl. *Balotti/Finkelstein* (2002), § 7.18 ff.; *Cox/Hazen/O'Neal* (2002), § 13.22 ff.; *Thoma (2006)*, S. 45 f.

386 Del. Code Ann. tit. 8, § 212 Abs. e. Beispiel für ein hinreichendes Interesses an den Aktien, aus denen Stimmrechte ausgeübt werden, ist die Vollmacht, die dem Sicherungsnehmer vom Sicherungsgeber im Rahmen einer Verpfändung der Aktien erteilt wird. Jedoch muss das Interesse nicht unmittelbar an den Aktien zu bestehen, um ausreichend zu sein. Vgl. *Balotti/Finkelstein* (2002), § 7.20 und *Cox/Hazen/O'Neal* (2002), § 13.23.

387 Vgl. *Balotti/Finkelstein* (2002), § 7.20; *Cox/Hazen/O'Neal* (2002), § 13.23; *Thoma (2006)*, S. 47.

388 *Balotti/Finkelstein* (2002), § 7.19.

389 17 CFR § 240.14a-4; vgl. *Cox/Hazen/O'Neal* (2002), § 13.24; *Loss/Seligman* (2004), § 6-C-3.b.

390 17 CFR § 240.14a-4; *Loss/Seligman* (2004), § 6-C-3.b.

391 17 CFR § 240.14a-4 Abs. c; vgl. *Loss/Seligman* (2004), § 6-C-3.b.

die Eintragung im Aktienregister[392]. Der Aktionär muss seine Stimmrechtsvollmacht als Willenserklärung mit einer dem Gesetz genügenden "Unterschrift" unterzeichnen[393]. Die vom Gesetz erforderte Information erlaubt daher eine recht systematische Kontrolle: der Wahlleiter kann die auf den abgegebenen Vollmachtsformularen stehenden Namen mit der Liste der stimmberechtigten Aktionäre vergleichen und eine Liste der abgegebenen Stimmen erstellen. Reicht ein Aktionär im Rahmen eines Wettbewerbs um Stimmrechtsvollmachten ein zweites Vollmachtsformular ein, so weiß der Verwalter auch, dass die frühere Vollmacht des gleichen Aktionärs damit widerrufen ist. Gibt derselbe Aktionär noch ein aufhebendes Vollmachtformular ab, so hat der Verwalter ein zweites Mal die Liste zu berichtigen, weil die zweite Vollmacht aufgehoben wird. Wenn aber eine große Zahl wirtschaftlicher Aktionäre Vollmachtsformulare vermittelt durch einen einzigen im Aktienregister eingetragenen Aktionär abgeben – was geschehen kann, wenn eine Bank oder ein Makler als Legitimationsaktionär dient – ist die Zählung der Stimmen mit starken Unsicherheiten verbunden, solange die Bank die einzelnen Vollmachten nicht nach Kunden kennzeichnet.

Im Fall *Blasius Industries v. Atlas Corporation* hatten die Geschäftsleitung und ein Großaktionär in einem typischen Wettbewerb um Stimmrechtsvollmachten den Aktionären nacheinander jeweils zwei Vollmachtsformulare mit jeweils verschiedenen Inhalten zugesendet[394]. Wenn die Aktionäre alle Formulare verwendeten, gab es daher vier mögliche Abstimmungsrunden: zwei auf den Formularen der Geschäftsleitung (wahrscheinlich die erste und die dritte Runde) und zwei auf den Formularen ihrer Wettbewerber (vermutlich die zweite und die vierte Runde). Weil nicht 100% der wirtschaftlichen Aktionäre, die ihre Aktien durch Finanzinstitute hielten, ihre Stimme auf dem ersten Formular abgegeben hatten, konnte der Wahlleiter nicht wissen, ob die Formulare, die in der zweiten Runde abgegeben worden waren, die ersten Vollmachten vollständig oder teilweise aufheben sollten, oder ob es sich um neue Stimme handelte[395]. In der drit-

---

392 Siehe oben, § 15 (a).

393 Del. Code Ann. tit. 8, § 212 Abs. c. Nach dem Recht des Staates Delaware reicht als Beweis für den Willen des Aktionärs nicht nur eine formelle Unterschrift, sondern auch eine elektronische Kommunikation, die einen ausreichenden Hinweis auf die Identität des Absenders enthält. Del. Code Ann. tit. 8, § 212 Abs. c Nr. 2. ein anderer schriftlicher Beweis der Identität und des Willens des Absenders wurde von den Gerichten ebenfalls als ausreichend angesehen. *Balotti/Finkelstein* (2002), § 7.19; *Cox/Hazen/O'Neal* (2002), § 13.22.

394 *Blasius Industries Inc. v. Atlas Corporation*, 564 A.2d 651, 665, 664 (Del. Ch. 1988).

395 *Blasius*, 564 A.2d 651, 665. Das heißt, X-Bank hält 2000 Aktien für ihre Depotkunden. In der ersten Runde geben die Kunden Formulare mit der Unterschrift der X-Bank (die der stimmberechtigte Aktionär ist) für 1000 Aktien ab. In der zweiten Runde reagieren Depotkunden auf den verbesserten Vorschlag des Wettbewerbers und geben Formulare mit der Unterschrift der X-Bank für 1000 Aktien ab. Wurden damit alle früheren Vollmachten widerrufen oder wurden 1000 neue Vollmachten für die 1000 Aktien erteilt, die in der ersten Runde nicht abgestimmt hatten? Wenn in der anschließenden dritten Runde 1000

ten und vierten Runde wurde das Problem einer genauen Zuordnung der abgegebenen Stimme noch komplexer. Das Beispiel zeigt besonders deutlich, wie aus dem Abstimmungsverfahren eine höchst unsichere Angelegenheit werden kann, wenn das Aktienregister, das als Bezugspunkt für die nötige Information konzipiert ist, seiner Rolle nicht gerecht zu werden vermag. Die Abbildung 2.1 verdeutlicht den vom Aktiengesetz vorgesehen Vorgang für die Verteilung der *Proxy*-Unterlagen und die Abgabe der Stimmen.

Abbildung 2.1

Die Zusendung der Mitteilungen und die Ausübung des Stimmrechts nach dem Vorgang, der im amerikanischen Aktienrecht vorgesehen wird

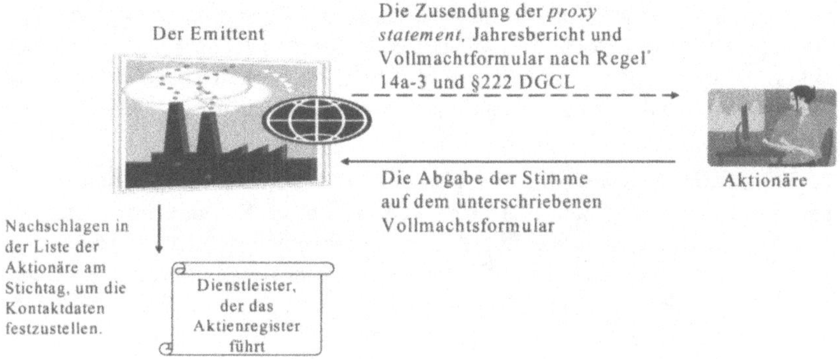

§ 17 Die Notwendigkeit der effektiven Kommunikation unter den Aktionären

(a) Die Koordinierung der gemeinsamen Ausübung der Stimmrechte

(i) Das Durchführen eines "Proxy Contest"

Ein "*proxy contest*" kommt in Gang, wenn die Geschäftsleitung eines Unternehmens und ein Herausforderer um die Stimmen der Aktionäre werben[396]. Wie bereits am Ende des vorgehenden Abschnitts angedeutet, ist der Verlauf eines *proxy contest* nur eine Variation der Informationsweitergabe an die Aktionäre, die vor jeder Hauptversammlung erfolgt. Ein *proxy contest* kann um jede in der

Formulare abgegeben werden, entfällt dann die Möglichkeit einer Zuordnung vollends. Im Fall *Blasius* wurde dieses Problem noch dadurch vervielfacht, dass jedes Formular 5 Vorschläge enthielt, so dass der Wahlleiter die Beziehung zwischen den 5 Punkten auf jedem Stimmrechtsvollmachtsformular herzustellen hatte.

396 Vgl. *Thoma* (2006) für eine ausführliche Behandlung des Wettbewerbs um Stimmen im US-amerikanischen und deutschen Aktienrecht. Vgl. auch *Thomas/Dixon* (2001), § 2.01[A]; *Bebchuk/Kahan* (1990), S. 1077 ff.

Kompetenz der Hauptversammlung liegende Entscheidung, wie z.B. die Wahl der Boardmitglieder oder die Durchführung einer vorgeschlagenen Verschmelzung, geführt werden[397].

Der *proxy contest* ist auch das vom Gericht des Staates Delaware verordnete Mittel gegen Verteidigungsmaßnahmen der Verwaltung, die ein Übernahmeangebot vereiteln könnten[398]. Ein Bieter kann mit Hilfe eines *proxy contest* das Board unabhängig von der Wirksamkeit einer übernahmevereitelnden Maßnahme neu besetzen und damit die Verteidigungsmaßnahme unschädlich machen, um so freie Bahn für die Übernahme zu schaffen[399]. Selbst wenn eine Maßnahme, die das Board gegen ein unfaires Zwangsangebot einsetzt, zulässig ist, gestattet der *proxy contest* den Aktionären, sie zu beenden. Insoweit gewährt der *proxy contest* den Aktionären das Letztentscheidungsrecht im Übernahmekampf und ist daher für sie ein unentbehrliches Instrument der Governance[400].

Ein *proxy contest* gleicht einem Wahlkampf[401]. Wie im politischen Wahlkampf ist auch in einem *proxy contest* die Kommunikation sowohl mit den möglichen Koalitionspartnern als auch mit den Wählern (hier: den stimmberechtigten Aktionären) unentbehrlich. Die Kommunikation mit den möglichen Koalitionspartnern muss dem Wahlkampf vorausgehen, und die Kommunikation mit den stimmberechtigten Aktionären muss während des Wahlkampfes bis zum Tag der Hauptversammlung möglich sein. Wie bereits im 1. Kapitel ausgeführt, wird die Kommunikation im Rahmen eines *proxy contest* durch den *Exchange Act* und die *Proxy Rules* geregelt[402]. Die im Jahr 1992 erfolgte Neubestimmung des Begriffs "*solicitation*" erweiterte die Freiheit der Aktionäre, miteinander zu kommunizieren und zusammenzuarbeiten[403].

Das direkte Ansprechen von Aktionären – ob im normalen *proxy contest* oder als Ansprache von bis zu 10 Aktionären[404] – setzt allerdings voraus, dass man die Kontaktdaten der Aktionäre kennt[405]. Eben dafür sieht das Aktienrecht das Aktienregister vor. Wie bereits in § 15 (b) erläutert, erfüllt das Aktienregister diese vom Gesetz vorgesehene Rolle nur höchst unvollkommen. Das Erhalten einer NOBO-Liste ist nach Bundesstaatenrecht nicht sichergestellt. Regel 14a-7 gewährleistet nur, dass die Geschäftsleitung des Unternehmens gegen Entgelt

---

397 *Thomas/Dixon* (2001), § 2.01; *Cox/Hazen/O'Neal* (2002), § 13.25.

398 Vgl. *Moran v. Household International, Inc.*, 500 A.2d 1346, 1354 (Del. 1985); *Unitrin, Inc. v. American General Corp.*, 651 A.2d 1361, 1379 (Del. 1995); *Carmody v. Toll Brothers Inc.*, 723 A.2d 1180, 1186 f. (1998).

399 Vgl. *Carmody*, 723 A.2d 1186 f.

400 Vgl. *Bebchuk/Kahan* (1990), S. 1074 f.

401 Vgl. *Monks/Minow* (2004), S. 126; *Pound* (1993), S. 1007.

402 Siehe oben, § 11 (a).

403 Siehe oben, § 11 (a).

404 Vgl. 17 CFR § 240.14a-2, lit. b, (2).

405 Vgl. *Thoma (2006)*, S. 165 f.; *Thomas/Dixon* (2001), § 3.01.

das *proxy statement* des Herausforderers versenden wird. Diese Lösung bedeutet jedoch nicht nur, dass der Herausforderer selbst keinen direkten Kontakt mit den Aktionären herstellen kann, sondern auch, dass das Management vorab Einsicht in das *proxy statement* des Herausforderers erhält und seinen Inhalt den Aktionären gegenüber vorwegnehmen kann[406]. Wie schon erläutert, enthalten die nach *Schedule 13D* und *Schedule 13G* verfügbaren Angaben zwar Anschriften der Aktionäre, die einen 5% der Stimmkraft überschreitenden Anteil besitzen. Das reicht aber allenfalls für die Herstellung einer Aktionärsoligarchie, nicht aber für eine Aktionärsdemokratie. Abermals wird die Ausübung eines Aktionärsrechts durch ein unvollständiges Aktienregister beeinträchtigt.

(ii) Das Durchführen einer Kampagne für geschriebene "*consents*" ohne Hauptversammlung

Im Gegensatz zum deutschen Aktiengesetz[407] lassen die Aktiengesetze vieler amerikanischer Bundesstaaten, darunter auch des Staates Delaware, eine Ausübung der Stimmrechte auch außerhalb der Hauptversammlung zu[408]. Gemäß § 228 Abs. a DGCL kann jede Entscheidung, für die ein Hauptversammlungsbeschluss erforderlich ist, auch ohne Hauptversammlung durch schriftliche Zustimmung der Aktionäre ("*consents*") erfolgen[409]. Ein Beschluss durch Zustimmung (*resolution by consent*) bedarf keiner Versammlung und keiner vorausgehenden Bekanntmachung[410]. Die Aktionäre haben daher die Möglichkeit, auch unabhängig vom Board Maßnahmen selbst in Gang zu setzen[411]. Das erlaubt den Aktionären, schnell und ohne Vorwarnung auch gegen das Management vorzugehen[412]. Gemäß § 228 DGCL bedarf ein Beschluss durch Zustimmung in der Regel der gleichen Mehrheit wie ein vergleichbarer Beschluss in der Hauptversammlung. Bezugsgröße für die Berechnung der Mehrheit ist allerdings nicht die Zahl der abgegebenen Stimmen, sondern die Zahl aller stimmberechtigten

---

406 *Thomas/Dixon* (2001), § 3.02[C]; *Loss/Seligman* (2004), § 6-C-4.a.

407 Vgl. § 118 Abs. 1 AktG.

408 Del. Code Ann. tit. 8, § 228; vgl. auch § 7.04 RMBCA; *Macey* (2002), § 13.04. Wie viele andere Aspekte der Gesellschaftsstruktur und der Mitgliedschaftsrechte kann die Satzung auch das Recht auf Beschlussfassung durch *consents* ausschalten, vgl. Del. Code Ann. tit. 8, § 228 Abs. a. Überdies erfordert ein Beschluss durch *consents* nach den Aktiengesetzen vieler Bundesstaaten Einstimmigkeit, was dieses Instrument nahezu nutzlos macht; vgl. dazu *Thomas/Dixon* (2001), § 4.04[B][1].

409 Del. Code Ann. tit. 8, § 228 Abs. a.

410 Del. Code Ann. tit. 8, § 228 Abs. a; *Balotti/Finkelstein* (2002), § 7.29.

411 *Ward/Welsch/Turezyn* (2001), § 228.2.

412 *Thomas/Dixon* (2001), § 4.04[A]. Das Board kann den Aktionären diesen Vorteil durch eine Bestimmung der *by-laws* nehmen, nach der das Board einen Stichtag für das Werben um Zustimmungen setzen kann. Durch eine solche Bestimmung erlangt das Board Kenntnis vom Verfahren, lange bevor dieses anfängt. Vgl. *Thomas/Dixon* (2001), § 4.04[C] und *Nomad Acquisition Corp. v. Damon Corp.*, C.A. No. 10,173, slip. op. (Del. Ch. 9.16.1988).

Aktien[413]. Dadurch werden die Anforderungen an die Mehrheitsbildung ganz beträchtlich erhöht. Eine Sonderregel gilt für die Wahl der Boardmitglieder: Das gesamte Board darf mit einem Beschluss durch Zustimmung ersetzt werden. Wenn aber die Aktionäre die Absicht haben, nur einzelne Mitglieder zu ersetzen, muss ein entsprechender Beschluss durch Zustimmung einstimmig sein[414].

Der Beschluss muss die beschlossene Maßnahme bezeichnen, die datierten Unterschriften (oder das elektronische Äquivalent) der notwendigen Zahl der Aktionäre tragen und dem Unternehmen an dessen Sitz innerhalb von 60 Tagen nach dem Datum der frühesten auf dem Beschluss stehenden Unterschrift zugestellt werden[415]. Mit der Zustellung an die Gesellschaft wird der Beschluss wirksam[416]. Er muss allen Aktionären, die eine Einladung zu einer Hauptversammlung bekommen hätten, aber dem Beschluss nicht zugestimmt haben, bekannt gemacht werden[417].

Nach dem Recht des Staates Delaware kann um die Zustimmung der Aktionäre elektronisch geworben werden, und die Zustimmung des Aktionärs darf ebenfalls im Wege elektronischer Mitteilung erteilt werden[418]. Die Möglichkeit der elektronischen Kommunikation und Abstimmung beschleunigt das Verfahren und begrenzt die Kosten. Weil aber der bundesrechtliche Begriff "*proxy*" auch den Begriff "*consent*" einschließt, fällt eine Kampagne um Zustimmungen für ein bei der SEC eingetragenes Unternehmen auch unter die *Proxy Rules*[419]. Allerdings gilt auch die im 1. Kapitel angesprochene Ausnahme[420], so dass ein Aktionär kein *proxy statement* einreichen muss, wenn er nur bei 10 Aktionären um Zustimmung wirbt[421].

Aktionäre können ohne Mitwirkung des Board eine Kampagne für Zustimmungen in Gang setzen und das gesamte Board schnell neu wählen oder andere Maßnahme durchsetzen[422]. Damit sind die Zustimmungen (*consents*) ein Instrument, mit dem die Aktionäre in direkten Kontakt miteinander treten und auf eigene Initiative ihre Mitgliedschaftsrechte ausüben können. Auch der Einsatz

413 Del. Code Ann. tit. 8, § 228 Abs. a.

414 Del. Code Ann. tit. 8, § 211 Abs. b.

415 Del. Code Ann. tit. 8, § 228 Abs. a i.V.m. Abs. c.

416 *Thomas/Dixon* (2001), § 4.04[B][1][a].

417 Del. Code Ann. tit. 8, § 228 Abs. e.

418 Del. Code Ann. tit. 8, § 228 Abs. d.

419 17 CFR § 240.14a-1(f); *Thomas/Dixon* (2001), § 4.04[B][4]; *Loss/Seligman* (2004), § 6-C-2.c, Fußnote 77; *Balotti/Finkelstein* (2002), § 7.31.

420 Siehe oben, § 11 (a).

421 17 CFR § 240.14a-2, lit. b, (2). Vgl. auch *Thomas/Dixon* (2001), § 4.04[B][4]. Diese Ausnahme stellt den Aktionär allerdings nicht von der möglichen Haftung nach Regel 14a-9 für irreführende Äußerungen oder das Verschweigen wichtiger Tatsachen frei. Vgl. 17 CFR § 240.14a-2 i.V.m. § 240.14a-9.

422 *Balotti/Finkelstein* (2002), § 7.30 Abs. a Nr. 2.

dieses Instruments hängt aber entscheidend vom Zugang zu den Kontaktdaten der anderen Aktionäre ab. Solange das Aktienregister die Kontaktdaten der Aktionäre nicht enthält, kann ein Aktionär seine Mitaktionäre nicht um ihre Zustimmung ersuchen.

(b) Akkumulation einer Anteilsschwelle

In einigen Fällen erfordert die Ausübung von Aktionärsrechten das vorherige Erreichen eines Kapitalanteils, der eine bestimmte Schwelle überschreitet. Nach den Aktiengesetzen vieler amerikanischer Bundesstaaten dürfen beispielsweise Aktionäre, die einen bestimmten Anteil des Grundkapitals oder der Stimmrechte halten, die Hauptversammlung auf eigene Initiative einberufen. Das *Revised Model Business Corporation Act* gibt den Aktionären, deren Anteil zusammen ein Zehntel des Grundkapitals erreichen, das Recht, die Einberufung der Hauptversammlung mit datierten Unterschriften unter Angabe der Gründe hierfür zu verlangen.[423] Zwar hat die Hälfte aller Bundesstaaten den Aktionären ein solches Einberufungsrecht eingeräumt[424]. Allerdings hat das Recht der meisten dieser Staaten kaum Bedeutung für die Praxis der Publikumsgesellschaften[425]. Das praktisch bei weitem wichtigste Aktienrecht, nämlich das des Staates Delaware, gewährt den Aktionären kein gesetzliches Einberufungsrecht, sondern sieht lediglich die Möglichkeit vor, dass die Satzung ein solches Einberufungsrecht gewährt. Nach *Balotti/Finkelstein* kommt es durchaus vor, dass die Satzung einer bestimmten Minderheit der Aktionäre dieses Recht zubilligt[426]. Im Übrigen hat aber lediglich das Board das Recht, die Hauptversammlung einzuberufen[427].

Sofern ein Einberufungsrecht einer Minderheit besteht, muss sich der Initiativaktionär Koalitionspartner suchen können. Für Gesellschaften, die bei der SEC eingetragen sind, können *Schedule 13D* und *Schedule 13G* durchaus hilfreich sein, um die größten Aktionäre ausfindig zu machen. Für andere Gesellschaften und für die kleineren Aktionäre muss sich der Initiativaktionär auf das Aktienregister verlassen. Auch hier zeigt sich wieder, dass ein vollständiges Aktienregister unabdingbar ist, um dieser Art von Rechten praktische Wirksamkeit zu verleihen.

---

423 Vgl. § 7.02 RMBCA.

424 *Macey* (2002), § 13.02[B]. Nach *Macey*, folgen 11 Staaten dem RMBCA buchstäblich und weitere 11 Staaten haben die Bestimmung leicht abgeändert, ohne das Recht zu grundsätzlich in Frage zu stellen, und drei weitere Staaten haben das Recht einer aus dem Aktiengesetz Delawares entnommenen Bestimmung zugefügt.

425 Siehe oben, § 15 (a).

426 *Balotti/Finkelstein* (2002), § 7.4.

427 Del. Code Ann. tit. 8, § 211 Abs. d.

§ 18 Die Entleerung des Aktienregisters beeinträchtigt die Mitgliedschaftsrechte

(a) Der tatsächliche Inhalt des Aktienregisters

Die vorgehenden Abschnitte haben gezeigt, wie sehr die Wirksamkeit der Aktionärsrechte von der Vollständigkeit des Aktienregisters abhängt. Kapitel III wird darstellen, wie es dazu kam, dass die Aktienregister der amerikanischen Publikumsgesellschaften nicht mehr die notwendigen Daten enthalten. An dieser Stelle soll es mit der Anmerkung sein Bewenden haben, dass die Entleerung des Aktienregisters die mittelbare Folge eines Bundesgesetzes ist, das als Reaktion auf eine durch mangelhafte Wertpapierabwicklung verursachte schwere Krise der Aktienmärkte erlassen wurde[428]. Nach dem im Jahr 1975 verabschiedeten § 17A Abs. e *Exchange Act* hatte die SEC dafür Sorge zu tragen, dass die bis dahin für die Abwicklung von Börsengeschäften notwendige Praxis der tatsächlichen Bewegung von Wertpapierurkunden beendet wurde[429]. Danach war es nicht mehr möglich, die Aktien des Verkäufers im Rahmen eines Börsengeschäftes durch dessen Makler an den Makler des Käufers zu übersenden und auf diesem Wege zugleich die Neueintragung ins Aktienregister zu veranlassen. Stattdessen wird seit der Gesetzesänderung entweder "Cede & Company", die Treuhandgesellschaft der damals gegründeten amerikanischen Wertpapiersammelbank *Depository Trust Company* (DTC), oder ein depotführender Makler als Aktionär in die Aktienregister einer kontinuierlich steigenden Zahl von Publikumsgesellschaften eingetragen[430]. Verwahrt die DTC sämtliche auf dem Markt gehandelte Wertpapiere eines Unternehmens in ihrem Tresor, und trägt sie ihre Treuhandgesellschaft als Aktionär ins Aktienregister ein, so können die Rechte an den Wertpapieren schnell und einfach in ihren Büchern übertragen werden: Das Aktienzertifikat verbleibt im Tresor der Bank und muss nicht neu indossiert werden; auch die Umschreibung im Aktienregister entfällt[431].

Dies war der Zweck von § 17A *Exchange Act*. Nach dem insofern dem deutschen Recht nicht unähnlichen amerikanischen Wertpapierrecht erfordert die Übereignung einer Namensaktie die Übergabe der indossierten Aktienurkunde an die Käufer sowie die Umschreibung im Aktienregister, die erst dem Erwerber die Ausübung der Mitgliedschafsrechte ermöglicht[432]. Dieser Vorgang ist arbeitsintensiv und bei sehr hohem täglichem Börsenumsatz nur schwer durchführbar. Die zeitraubende Austragung der alten und Eintragung der neuen Inha-

---

428 Siehe unten, § 22 (a).
429 15 USCA § 78q-1 Abs. 3 (2000).
430 Siehe unten, § 22 (b).
431 Siehe unten, § 22 (b).
432 Siehe unten, § 21.

ber der übertragenen Wertpapiere verlangsamte die Abwicklung der Börsengeschäfte, die als Ursache der genannten Krise angesehen wurde[433].

So kam es, dass nicht nur die Bedeutung der Aktienurkunde als Wertpapier, sondern auch das Aktienregister durch eine gesetzlich angeordnete Rationalisierungsmaßnahme grundlegend verändert worden ist. Das Wertpapierrecht wurde zwar schnell an die neue Gesetzeslage angepasst[434], das Aktienrecht, insbesondere die zentrale Funktion des Aktienregisters, darüber aber vergessen[435]. Weil das Register keine Angaben über die wirtschaftlichen Aktionäre enthält, erfüllt es nicht mehr seine wichtige Funktion als Angelpunkt der Kommunikation mit und zwischen den Aktionären.

Heute enthält das Aktienregister einer börsennotierten Publikumsgesellschaft oft nur den Namen *Cede & Co.*, weil die Registrierung dieser Gesellschaft als Aktionär Zulassungsvoraussetzung für die Girosammelverwahrung ist[436]. Selbst wenn aber der Inhalt des Aktienregisters sich nicht auf diesen einen Namen beschränkt, kann es durchaus sein, dass hauptsächlich Finanzinstitute als Legitimationsaktionäre (*street names*) eingetragen sind[437]. Weil das Register nicht mehr die Angaben der wirtschaftlichen Aktionäre enthält, kann eine Gesellschaft nicht mehr das gesetzlich vorgesehene Verfahren verwenden, um die Identität der Aktionäre festzustellen und die Kommunikation mit ihnen aufzunehmen. Die folgenden Abschnitte beschreiben, wie die Zusendung der Unterlagen in der gegenwärtigen Praxis erfolgt.

(b) Die Zusendung der Hauptversammlungsunterlagen an die Aktionäre und deren Stimmabgabe

Die im Gesetz vorgesehene Methode für die Kommunikation mit den Aktionären ist ebenso unkompliziert wie das Nachschlagen einer Nummer im Telefonbuch – die Angaben sollen sich offen und klar aus dem Aktienregister ergeben. Infolge der geschilderten Änderung der Wertpapierabwicklung muss indessen heute ein höchst kompliziertes mehrstufiges Verfahren durchlaufen werden. Dabei muss der Emittent auf jeder Stufe von einem Glied in der Kette der beteiligten Finanzinstitute Angaben erbitten, um die nächste Stufe zu erreichen. Er weiß aber im Voraus nicht, ob er die erforderlichen Daten von dem betreffenden Institut tatsächlich erhalten wird. Abbildung 2.2 und die Erläuterung hierzu sollen

---

433 Senate Report Nr. 94-75 (1975) S. 183.

434 Siehe unten, § 23 (a).

435 Stattdessen, haben der Kongress und die SEC einige der im Folgenden näher erläuterten Änderungen in den *Proxy Rules* eingeführt.

436 Rules, By-laws and Organization Certificate of the Depository Trust Company (Stand März 2007) (im Folgenden: "DTC Rules"), Rule 6.

437 Im Jahr 2000 berichtete die Securities Industry Association, dass rund 83% der auf der NYSE gehandelten Wertpapiere von der DTC aufgenommen war. *Securities Industry Association* (2000), S. 17. Als das auf der Immobilisierung beruhende System im Jahr 1975 eingeführt würde, betrug die Ziffer rund 30 %. *Thomas/Dixon* (2001), § 8.02[A].

die einzelnen Schritte darstellen, die ein Emittent nach dem gesetzlichen Modell unternehmen muss, um die Einladung zur Hauptversammlung und das *proxy statement* an die Aktionäre zu schicken und ihnen die Stimmabgabe zu ermöglichen[438]. Dabei sei eingangs darauf hingewiesen, dass sich erwartungsgemäß Dienstleister, wie etwa die Automatic Data Processing Inc. (ADP), deren Proxy-Tätigkeit seit 2007 in der Broadridge Financial Solutions ausgelagert wurde, gefunden haben, die den Emittenten gegen Entgelt einen großen Teil der notwendigen Arbeiten abnehmen[439].

(i) Weitergabe der Unterlagen

Erster Schritt: Das Aktienregister einer Publikumsgesellschaft enthält möglicherweise nur einen Namen: "Cede & Co.", Treuhandgesellschaft der DTC. Der Emittent muss wenigstens 20 Geschäftstage vor dem Stichtag der Hauptversammlung DTC um eine Liste ihrer institutionellen Teilnehmer (sog. "*Cede breakdown*") bitten, die Aktien des Emittenten bei der DTC verwahren lassen[440].

Zweiter Schritt: Die DTC hat dem Emittenten unverzüglich (*promptly*) gegen eine angemessene Gebühr Namen und Anteilsbesitz der Teilnehmer mitzuteilen, die solche Aktien bei ihr verwahren[441].

Dritter Schritt: Wenigstens 20 Geschäftstage vor dem Hauptversammlungsstichtag muss der Emittent die auf dem *breakdown* aufgeführten Teilnehmer der DTC um Mitteilung der notwendigen Anzahl von Exemplaren der Hauptversammlungsunterlagen bitten, die nötig sind, um alle ihre Kunden, die wirtschaftliche Aktionäre des Emittenten sind, zu versorgen. Der Emittent muss die Teilnehmer auch um die Namen und Anschriften etwaiger Banken bitten, für die der Teilnehmer als Korrespondent ("*respondent bank*") Aktien hält[442].

Vierter Schritt: Jedes angesprochene Finanzinstitut muss innerhalb eines Tages nach dem Zugang der Anfrage die Namen und Anschriften etwaiger *respondent banks* nennen[443]. Diese Pflicht betrifft allerdings nicht Makler, für die der Teilnehmer Wertpapiere hält[444]. Das Finanzinstitut muss dann innerhalb von sieben

---

438 Weil das Unternehmen die Liste der NOBOs nicht verwenden darf, um das *proxy statement* an die Aktionäre zu senden, wird die Anfrage nach der NOBO-Liste weder in Abb. 3.2 noch in den Erläuterungen dazu berücksichtigt.

439 Die ADP verwaltet Information als *outsourcer* für andere Unternehmen. Ihre Dienstleistungen i.V.m. den Pflichtmitteilungen börsennotierter Unternehmen fassen viele der im Folgenden ausgeführten Schritte zusammen. Vgl. *Bloomenthal/Wolff* (2005), § 18:13.

440 17 CFR § 240.14a–13(a), Note 1.

441 17 CFR § 240.17Ad–8(b).

442 17 CFR § 240.14a–13(a).

443 17 CFR § 240.14b–2(b)(1)(i).

444 Der Teilnehmer muss die Namen aller "*respondent banks*" mitteilen, aber die Makler ("*brokers*") werden ausdrücklich von diesem Begriff ausgenommen, ohne dass die Pflicht durch eine andere Bestimmung auferlegt wird. Vgl. 17 CFR § 240.14a-13(a)(1)(i)(D) i.V.m. § 240.14a-1(c) und (k). Vgl. *Klein* (1997), S. 169 f.

Tagen die Anzahl der Kunden nennen, die ein Exemplar der Hauptversammlungsunterlagen benötigen[445].

Fünfter Schritt: Nicht später als einen Tag nach dem Zugang der Mitteilung, wer die *respondent banks* sind, muss der Emittent die Anfrage an diese Banken weiterleiten[446]. Diese Banken müssen dann die gleiche Information wie die teilnehmende Bank zur Verfügung stellen. Der Vorgang folgt der Kette der Banken bis zum Endkunden. Der Emittent muss zeitnah ("*in a timely manner*")[447] die genannte Anzahl von Exemplaren der Hauptversammlungsunterlagen bereit stellen, die von einem DTC-Teilnehmer bzw. einer *respondent bank* genannt wurde[448].

Sechster Schritt: Die Finanzinstitute (sowohl die DTC-Teilnehmer als auch die *respondent banks*) müssen, jeweils gegen Erstattung aller direkten und indirekten Kosten[449], die Unterlagen innerhalb von fünf Geschäftstagen nach ihrem Eintreffen an die wirtschaftlichen Aktionäre weiterleiten[450].

Siebter Schritt: Im wahrscheinlichen Fall, dass der Kunde des teilnehmenden Instituts seinerseits auch ein Intermediär ist, muss auch er innerhalb des gleichen Zeitraums die Unterlagen an seine Kunden weiterleiten.

(ii) Anfrage wegen der NOBO-Liste

Der vorstehende Abschnitt stellt nur das Verfahren dar, in dem die Unterlagen für die Hauptversammlung vom Emittenten über die Kette der Intermediäre an die wirtschaftlichen Aktionäre gelangen. Außer der Bitte um Weitergabe kann

---

445 Für den Fall, dass der Teilnehmer ein Makler (*Broker*) oder Eigenhändler (*Dealer*) ist, ist 17 CFR § 240.14b–1(b)(1) anwendbar; wenn aber der Teilnehmer eine Bank ist, kommt 17 CFR § 240.14b–2(b)(1)(ii) zur Anwendung. Die Spaltung der Regelung zwischen Maklern und Eigenhändlern einerseits und Banken andererseits spiegelt die Spaltung der amerikanischen Aufsichtskompetenz zwischen der SEC und den verschiedenen Bankenaufsichtsbehörden wider (z.B. dem Federal Reserve System und dem Comptroller of the Currency). Näher dazu *Brown* (1988), S. 740 ff.

446 17 CFR § 240.14a–13(a)(2).

447 Die SEC hat dieses Erfordernis näher definiert: "*[I]n order to comply with the timeliness requirement, the materials must be mailed sufficiently in advance of the meeting date to allow five business days for processing by the banks and brokers and an additional time to provide ample time for delivery of the material, consideration of the material by the beneficial owners, return of their voting instructions, and transmittal of the vote from the bank or broker to the tabulator.*" Securities and Exchange Commission, Timely Distribution of Proxy and Other Soliciting Material, Mitteilung Nr. 34-33768, 59 *Federal Register* (22. März 1994).

448 17 CFR § 240.14a–13(a)(4).

449 Im Fall eines Maklers oder Eigenhändlers, 17 CFR § 240.14b–1(c)(2)(i) und im Fall einer Bank, 17 CFR § 240.14b–2(c)(2)(i).

450 Im Fall eines Maklers oder Eigenhändlers, 17 CFR § 240.14b–1(b)(2) und im Fall einer Bank, 17 CFR § 240.14b–2(b)(3).

Abbildung 2.2
Die Weitergabe der Mitteilungen und Ausübung des Stimmrechts nach §14 Exchange Act

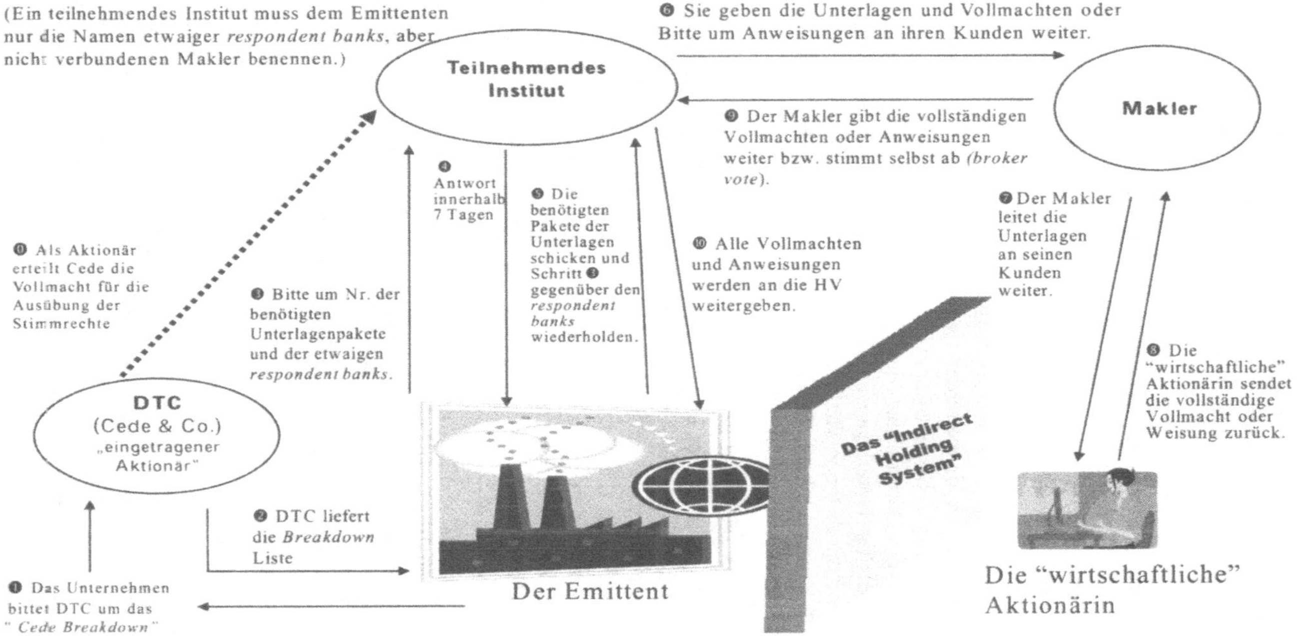

der Emittent von den Maklern und Banken auch die Angabe der Namen ihrer Kunden verlangen, die wirtschaftliche Aktionäre sind[451], soweit die Kunden der Weitergabe dieser Information nicht widersprechen[452]. Diese Angaben machen die in § 15.(b) erwähnte NOBO-Liste aus. Die NOBO-Liste bietet dem Emittenten aber nur eine sehr begrenzte Hilfe, weil er den Aktionären unmittelbar nur den Jahresbericht, *nicht aber* das *proxy statement* und das Vollmachtsformular, zusenden darf[453]. Insoweit muss das für die Verteilung der Hauptversammlungsunterlagen geschilderte Verfahren von Anfrage und Weitergabe eingehalten werden. *Loss/Seligman* kritisieren daran zu Recht, dass diese Beschränkung die Möglichkeit der direkten Kommunikation mittels der NOBO-Liste unnötig erschwert[454]. Außerdem steht das Bundesrecht mit dieser Einschränkung der direkten Zusendung in diametralem Gegensatz zu dem in Aktiengesetzen der Bundesstaaten vorgesehenen System der direkten Ansprache der Aktionäre. Die Tatsache, dass ein Dienstleister wie ADP ein beträchtliches Einkommen mit der Verteilung solcher Unterlagen erzielt[455], zeigt die gesetzlich bedingte Ineffizienz, die nur durch die zusätzliche Kosten behoben werden kann. Es ist nicht Aufgabe des Gesetzgebers, Gelder der Emittenten an die Börseninfrastruktur und seine Dienstleister umzuverteilen[456].

(iii) Die Stimmabgabe

Die letzten drei Schritte des in der Abb. 2.2. dargestellten Verfahrens betreffen die Stimmabgabe durch die Aktionäre. Wie bereits erläutert, sind nur die Personen stimmberechtigt, die am Stichtag im Aktienregister eingetragen sind[457]. Im geschilderten Fall ist der einzige eingetragene Aktionär des Unternehmens die Cede & Co. Daher steht hier nur der Cede & Co. das Stimmrecht in der Hauptversammlung zu. Die aus der Abwicklungsstruktur herrührenden Schwierigkeiten sollen anhand der Position eines Privataktionärs verdeutlicht werden. Falls

---

451 17 CFR § 240.14a–13(a)(1)(ii)(A) i.V.m., Im Fall eines Maklers oder Eigenhändlers, 17 CFR § 240.14b–1(b)(3) und im Fall einer Bank, 17 CFR § 240.14b–2(b)(1)(B).

452 Kunden, die ihr Konto schon vor der Einführung der Regel im Jahr 1986 geöffnet haben, müssen ihre ausdrückliche Zusage zu der Mitteilung ihrer Daten geben. Vgl. 17 CFR § 240.14b–2(b)(1)(B)(*1*).

453 17 CFR § 240.14a–13(a)(1)(ii)(A); *Thomas/Dixon* (2001), § 8.04[B].

454 *Loss/Seligman* (2004), § 6-C-6.

455 Vgl. *Bloomenthal/Wolff* (2005), § 18:13. Im Jahr 1999, hat ADP mehr als 90% der Mitteilungen i.V.m. den durch Intermediäre gehaltenen Aktien geliefert. *Automatic Data Processing* (1999), S. 32.

456 Sicherlich ist es nur Zufall, dass einer der drei Mitgründer der ADP, Senator Frank R. Lautenberg, in den U.S. Senat eingetreten ist, kurze Zeit bevor die ADP in den 1980er Jahren ihren Geschäftsbereich, *"Proxy Services"* eröffnet hat, um von der Ineffizienz, die durch § 17A *Exchange Act* verursacht wurde, zu profitieren. Vgl. *Automatic Data Processing* (1999), S. 32; Biografie des Senators Lautenberg, abrufbar auf seiner Website unter http://lautenberg.senate.gov. Der Umstand unterstreicht aber die Tatsache, dass der Ausgleich einer Ineffizienz durch eine dafür erfundene Dienstleistung nur eine Umverteilung von Geldern darstellt.

457 Del. Code Ann. tit. 8, § 213 Abs. a i.V.m. § 219 Abs. c.

es sich bei dem wirtschaftlichen Aktionär um einen Investmentfonds handelt, wird das Stimmrecht in aller Regel einer Verwaltungsgesellschaft (*investment adviser* oder *manager*) zustehen, die laut Dienstleistungsvertrag über die Anlage der Fondsgelder entscheidet[458], so dass dem Verfahren noch eine weitere Stufe hinzugefügt wird. Weil Cede & Co. Aktionär ist, erteilt sie ihren Teilnehmerinstituten im Rahmen des Verwahrungsvertrages Gesamtvollmachten ("*omnibus proxies*") für die Stimmrechte aller Aktien, die der jeweilige Teilnehmer bei ihr am Stichtag verwahren lässt[459]. Die Teilnehmer können dann entweder Untervollmachten erteilen oder ihre Kunden um Weisungen für die Ausübung der Stimmrechte bitten, und auf diese Weise die Entscheidung über die Stimmrechtsausübung letztlich den wirtschaftlichen Aktionären überlassen. Die Börsenordungen verbieten in der Regel, dass ein Makler kurzerhand selbst abstimmt, ohne von der einen oder anderen Möglichkeit Gebrauch gemacht zu haben[460]. Banken sind nach SEC Regel 14b-2 verpflichtet, ihren Korrespondentenbanken Gesamtvollmachten mit dem Recht auf Ersetzung ("*power of substitution*") zu erteilen[461].

Sofern allerdings der wirtschaftliche Aktionär nicht rechtzeitig eine Weisungen erteilt, steht dem Makler wenigstens für gewöhnliche Entscheidungen, zu denen wohl auch die Wahl der Boardmitglieder gehört, das berüchtigte "*broker vote*" zu[462]. Wenn der Kunde bis zum zehnten Tag vor der Hauptversammlung keine Weisungen erteilt, darf der Makler danach selbst das Stimmrecht nach eigenem Ermessen ausüben, vorausgesetzt, dass die Bitte um Weisungen wenigstens 15 Tage vor der Hauptversammlung übermittelt geworden ist und der Beschluss der Hauptversammlung keine umstrittene (*contested*) oder außerordentliche Frage betrifft[463]. NYSE Rule 252 enthält eine Liste der Fragen, die als "umstritten" gelten. Sie schließt Verschmelzungen, außerordentliche Transaktionen und andere bedeutende Maßnahmen ein, nicht aber die Wahl der Boardmitglieder[464]. Bei der eigenen, nicht auf Weisung der wirtschaftlichen Aktionäre erfolgenden Stimmabgabe neigen die Makler erfahrungsgemäß dazu, die Vorschläge des Managements zu unterstützen[465]. Die wiederholten Versuche der institutionellen Anleger, die Stimmabgabe durch die Makler weiter zu beschränken, hatten bislang keinen Erfolg[466].

---

458 *Goyal* (2004), S. 2; *Minow* (1998), S. 107; *Coffee* (1994), S. 861; *Coffee* (1991), S. 1310.

459 *Thomas/Dixon* (2001), § 8.02[A]. *Brown* (1988), S. 753.

460 Vgl. z.B., NYSE Rules, Rule 450; NASD Manual, Sec. 2260. Vgl. auch *Thomas/Dixon* (2001), § 8.03[D]; *Brown* (1988), S. 704; *Klein* (1997), S. 162.

461 17 CFR § 240.14b-2(b)(2)(i).

462 Vgl. *Bethel/Gillan*; *Thomas/Dixon* (2001), § 8.03[D].

463 NYSE Rules, Rule 452.

464 NYSE Rules, Rule 452, Supplementary Material, .11.

465 *Bethel/Gillan* (2002), S. 9.

466 *Bethel/Gillan* (2002), S. 30.

Die letzten drei Schritte des in Abb. 2.2 dargestellten Abstimmungsvorgangs stellen sich im Einzelnen wie folgt dar.

Achter Schritt: Zusammen mit dem Jahresbericht und dem *proxy statement* erhält der wirtschaftliche Aktionär entweder eine schon unterschriebene Vollmacht oder ein Formular, auf dem er Weisungen für die Stimmabgabe erteilen kann. Er muss die fehlenden Daten einfügen und die betreffenden Unterlagen zu seinem Makler oder direkt zum Emittenten zurückschicken. Um zu vermeiden, dass der Makler das Stimmrecht aus den Aktien nach eigenem Ermessen ausüben kann, muss der Aktionär die Unterlagen rechtzeitig zurücksenden; nach der Börsenordnung der NYSE muss dafür der Makler spätestens 10 Tage vor der Hauptversammlung eine Weisung erhalten haben[467].

Neunter Schritt: Die Makler sammeln die von ihren Kunden erhaltenen Vollmachten bzw. Anweisungen und leiten sie direkt an den Emittenten oder Teilnehmer weiter. Wenn die jeweilige Anweisungskarte oder das Vollmachtsformular nicht mit der Kontonummer des betreffenden Kunden gekennzeichnet ist, können allerdings etwaige weitere Anweisungskarten oder Vollmachtsformulare erhebliche Verwirrung bei der Stimmauszählung bewirken[468].

Zehnter Schritt: Mit der Übermittlung der Anweisungskarten bzw. Vollmachtsformulare an den Leiter der Hauptversammlung endet das Verfahren. Alle Kosten für die zehn Schritte, einschließlich des Entgelts für die Makler und Banken und etwaige Honorare der ADP (nun Broadridge Financial Solutions), werden vom Emittenten, und damit indirekt von den Aktionären, getragen[469].

Wie bereits erwähnt, werden die zehn Verfahrensschritte in der Praxis meist durch Dienstleister erleichtert, die die verschiedenen Tätigkeiten bündeln. Es überrascht nicht, dass solche Dienstleister keinen Anreiz haben, Ineffizienzen des Verfahrens zu beseitigen, weil gerade diese Ineffizienzen die Grundlage für ihre Leistung sind und es ihnen erlauben, eine umfangreiche Produktpalette anzubieten: sie ermitteln die Namen der Aktionäre[470], bauen die Kommunikation mit den Maklern und Banken auf[471], sammeln die Vollmachtsformulare bzw.

---

[467] NYSE Rules, Rule 451 Abs. b i.V.m. Rule 452. Der Nasdaq Stock Market gestattet die gleiche Vorgehensweise, sofern diese von der Regelung einer anderen maßgeblichen Börse zugelassen ist. Vgl, NASD Manual, Sec. 2260(c)(2). *Bethel/Gillan* berichten, dass einige Makler am Nasdaq Stock Market selbst aus eigenem Gebrauch regelmäßig abstimmen. *Bethel/Gillan* (2002), S. 7.

[468] Näher dazu die Erörtterung des Falls *Blasius* in § 16.

[469] *Thomas/Dixon* (2001), § 8.03[C].

[470] Ein Dienstleister kann z.B. über mehrere Jahre die verfügbaren Angaben über Kontenbewegungen mit den veröffentlichten Daten über die Änderungen an Aktienanteilen vergleichen, um Rückschlüsse auf die wirtschaftlichen Aktionäre zu ziehen und diese Information an den Emittenten verkaufen. Vgl. *Heard/Sherman* (1987), S. 84 f.

[471] Vgl. die Beschreibung der *proxy services* des Georgeson Shareholder, abrufbar auf der Georgeson Website unter www.georgesonshareholder.com.

Anweisungskarten und zählen sogar die Stimmen aus[472]. In der Zeit vor der Hauptversammlung ergreifen sie wie eine Autowerkstatt vor der fälligen TÜV-Prüfung die Initiative, und bieten ihre Dienste an[473]. Obwohl ihre Dienste zweifelsohne hilfreich sind und die Qualität ihrer Arbeit sehr hoch sein mag, legt allein die Existenz dieser Dienstleister bereites Zeugnis vom Ausmaß der Ineffizienz des Verfahrens der Kommunikation mit den wirtschaftlichen Aktionären ab: Der Fährbetrieb gedeiht am Besten, wo es keine Brücke gibt.

(c) Risiken und Kosten der indirekten Kommunikation und Abstimmung

Die Kosten einer Abwicklungsstruktur, die auf der Immobilisierung der Aktien basiert, bestehen aber nicht nur in den Gebühren für die *proxy services*. Zwei neuere Studien haben eindeutig gezeigt, dass ein solches System weitere Gefahren birgt.

In einer Untersuchung des vergleichbaren Systems des Vereinigten Königreichs hat *Myners* im Jahr 2004 nachgewiesen, dass wegen der Vielzahl der Intermediäre und der daraus folgenden Komplexität des Abstimmungsvorgangs ein wesentlicher Teil der Stimmen einfach verloren geht[474]. *Myners* berichtet z.B., dass bei der Hauptversammlung einer multinationalen Gesellschaft (Unilever) die größten 10 institutionellen Anleger offenbar nur weniger als 50 % ihrer Stimmen abgegeben hatten. Nachforschungen ergaben indessen, dass die restlichen Stimmen zwar abgegeben worden waren, aber beim Emittenten nie ankamen, sondern auf unerklärte Weise verschwanden[475]. Wie im vorgehenden Abschnitt und bei der Erläuterung des Falls *Blasius* gezeigt worden ist, kann jedes zusätzliche Glied in der Kommunikationskette ein weiteres Risiko und zusätzliche Unklarheiten mit sich bringen. Um die Pflichten betreffend die Ausübung der Stimmrechte etwa zwischen einem Investmentfonds (der wirtschaftlicher Aktionär ist) und seiner Verwaltungsgesellschaft (die über die Ausübung der Stimmrechte entscheidet) klarer zu definieren, schlägt *Myners* vor, dass auch solche Beziehungen durch vertragliche Regelungen eindeutig geregelt sein sollen[476]. Die Überzahl der Intermediäre in der Abgabe des Stimmrechts wird nicht von der Fondsstruktur, sondern von der Struktur der Abwicklungssysteme verursacht. In dieser Hinsicht schlägt *Myners* vor, dass die Anweisungen direkt von der Person, der die Entscheidung über die Stimmabgabe zusteht, an die Person, die in der Hauptversammlung zuständig ist, sie einzutragen, gehen sollen[477].

---

472 *Myners* berichtet, dass rund 90% der amerikanischen institutionellen Anleger ihr Stimmrecht durch ADP ausüben. Vgl. *Myners* (2004), S. 4.

473 *Bloomenthal/Wolff* (2005), § 18:13.

474 *Myners* (2004), S. 6.

475 *Myners* (2004), S. 1.

476 *Myners* (2004), S. 12. Vgl. i.V.m. der Gestaltung des Vertrages, *Coffee* (1994), S. 865.

477 *Myners* (2004), S. 13.

Er vertritt die Ansicht, dass dies im englischen System durch eine "besondere Kennzeichnung" (*specific designation*) im Depotkonto erreicht werden könne, die die Feststellung des wirtschaftlichen Aktionärs und die Zurechnung jede Stimmabgabe auf einer bestimmten Unterteilung des Kontos immer ermögliche[478]. Diese Lösung kommt dem deutschen System, das in Kapitel IV, § 28.(c) eingehend erläutert wird, sehr nahe. Die von *Myners* beauftragten Berater haben eine Kosten-Nutzen-Rechnung durchgeführt mit dem Ergebnis, dass eine solche *specific designation* wenigstens für die größten 200 Pensionsfonds "beträchtliche Vorteile im Hinblick auf die Transparenz der Stimmabgabe" bringen könnte[479].

Was sind aber die Kosten der verlorengegangenen Stimmen? Im Auftrag der DTCC hat die Wirtschaftsberaterfirma *Oxford Economic Research Associates* (*Oxera*) ebenfalls im Jahr 2004 die Risiken der sogenannten "*corporate actions*" (z.B. Hauptversammlungen, Dividendenauszahlungen, Übernahmeangebote und Rückkäufe von Wertpapieren) im heutigen Umfeld untersucht[480]. *Oxera* kam zu dem Ergebnis, dass die Kette, durch die Mitteilungen laufen müssen, "äußerst komplex" ist, weil sich die Praxis unter den Herausforderungen, die das Depotsystem aufwirft, entwickelt hat[481], und als Ergebnis "*most issuers will only have information on the custodian nominees ... they cannot observe directly through the register/agent who the ultimate beneficiary investor is*"[482]. Fehler treten in den *corporate actions* wegen des Übergangs der Information von einem Intermediär zum nächsten auf, und zwar in beiden Richtungen (*downstream* und auch *upstream*)[483]. Je mehr Intermediäre an der Kette beteiligt sind, desto kürzer werden auch die Zeitrahmen, innerhalb derer die Mitteilungen verarbeitet und weitergeleitet werden müssen[484]. Obwohl die Intermediäre Abteilungen unterhalten, die mit bis zum 40 Mitarbeitern besetzt sind, um die mehrmals durch verschiedene Intermediäre vermittelten und möglicherweise verdrehten Informationen zu "*reinigen*" ("'*scrubbing*' *of information*")[485], werden in der Praxis ungenaue Angaben an das nächste Glied der Kette gegeben, weil jedes Glied Angaben aus verschiedenen Quellen zu verschiedenen Zeitpunkten erhält[486], und die "bloße

---

478 *Myners* (2004), S. 14 f.

479 *Myners* (2004), S. 16 ("*considerable benefits in terms of voting transparency, audit trail and corporate governance for little incremental cost*").

480 *Oxera* (2004).

481 *Oxera* (2004), S. 8. Die "Entwicklung" des amerikanischen Marktes gegenüber solchen "Herausforderungen" wird eingehend im nächsten Kapitel untersucht.

482 *Oxera* (2004), S. 10.

483 *Oxera* (2004), S. 12.

484 *Oxera* (2004), S. 14.

485 *Oxera* (2004), S. 11, 13 ("*These resources represent an inefficiency in the system*").

486 *Oxera* (2004), S. 13.

Anzahl" (*sheer number*) der Intermediäre die Zahl der Weisungen, die gegeben werden müssen, vervielfacht [487].

Die Weitergabe unrichtiger oder unvollständiger Angaben sowie deren verspätete oder gar unterlassene Weiterleitung beeinträchtigt sowohl den gesamten Finanzmarkt[488] als auch die *Governance* der betroffenen Gesellschaften[489]. Welch kostspielige Folgen derartige Pflichtverletzungen haben können, zeigt *Oxera* am Beispiel eines Übernahmeangebotes: Der wirtschaftliche Aktionär möchte ein im Jahr 2000 abgegebenes Tauschangebot der Vodafone plc für die Aktien der Mannesmann AG annehmen. Wenn er das Angebot am 17.02.00 annehmen will, als Vodafone Aktien einen Wert von € 5,25 haben, aber ein Intermediär in der Kommunikationskette seine Anweisung als einen sofortigen Verkaufsauftrag missversteht, erleidet der Aktionär einen Schaden in Höhe der Differenz zwischen dem Verkaufserlös aus dem Fehlverkauf seiner Mannesmann Aktien und dem Preis für den Kauf zum späteren Zeitpunkt der gleichen Anzahl der Vodafone Aktien, die er durch das Tauschangebot bekommen hätte[490]. Am 6.03.00, als Vodafone Aktien auf € 6,53 gestiegen waren, hätte der Kommunikationsfehler einen Schaden von etwa 24% verursacht[491].

(d) Die Unzulänglichkeit der Mitteilungen durch Veröffentlichung

Die vorstehend dargestellten Kosten und Risiken des gegenwärtigen Systems der Wertpapierabwicklung sind der SEC nicht verborgen geblieben. Bisher aber hat die SEC die Ursache des Problems und den Schlüssel zu seiner Beseitigung nicht in der Struktur des Abwicklungssystems gesehen. Stattdessen hat die SEC im Januar 2007 eine Regel erlassen, nach der die Veröffentlichungspflicht in Bezug auf das *proxy statement* und den Jahresbericht durch elektronische Veröffentlichung und direkte Mitteilung der Veröffentlichung erfüllt werden kann[492]. Die vorgeschlagene Veröffentlichungsmethode ist den §§ 121 Abs. 3 und 124 Abs. 1 i.V.m. § 25 AktG nicht unähnlich[493]. Das deutsche Recht ist allerdings im Kontext der deutschen, auf Inhaberaktien ausgerichteten, Aktienkultur zu sehen[494]. Nach der SEC-Regel darf die aus den *proxy rules* stammende Pflicht,

---

487 *Oxera* (2004), S. 14.

488 *Oxera* (2004), S. 15.

489 *Oxera* (2004), S. 17.

490 *Oxera* (2004), S. 22 ff.

491 *Oxera* (2004), S. 23 f.

492 Final Rule: Internet Availability of Proxy Materials, SEC Mitteilung Nr. 34-55146, 72 *Federal Register* 4148 (29.01.07).

493 § 121 Abs. 3 AktG fordert die Bekanntmachung der Einberufung in den Gesellschaftsblättern und § 124 Abs. 1 AktG fordert die Bekanntmachung der Tagesordnung in den Gesellschaftsblättern, während nach § 25 AktG eine in den Gesellschaftsblättern erfolgte Bekanntmachung im elektronischen Bundesanzeiger veröffentlicht werden muss. Vgl. *Werner* in Großkomm. AktG § 121, Rdn. 63, § 124, Rdn. 12.

494 Im Gegensatz zum US-amerikanischen Recht schreibt § 125 AktG eine direkte Zusendung an die Aktionäre vor, die durch Eintragungen im Aktienregister oder die Ausübung

bestimmte Mitteilungen an die Aktionäre zu senden, durch eine elektronische Veröffentlichung der maßgeblichen Unterlagen im Internet als erfüllt gelten[495]. Damit will die neue Regel vielfache Hin und Her zwischen dem Emittenten, den Intermediären und den wirtschaftlichen Aktionären umgehen.

Diese Veröffentlichungsmethode ist aber für amerikanische Aktiengesellschaften nicht völlig geeignet, weil ihre Aktionäre ausschließlich Namensaktien halten und ihre Stellung als Aktionäre von der Eintragung im Aktienregister abhängt[496]. Weil alle bundesstaatlichen Aktiengesetze eine *direkte* Zusendung an die Aktionäre erfordern, verlangt die Regel, dass eine Gesellschaft, die ihre Proxy-Unterlagen im Internet veröffentlichen will, die Veröffentlichung jedem Aktionär direkt an seiner Anschrift bekannt machen muss[497]. So endet die Regel wiederum in der Sackgasse des leeren Aktienregisters, und das notwendige Hin und Her des Anfrageverfahrens bleibt dem Emittenten auch hier nicht erspart. Doch selbst wenn die wirtschaftlichen Aktionäre wüssten, dass die Gesellschaft ihre Proxy-Unterlagen im Internet veröffentlicht, was die direkte Ankündigung entbehrlich machen würde, stünden diesen "wirtschaftlichen" Aktionären eben keine Stimmrechte zu, weil sie nicht im Aktienregister eingetragen wären[498]. So bliebe die oben unter 2. c) dargestellte Kette der Vollmachten immer noch erforderlich. Im Ergebnis kann die SEC mit dieser Regel nur die Menge an Papier, das durch die Intermediäre (oder Broadridge) an die Aktionäre weitergegeben werden muss, um ein schweres Paket (den Jahresbericht und das *proxy statement*) auf einen Mitteilungsbrief verringern. Am eigentlichen Problem, das durch ein leeres Aktienregister verursacht wird, wird sich aber nichts ändern. Die vernünftigste Lösung liegt folglich nicht darin, die Gestaltung des Aktienrechts am Abwicklungssystem zu orientieren, sondern vielmehr darin, die Ursache des Problems in diesem System zu erkennen und zu korrigieren.

§ 19 Zusammenfassung

Das Aktienregister ist wesentlich für die Ausübung der Mitgliedschaftsrechte in einer amerikanischen Aktiengesellschaft. Die Angaben im Aktienregister ermöglichen nicht nur die Kommunikation zwischen der Gesellschaft und den Aktionären, sondern bestimmen auch, wer die Rechte eines Aktionärs geltend machen kann. Mangels gegenteiligen Beweises ist Aktionär nur, wer im Aktienregister eingetragen ist. Gesetzliche Maßnahmen, die den "wirtschaftlichen" Aktionären Rechte gegen die Gesellschaft einzuräumen versuchen, ändern an dieser

---

der Stimmrechte in der letzten Hauptversammlung der Gesellschaft bekannt sind. Wenn die Aktionäre der Gesellschaft bekannt sind, ist eine direkte Zusendung viel effizienter als die indirekte Weiterleitung der Unterlagen durch Intermediäre.

495 Vgl. 17 CFR § 240.14a-16(a)(1).

496 Siehe oben, § 15.

497 Das sog. "*notice and access model*". Vgl. 17 CFR § 240.14a-16(a), (d), (e), (f).

498 Siehe oben, § 15 (a).

Tatsache nichts. Allein die Eintragung im Register konstituiert die Aktionärsstellung, und die Tatsache, dass der eingetragene Aktionär die Rechte der "wirtschaftlichen" Aktionäre berücksichtigen muss, ist für die konstitutive Wirkung der Eintragung ohne Bedeutung. Dies betrifft das Stimmrecht ebenso wie die anderen Rechte (etwa das Auskunftsrecht oder das Recht auf Ausschüttungen).

Nach amerikanischem Recht ist die Einladung zur Hauptversammlung eher Anlass zu einer ausführlichen Berichterstattung als eine schlichte Einberufung. Die Unterlagen sollen direkt an die Anschrift jedes Aktionärs gesandt werden. Wenn aber das Aktienregister die Kontaktdaten der Aktionäre nicht mehr enthält, muss die Verteilung dieser äußerst wichtigen Information kostspielig über eine Kette von Intermediären laufen. Außerdem wird aus dem Abstimmungsverfahren eine höchst unsichere Angelegenheit, weil die Stimmabgabe über verschiedene Intermediäre ermittelt werden muss und die "wirtschaftlichen" Aktionäre – die nicht im Aktienregister eingetragen sind – keine Stimmberechtigung haben.

Der Bericht von *Myners* zeigt, dass wegen der Vielzahl der Intermediäre und der daraus folgenden Komplexität des Abstimmungsvorgangs ein wesentlicher Teil der Stimmen einfach verloren gehen kann. Der Bericht von *Oxera* erläutert, dass Fehler in den *corporate actions* auftreten, weil, je mehr Intermediäre an der Kette der Informationsvermittlung beteiligt sind, desto mehr die notwendigen Angaben verdreht werden. Diese Fehler können für die Aktionäre sehr kostspielig sein. Die im Jahr 2007 von der SEC erlassene Regel, dass *proxy statement* und Jahresbericht im Wege der elektronischen Veröffentlichung bekannt gemacht werden dürfen, verringert lediglich die Menge des Papiers, das über die Intermediärkette weitergeleitet werden muss, stellt aber keine grundsätzliche Lösung des Problems dar. Nach dem Recht der einzelnen Bundesstaaten müssen die Hauptversammlungsunterlagen den Aktionären *direkt* zugesandt werden, und nur den eingetragenen Aktionären stehen Stimmrechte zu. So bleibt die einzige tragbare Lösung der in diesem Kapitel besprochenen Probleme, wieder ein funktionsfähiges Aktienregister herzustellen. Um dies zu tun, müssen wir die Ursache der "Entleerung" des Aktienregisters näher betrachten. Das nächste Kapitel erläutert die Entstehung des amerikanischen Systems der Verwahrung und Übertragung von Wertpapieren und zeigt den Strukturfehler, der die verschiedenen in diesem Kapitel besprochenen Probleme verursacht.

III. Die Einführung der "Immobilisierung" als Basis der Wertpapier-abwicklung

§ 20 Problemstellung

Das vorangehende Kapitel hat erklärt, dass die Ausübung der Mitgliedschaftsrechte in der amerikanischen Aktiengesellschaft stark vom Aktienregister abhängt. Das Aktienregister spielt aber auch bei der Übertragung der Namensaktien eine wichtige Rolle. Die Anteile der frühen Aktiengesellschaften wurden ausschließlich durch Umschreibung im Aktienregister übertragen[499]. Bis heute ist "das persönliche Verhältnis zwischen der Körperschaft und ihren Mitgliedern durch das Register der Mitglieder ausgewiesen"[500]. Als Mitglieder einen höheren Grad an Liquidität von ihren Anlagen forderten, wurde die Verwendung übertragbarer Aktienzertifikate üblicher[501]. Das Aktienregister ist allerdings für die Mitgliedschaft konstitutiv geblieben[502]. Bis heute gilt das Aktienzertifikat nur als Indiz für die Aktionärsstellung[503]. Wie schon im vorgehenden Kapitel erklärt wurde, erhält der Erwerber einer Aktie die Rechte eines Aktionärs nur durch die Eintragung ins Aktienregister[504]. Wenn im Rahmen eines Wertpapiergeschäfts die Übereignung des Zertifikates und die Eintragung im Aktienregister nicht zeitgleich erfolgen, kommt es zu einem zeitweiligen Auseinanderfallen zwischen dem wirtschaftlichen Eigentümer und derjenigen Person, die als Aktionär gilt. Während dieses kurzen Zeitraums steht dem Erwerber nur das Recht zu, die Eintragung im Aktienregister zu verlangen[505]. Das Aktienzertifikat hat insoweit eine Legitimationsfunktion – es begründet die Rechtsvermutung, dass der rechtmäßige Inhaber ein Recht auf die Eintragung im Aktienregister hat[506], und die Gesellschaft ist verpflichtet, den Namen des rechtmäßigen Erwerbers einzutragen[507]. Da der nicht eingetragene Erwerber jedoch keine Aktionärsrechte ausüben darf, können Aktienübertragungen die Ausübung der Mitgliedschaftsrechte und damit die Teilnahme an der Unternehmensleitung erschweren. Daher kann

---

[499] *Guttman* (2006), § 1:6, S. 1-16 ("*The original concept of share participation in a corporate enterprise was one of a 'membership' relation, not necessarily evidenced by any instrument but clearly recorded on the register of members maintained by the secretary.*"); *Guttman/Lemke* (1981), S. 400 ff.; *Gepken-Jager* (2005), S. 63; *Antunes/Pinheiro* (2005), S. 175; *Rogers* (1990), S. 473 (Darstellungen der Übertragungstechniken des 18. Jahrhunderts "*suggest that delivery of certificates may not have been the essential aspect of securities trading.*"); *Harris* (2005), S. 31 f.; *Rhodes* (2005), S. 78; *Micheler* (2006), S. 26 f.

[500] *Guttman* (2006), § 5:2, S. 5-4.

[501] *Micheler* (2006), S. 25-27.

[502] Siehe oben, § 15.

[503] *Rhodes* (2005), S. 140.

[504] Siehe auch § 15, oben.

[505] § 8-307 UCC.

[506] *Rhodes* (2005), S. 72; *Guttman/Lemke* (1981), S. 404 f.; *Leek v. Alliance Fund, Inc.*, 806 P2d 491 (Kan. App. 1991).

[507] § 8-401 UCC.

eine Steigerung des Handelsvolumens einen Rückgang der Stimmrechtausübung verursachen[508].

Der Zeitraum zwischen der Veräußerung einer Aktie und der Eintragung ins Aktienregister kann durch den Einsatz moderner Informationstechnik reduziert werden. So wird der Zeitraum zwischen Ankauf und Eintragung in gleichem Maß verringert, wie die Handels-, Abwicklungs- und Eintragungsvorgänge beschleunigt werden. Die heutige Entmaterialisierung der Aktien und damit die zunehmende Bedeutung der Informationstechnologie für die Handels-, Abwicklungs- und Eintragungsvorgänge kann die zeitliche Lücke zwischen der Veräußerung einer Aktie und der Eintragung des Erwerbers ins Aktienregister sogar völlig schließen[509]. In den Vereinigten Staaten verursachte während der späten 1960er Jahre die schlechte Organisation und rudimentäre technologische Ausstattung der Abwicklungsvorgänge eine ernsthafte Marktkrise[510]. Die Marktteilnehmer und die Aufsichtsbehörde sahen eine Lösung dieser Krise in der Entmaterialisierung der Wertpapiere, konnten aber das Problem erst mit der in den frühen 70er Jahren verfügbaren Technologie vorläufig bewältigen[511]. Da der zeitaufwendigste Teil des Abwicklungsvorgangs die papierbezogenen Tätigkeiten waren, wurde pragmatisch ein System eingeführt, das die wertpapierrechtliche Übertragung der Wertpapiere, einschließlich des Indossaments und der Übergabe des Papiers, sowie die Eintragung im Aktienregister und die Ausstellung eines neuen Zertifikats schlichtweg umging[512]. Dieses Modell erleichterte zweifelsohne die Abwicklung und baute sogar ein systemisches Risiko ab, führte aber gleichzeitig zu einer dramatischen Steigerung der Kosten der Kommunikation zwischen der Gesellschaft und den Aktionären. Anderseits stellte das System die Teilnehmer des Finanzmarkts als unabdingbare Intermediäre zwischen den Aktionären und den Emittenten auf. Wie in § 22 (b) (iv) ausgeführt wird, wussten die Intermediäre von ihrer Stellung zu profitieren. Gegen die Interessen der Intermediäre am Fortbestand der "indirekten" Struktur hat auch die Fortentwicklung der Informationstechnologie und die Entmaterialisierung der Aktien keine Systemänderung durchsetzen können.

Im Folgenden wird die historische Entstehung des Systems vor dem Hintergrund des Effektenverkehrs nach amerikanischem Recht dargestellt. Zuerst werden die Elemente der (herkömmlichen) gesetzmäßigen Übereignung der Namensaktien erläutert, um die Nachteile dieses Vorgangs verständlich zu machen. Anschließend wird die Entstehung des heutigen amerikanischen Abwicklungssystems

---

508 *Guttman/Lemke* (1981), S. 403 f; *Guttman* (2006), § 2:3, S. 2-10 f.

509 Siehe unten, § 28.

510 Siehe unten, § 22 (a).

511 Siehe unten, § 22 (b).

512 Siehe unten, § 23.

untersucht. Danach folgt eine Analyse des Effektengiroverkehrs innerhalb dieses Systems.

§ 21 Die Übertragung der verbrieften Kapitalmarktpapiere nach dem UCC

(a) Der Uniform Commercial Code

Heute wird die Übertragung von Kapitalmarktpapieren (*investment securities*) einschließlich Namensaktien von den Bestimmungen des Art. 8 des amerikanischen *Uniform Commercial Code* (UCC) geregelt. Der UCC ist ein Mustergesetz, das in der zweiten Hälfte des 20. Jahrhunderts nach dem Vorbild des deutschen Handelsgesetzbuches verfasst wurde[513]. Anders als das HGB ist der UCC aber eher eine Zusammenstellung von Gerichtsentscheidungen und Rechtslehre auf einzelnen Gebieten als eine eigenständige Regelung des Handelsrechts[514]. Der UCC ist, anders als ein Gesetz, nicht vom Staat erlassen worden. Er ist vielmehr ein unverbindliches Muster, das von den bundesweiten Fachgremien, dem American Law Institute (ALI) und der National Conference of Commissioners on Uniform State Laws (NCCUSL), entworfen worden ist. Einzelne Bundesstaaten haben es sodann freiwillig als Gesetz – mit oder ohne Änderungen – verabschiedet[515]. Zweck des UCC ist es, die Fortentwicklung des Handelsbrauchs zu unterstützen[516]. Diesem Zweck entsprechend werden Novellen der einzelnen Artikel des UCC ständig von den ALI und NCCUSL ausgearbeitet und den Bundesländern zur Umsetzung angeboten[517].

Art. 8 UCC enthält spezifische, auf Kapitalmarktpapiere (*investment securities*) gerichtete Bestimmungen. Er ist *lex specialis* im Verhältnis zu Art. 3 UCC, der allgemeine Bestimmungen für Wertpapiere enthält, die hauptsächlich die Funktion von Zahlungsmitteln haben (*negotiable instruments*)[518]. Art. 8 wurde ursprünglich in den 1940er und 50er Jahren entworfen und dann zweimal – in den

---

[513] *Whitman* (1987), S. 165 ff.; *Guttman* (2006), § 1:8, S. 1-21 ff.; *White/Summers* (2000), S. 1 ff.

[514] *Guttman* (2006), § 1:8, S. 1-21 f.; *White/Summers* (2000), S. 7 f.

[515] Der UCC hat insgesamt 11 Artikel, die meistens nur mit unerheblichen Änderungen von den Bundesstaaten verabschiedet wurden. Vgl. *Summer/White* (2000). S. 5 ff.

[516] Vgl. § 1-102 Abs. 2 UCC; *White/Summers* (2000), S. 16.

[517] Die neusten Entwürfe der jeweiligen Texte sind auf der Website der NCCUSL, abrufbar unter http://www.nccusl.org.

[518] § 8-102 Abs. a Nr. 15 UCC enthält eine sehr ausführliche Bestimmung des Begriffs "*investment securities*". Der Begriff "*investment securities*" schließt Effekten wie Kapitalanteile oder Schuldverschreibungen ein, die von einem Emittenten massenhaft begeben und auf einem Kapitalmarkt oder zur Anlage gekauft werden, ein. Allerdings ist der Umfang des Begriffs etwas weiter als das herkömmliche Verständnis der Kapitalmarktpapiere. Vgl. *Guttman* (2006), § 1:7, S. 1-17 ff. Zu Art. 3 UCC vgl. *White/Summers* (2000), S. 466 ff.

Jahren 1978 und 1994 – weitgehend novelliert[519]. Die Novelle 1978 sollte vor allem die Rechtsicherheit bei der Übertragung unverbriefter Wertpapiere gewährleisten. Die Novelle 1994 passte die Regelung des Art. 8 an die buchmäßige Übertragung zwischen Depotkonten (das sog. "*indirect holding system*") an[520]. Alle 50 US Bundesländer haben Art. 8 UCC umgesetzt[521].

Der einheitliche Charakter des auf den UCC gegründeten Handelsrechts – im Vergleich zu dem nur teilweise nach dem Muster des *Model Business Corporation Act*[522] vereinheitlichten Aktienrecht - spielte eine erhebliche Rolle für die Gestaltung der Struktur der amerikanischen Wertpapierabwicklung. Wie im Folgenden gezeigt wird, standen zwei alternative Systemmodelle für eine schnellere Abwicklung zur Auswahl: einerseits ein vernetztes Datenverarbeitungssystem mit entmaterialisierten Aktien (die Lösung der dezentralen "Entmaterialisierung"), andererseits eine zentralisierte Wertpapiersammelbank, die die Bewegung des Papiers erübrigt (die Lösung der zentralisierten "Immobilisierung"). Die Entmaterialisierung der Aktien hätte eine Änderung der jeweiligen Aktiengesetze der Bundesländer, vergleichbar mit § 10 Abs. 5 AktG, erfordert[523]. Eine solche Änderung hätte nicht einheitlich durchgeführt werden können, weil die wichtigsten Aktiengesetze – etwa die von Delaware, Kalifornien und New York – weitgehend unabhängig voneinander und von dem *Model Business Corporation Act*, entworfen sind. Eine Eigenschaft des amerikanischen Föderalismus, dass nämlich die Bundesregierung keine Richtlinien erlassen kann, die die Bundesstaaten umsetzen müssen[524], hat die Möglichkeit einer solchen Reform durch Bundesrecht ausgeschlossen[525]. Daher hätten sich die ver-

---

519 Uniform Commercial Code, Revised Article 8 (1994 Revision). Investment Securities, Prefatory Note (im Folgenden: "UCC, Prefatory Note").

520 Vgl. Uniform Commercial Code, Revised Article 8 (1994 Revision). Investment Securities, Prefatory Note; siehe auch § 23 (a), unten.

521 Angabe zum Novellierungs- und Umsetzungsprozess der UCC werden auf der Website der NCCUSL, http://www.nccusl.org, fortlaufend veröffentlicht.

522 Der RMBCA wird ähnlich wie der UCC entworfen und verabschiedet. Die American Bar Association erstellt den Text und die Bundesstaaten können ihn freiwillig verabschieden. Vgl. *Macey* (2002), Introduction. Im Jahr 1960 hatten rund 11, und im Jahr 1979 rund 35 Bundesstaaten, den (damals noch nicht *revised*) *Model Business Corporation Act* als eigenes Recht angenommen. Vgl. *Booth* (2000), S. 64 ff. Als dann die Frage der Entmaterialisierung besprochen wurde, haben weniger als die Hälfte der Bundesstaaten das vereinheitlichte Mustergesetz umgesetzt.

523 § 10 Abs. 5 AktG lautet: "In der Satzung kann der Anspruch des Aktionärs auf Verbriefung seines Anteils ausgeschlossen oder eingeschränkt werden."

524 Im Jahre 1997 wiederholte der U.S. Supreme Court noch einmal das Prinzip, dass die amerikanische Bundesregierung weder anweisende Richtlinien an den Bundesstaaten verabschieden, noch die Bundesstaaten auffordern kann, ein von der Bundesregierung verabschiedetes Programm durchzuführen. Vgl. *Printz v. United States*, 521 U.S. 898, 932; 117 S.Ct. 2365, 2384 (1997).

525 Anzumerken ist aber, dass die Bundesregierung jederzeit - höchstwahrscheinlich verfassungsgemäß - das gesamte Aktienwesen auf Bundesebene regeln könnte. Vgl. *Bratton/McCahery* (2004), S. 11; *Seligman* (2005), S. 1169.

schiedenen Aktiengesetze der 50 Bundesstaaten allenfalls langsam und lückenhaft auf der Grundlage unverbindlicher Empfehlungen, den Anspruch auf Verbriefung auszuschließen, vereinheitlichen lassen[526].

Im Gegensatz dazu erforderte das andere mögliche Abwicklungsmodell, die "Immobilisierung" der Aktien in einer zentralen Wertpapiersammelbank, eine Novelle des Handelsrechts, d.h. des Art. 8 UCC, um die Übertragung der Wertpapiere, die im Depotkonto immobil bleiben sollen, zu regeln. Anders als eine gesellschaftsrechtliche Reform ließ sich eine derartige handelsrechtliche Lösung verhältnismäßig schnell und einfach erzielen. Art. 8 UCC, eine auf Kapitalmarktpapier bezogene Norm, die schon in sämtlichen 50 Bundestaaten in Kraft war, wurde zweimal – im Jahre 1978 und 1994 – durch das Zentralgremium der NCCUSL novelliert[527] und von den Staaten umgesetzt. Die föderalistische Verteilung der Gesetzgebungskompetenzen in den Vereinigten Staaten spielte damit eine maßgebliche Rolle für die Wahl der Zentralverwahrstelle als Modell der Wertpapierabwicklung[528].

(b) Die Übertragung verbriefter Namensaktien nach Art. 8 UCC

(i) Die Übertragung im Rahmen eines Direktgeschäfts

Der UCC kodifiziert die herkömmliche Regel des *Common Law* für die Übereignung verbriefter Wertpapiere, die eine freiwillige Übergabe des Besitzes (*voluntary transfer of possession*) des Papiers erfordert[529]. Weil ein Aktienanteil selbst immateriell ist, dient das Zertifikat als symbolisches Surrogat für die Übergabe[530]. Die freiwillige Übergabe enthält zwei Elemente: die freiwillige Absicht einer Übertragung (*voluntary intent to transfer*) und die tatsächliche Übergabe (*transfer of possession*). Beide Voraussetzungen müssen für eine wirksame Übertragung des verbrieften Wertpapiers erfüllt sein[531]. Zwar muss die Absicht, eine Namensaktie zu übertragen, nicht schriftlich oder auf sonstige Weise dokumentiert werden[532]; in der Regel wird dies aber durch einen Kaufver-

---

526 Der Bundesstaat Delaware hat erst in 2005 die Ausschließung des Anspruchs auf Verbriefung ermöglicht. Vgl. die Änderung des § 158 *Delaware General Corporation Law* durch Delaware House of Representatives, 143rd Gen. Ass., House Bill Nr. 150, 1.8.05.

527 Vgl. Uniform Commercial Code, Revised Article 8 (1994 Revision). Investment Securities, Prefatory Note.

528 Siehe unten, § 22.

529 *Guttman* (2006), § 6:2, S. 6-4 f.; *Rhodes* (2005), S. 145. Die vorliegende Arbeit betrachtet nur den Erwerb des Papiers durch Kauf und lässt den Erwerb durch Schenkung, Erbschaft oder im Wege der Zwangsvollstreckung, die jeweils besonderen Voraussetzungen unterliegen, außer Betracht.

530 *Rhodes* (2005), S. 140.

531 *Kaufman v. Diversified Industries, Inc.*, 460 F.2d 1331 (2nd Cir. 1972) (Lediglich die Vorbereitungen für die Lieferung des Papiers sind nicht ausreichend für die Übereignung.); *Wagner v. Hart Chemical Co.*, 597 A.2d 1208, 1215 (Pa. Super. 1991) (Die Einigung ohne Übergabe nicht ausreichend für die Übereignung).

532 § 8-113 UCC; *Guttman* (2006), § 6:13, S. 6-41 ff.

trag oder eine sonstige Urkunde geschehen[533]. Darüber hinaus muss eine vollständige und unbedingte[534] Übergabe des Papiers erfolgen[535], wenn die Übereignung volles und unbedingtes Eigentum übertragen soll[536]. Die Übergabe kann auch unter Einschaltung von Besitzmittlern erfolgen[537]. Dies geschieht z.B., wenn eine Wertpapiersammel- oder Depotbank die Wertpapiere für den verkaufenden Kunden hält und sie nach dem Kauf auf dem Konto des kaufenden Kunden gutschreibt[538].

Verbriefte Namensaktien und andere verbriefte Orderpapiere (*registered securities*) werden in der Regel durch Indossament und Übergabe übertragen[539]. Der UCC definiert den Begriff "Indossament" als eine auf das Papier gesetzte Unterschrift, die allein oder zusammen mit anderen Worten den Zweck hat, das Wertpapier zu übereignen, abtreten oder einzulösen, sowie ein gesondertes Dokument, das den Käufer zu diesem Zweck ermächtigt[540]. Der Begriff schließt daher ein Indossament auf einer Ermächtigung (sog. "*stock power*") ein, verbriefte oder unverbriefte Aktien zu übereignen. Eine gültige *stock power* muss das Wertpapier, den Verkäufer und den Käufer ausreichend bestimmen, sowie die Absicht einer Übertragung des Papiers eindeutig dokumentieren[541]. Der Berechtigte einer *stock power* erhält die Befugnis, die Umschreibung im Aktienregister zu verlangen[542]. Wegen der Vorteile einer *stock power* ist es in der Praxis üblich,

---

533 *Guttman* (2006), § 6:13, 6-42; *Rhodes* (2005), S. 135.

534 Eine Übergabe unter einer aufschiebenden Bedingung ist nur nach dem Eintritt der Bedingung wirksam. *Guttman* (2006), § 6:2, S. 6-6 und *Norton v. Digital Applications, Inc.*, 305 A. 2d 656 (Del. Ch. 1973).

535 *Guttman* (2006), § 6:2, Fn. 3.

536 Eine Sicherungsübereignung würde natürlich unter bestimmten, mit dem Sicherungszweck verbundenen Bedingungen stehen.

537 *Guttman* (2006), § 6:2, S. 6-6 f.; *Katz v. Amos Treat & Co.*, 411 F. 2d 1046, 1054, Fußnote 7 (2. Cir. 1969).

538 Es sollte aber beachtet werden, dass nach den im Jahr 1994 eingeführten Regeln wenn es sich beim Besitzmittler um einen Wertpapierintermediär handelt das Wertpapier nur durch Umbuchung übertragen werden kann wenn die Namens- oder Orderpapiere im Namen des Käufers eingetragen oder auf ihn indossiert sind. § 8-301 Abs. a Nr. 3 UCC. Anderenfalls schafft die Buchung eine Wertpapierberechtigung (*securities entitlement*), wie im § 23 (b)(i) ausführlicher besprochen wird.

539 *Rhodes* (2005), S. 146; § 8-106 Abs. b UCC. Nach amerikanischem Recht gleicht eine Namensaktie dem deutschen "geborenen Orderpapier" (vgl. *Hueck/Canaris* (1986), S. 23, 215), weil es erstens keine Orderklausel benötigt und zweitens auch durch ein Blankoindossament seinen Charakter als Orderpapier nicht verliert. Vgl. *Guttman* (2006), § 1:11, S. 1-38.

540 § 8-102 Abs. a Nr. (11) UCC.

541 Die Identifizierung der Parteien schließt die Steuernummer (*taxpayer identification number*) ein, und die Bestimmung des Wertpapiers erfolgt in der Regel durch die Benennung der Wertpapierkennnummer – auf dem amerikanischen Markt, der CUSIP Nr.; vgl. *Guttman* (2006), § 8:5, S. 8-10. Vgl. auch *Bradford Trust Co. of Boston v. Merrill Lynch, Pierce, Fenner & Smith, Inc.*, 622 F. Supp. 208, 212 (S.D.N.Y. 1985).

542 *Guttman* (2006), § 12:1, S. 12-2; *Rhodes* (2005), S. 140.

dass das Indossament auch bei verbrieften Papieren nicht auf das Zertifikat selbst, sondern auf eine separate *stock power* gesetzt wird[543].

Das Orderpapier kann auch ohne Indossament wirksam übertragen werden[544]. Allerdings erhält der Käufer durch eine Übertragung ohne Indossament weder ein Recht auf die Eintragung im Aktienregister[545], noch besteht die Möglichkeit eines gutgläubigen Erwerbs vom Nichtberechtigten[546]. Um Verkehrsschutz gegenüber möglichen Einwänden gegen den Anspruch aus dem Papier zu genießen, muss der Erwerber des Orderpapiers (1) eine Gegenleistung erbringen[547], (2) darf er keine Kenntnis etwaiger Einwände (*adverse claims*) gegen den verbrieften Anspruch haben[548] und (3) muss er die "Kontrolle" über das Wertpapier erhalten[549].

---

543 Eine *stock power* hat wenigstens zwei Vorteile gegenüber dem Indossament auf der Urkunde: Erstens kann ein Vollmachts-Indossament getrennt von dem Zertifikat transportiert werden, was die Gefahrtragung weniger riskant macht. Zweitens ermöglicht die Verwendung einer Vollmacht die im Rahmen einer kurzfristigen Sicherheitsabtretung oder Verpfändung ausgeführte Hin- und Zurückübertragung der Aktie, ohne dass ein neues Zertifikat ausgestellt werden muss. *Guttman* (2006), § 8:2, S. 8-6; *Matter of Legal, Braswell Government Securities Corp.*, 648 F.2d 321, 324 (5th Cir. 1981); *Cosmopolitan Credit and Inv. Corp. v. Blyth Eastman Dillon and Co., Inc.*, 507 F. Supp. 954, 956 (S.D. Fla. 1981); *Rhodes* (2005), S. 146 f.

544 § 8-301 Abs. a UCC; *Guttman* (2006), § 6:3, S. 6-10 f.; *Rhodes* (2005), S. 145; *Jones v. Central States Inv. Co.*, 654 P.2d 727, 733 (Wyo. 1982); *Fellows v. Miller*, 490 N.E. 2d. 992, 994 (3rd Dist. Ill. 1986).

545 § 8-401 UCC; *Guttman* (2006), § 7:1, S. 7-3.

546 § 8-303 Abs. a Nr. 3 i.V.m. § 8-106 Abs. b UCC.

547 Die Begriffsbestimmung der Gegenleistung ("*value*") findet sich in § 1-201 Abs. 44 UCC. Der UCC-Begriff "*value*" ist umfassender als der Schlüsselbegriff "*consideration*" des amerikanischen Vertragsrechts und schließt auch eine Leistung für eine schon in der Vergangenheit erbrachte Wertübertragung, z.B. die Einräumung eines Kredits, ein. Vgl. § 1-201 Abs. 44 lit. (b) UCC; *Guttman* (2006), § 7:13, S. 7-34 f.; *Matthysse v. Securities Processing Services, Inc.*, 444 F. Supp. 1009, 1021 (S.D.N.Y. 1974); *Prisbrey v. Nobel*, 505 F. 2d. 170, 176 f. (10th Cir. 1974).

548 Die Begriffe "Einwände" ("*adverse claim*") und Kenntnis ("*notice*") werden ausführlich im UCC definiert. Nicht jeder Einwand ist ein *adverse claim*, sondern muss eine sachenrechtliche Berechtigung am Wertpapier darstellen, der das Halten, Übertragen oder Verfügen über das Wertpapier beeinträchtigen würde. § 8-102 Abs. a Nr. 1 UCC. Die Kenntnis ("*notice*") ist entweder tatsächliche Kenntnis, eine Kenntnis von Tatsachen, die den Verdacht eines *adverse claim* begründen i.V.m. der Weigerung, solchen Verdachtsmomenten nachzugehen (vorsätzliches die Augen verschließen), oder das Vernachlässigen einer Ermittlungspflicht, deren Erfüllung das Bestehen eines *adverse claim* bestätigen würde. § 8-105 UCC. Vgl. auch *Guttman* (2006), § 7:14, S. 7-41 f.; *SEC v. Credit Bancorp, Ltd.*, 386 F.3d 438, 447 ff. (2d Cir. 2004).

549 § 8-303 UCC; *Guttman* (2006), § 6:19, S. 6-60 ff. Der Kontrollbegriff spielt eine wichtige Rolle in der Systematik des UCC, insb. der Verpfändung der im Depot gehaltenen Wertpapiere. Vgl. *Guttman* (2006), § 6a:13; *Darmstadter/Rocks/Weise* (1997). An dieser Stelle ist festzuhalten, dass der Käufer die Kontrolle über eine Namensaktie hat, wenn er sie in seinem Besitz hat und sie entweder an ihn oder blanko indossiert ist oder die Gesellschaft seinen Namen ins Aktienregister eingetragen hat. § 8-106 Abs. a und b UCC.

Ein Käufer, der diese Voraussetzungen erfüllt, ist ein vom Recht geschützter Käufer (*protected purchaser*), was das Pendant des Erwerbes im guten Glauben darstellen soll[550]. Der Erwerber hat die "Kontrolle" über ein verbrieftes Orderpapier wenn es ihm mit Blankoindossament oder auf ihn lautendem Indossament ausgehändigt wird, sowie wenn der Emittent den Namen des Erwerbers im Aktienregister eingetragen hat[551]. So benötigt die redliche Übertragung des verbrieften Wertpapiers nach dem UCC sowohl eine freiwillige Übergabe des Besitzes gegen Entgelt ohne Kenntnis etwaiger Einwendungen als auch das Indossament.

Sofern nicht anderweitig vereinbart, gewährleistet der Verkäufer dem Käufer laut Gesetz, dass das Zertifikat echt ist und keine gefälschten Angaben enthält, er keine Kenntnis von Umständen hat, die die Gültigkeit des Wertpapiers beinträchtigen könnten, keine Einwände gegenüber dem Papier bestehen, keine Vinkulierung der Übertragung entgegensteht, der Indossant des Papiers berechtigt ist, zu indossieren, und die Übertragung in jeder Hinsicht gesetzmäßig und wirksam ist[552]. Weil derartige Einwände der Eintragung ins Aktienregister entgegenstehen könnten, gewährleistet der Verkäufer letzten Endes, dass die Gesellschaft den Käufer als Aktionär im Aktienregister eintragen wird; somit ist er auch verpflichtet, dem Käufer bei der Eintragung die notwendige Unterstützung zu leisten[553]. Der Begriff der "ordentlichen Lieferung" ("*good delivery*") schließt daher eine solche Unterstützung ein[554]. Der Käufer kann den Nachweis der Geschäftsfähigkeit und der Berechtigung des Verkäufers zur Übertragung sowie alle anderen zur Eintragung erforderlichen Dokumente verlangen[555]. In der heutigen Praxis umfasst "die anderen zur Eintragung erforderlichen Dokumente" eine Garantie der Unterschrift und weitere Angaben, i.d.R. bezüglich der Besteuerung der Erlöse aus dem Geschäft[556].

Käufer fordern in der Regel eine Garantie der Unterschrift, weil die Emittenten ihrerseits sowohl eine Unterschriftgarantie als auch den Nachweis der Berechti-

---

550 § 8-303 UCC. Der Begriff "*protected purchaser*" ist eine synthetische Wiederherstellung der informationellen Elemente des gutgläubigen Erwerbs. Die NCCUSL hat den Begriff von dem Terminus "geschützter Inhaber", wie im Art. 29 der "UNCITRAL-Konvention über internationale gezogene Wechsel und internationale Eigenwechsel" verwendet wird, abgeleitet. Vgl. § 8-303 UCC, amtliche Erläuterung; *Guttman* (2006), § 7:13, S. 7-34 ff.

551 § 8-106 Abs. b UCC. Das Indossament ist nur wirksam, wenn es durch denjenigen, dessen Recht durch eine ununterbrochene Kette von Indossamenten nachgewiesen ist, oder dessen gesetzlicher Vertreter geleistet ist. § 8-107 UCC.

552 § 8-108 Abs. a UCC; *Guttman* (2006), § 7:4, S. 7-9 ff.

553 *Guttman* (2006), § 7:1, S. 7-3 f.

554 *Guttman* (2006), § 9:5 ,S. 9-10.

555 *Guttman* (2006), § 7:1, S. 7-4. Die Gesellschaft hat auch das Recht, ähnliche Gewährleistungen zu fordern.

556 *Guttman* (2006), § 7:1, S. 7-4, Fn. 26; vgl. auch § 8-307 UCC.

gung und u.U. eine Vollmacht des Indossanten verlangen[557]. Ein Emittent, der die Übertragung einer Aktie auf der Basis eines mangelhaften Indossaments einträgt, haftet gegenüber dem rechtmäßigen Aktionär[558]. Im Fall einer Garantie haftet dann der Garant für Verluste, die aus einem mangelhaften Indossament verursacht werden[559].

Man sieht, dass bereits eine direkte Übertragung vom Verkäufer auf den Käufer viel manuelle Arbeit (das Indossament auf dem Zertifikat oder auf der begleitenden *stock power*, die Garantie der Unterschrift, der Beweis der Berechtigung zur Übereignung, die physische Lieferung des Aktienzertifikats und der anderen Dokumente, sowie das Umschreiben im Aktienregister und die Ausstellung eines neuen Zertifikates) erfordert. Ein Börsengeschäft vervielfältigt aufgrund der höheren Zahl der Teilnehmer diesen Aufwand erheblich, weil auf jeder Stufe der Übertragungskette der jeweilige Teilnehmer bestimmte Leistungen erbringen muss, um sein Risiko zu begrenzen oder sein "Rating" zu verbessern.

(ii) Die Übertragung im Rahmen eines Börsengeschäfts

Bei Wertpapierverkäufen von Privataktionären an der Börse bestehen selten direkte Beziehungen zwischen dem Verkäufer und dem Käufer. Der verkaufende Privatkunde beauftragt seinen Makler, der das Geschäft zum Handelsparkett oder -system schickt, wo es mit einem passenden Kaufauftrag abgeglichen wird[560]. Sobald das Geschäft abgeglichen und bestätigt ist, muss der Kunde seinem Makler das indossierte Aktienzertifikat aushändigen, so dass der Makler es weiter an den kaufenden Makler oder den zentralen Kontrahenten liefern kann. Nach der Lieferung bringt der kaufende Makler das indossierte Zertifikat zu der Abteilung der Gesellschaft, die das Aktienregister führt, und diese trägt den Verkäufer aus dem Register aus, annulliert das alte Zertifikat, trägt den Käufer in das Register ein, stellt ein neues Zertifikat im Namen des Käufers aus und liefert das neue Zertifikat dem Käufer[561]. Auf jeder Stufe dieses Vorgangs erfolgen dabei auch die Ausstellung und Prüfung aller Garantien (im Fall eines Börsengeschäfts eine sog. "*medallion guarantee*")[562] und Erklärungen, die zur *good delivery* gehören.

Als Beispiel für die Bedeutung des Papiers beim Übertragungsvorgang, wird im Folgenden eine Übertragung auf einem Kapitalmarkt dargestellt, auf dem Ein-

---

557 § 8-402 UCC; *Guttman* (2006), § 14:1, S. 14-2 ff. und § 9:5, S. 9-10.

558 § 8-404 UCC. *Guttman* (2005), § 14:1, S. 14-1 f.

559 *Guttman* (2006), § 14:10, S. 14-9 f.; *Quealy v. Paine Webber, Jackson & Curtis, Inc.*, 464 So. 2d. 930, 939 (La. Ct. App. 1985).

560 *Schwartz/Franconi* (2004), S. 4.

561 Vgl. *Guttman* (2006), § 9:9, S. 9-18 f. und *Regan* (1971) S. 100; *Europäische Kommission* (2006), S. 6 ff.

562 Die NYSE hat das *medallion guarantee* Programm entwickelt. Dieses gibt den Marktteilnehmern ein effizientes Mittel, um im schnellen Geschäftsverkehr eine ausreichende Garantie der Richtigkeit der Unterschrift zu gewähren. Vgl. NYSE Rules, Rule 200.

zelurkunden im Umlauf sind und ein zentraler Kontrahent (CCP) einbezogen ist[563]. Hier könnte ein Wertpapiergeschäft vier Übertragungen verursachen[564]: Der Privatkunde erteilt den Verkaufsauftrag an seinen Makler und überträgt das zu verkaufende Wertpapier auf ihn; der Makler schließt das Geschäft an der Börse ab und überträgt das Papier auf den CCP[565]; der CCP überträgt das Papier auf den kaufenden Makler, und schließlich überträgt der Makler das Papier auf den kaufenden Kunden[566]. Auch ohne einen vollständigen Eigentumserwerb durch den CCP und die Makler[567] könnte die Abwicklung eines solchen direkten Geschäfts etwa viermal so viel an manueller Arbeit verursachen wie ein unter a) beschriebenes direktes Geschäft. Hinzu kommt die Aus- und Eintragung im Aktienregister, die in diesem Szenario nur im Namen des endgültigen Erwerbers geschieht. Überdies erfordert die Marktpraxis auch weitere Dokumente, um das mit der Urkunde verbundene Risiko, insbesondere die Gefahr von Einwänden, weiter zu verringern[568].

Wie sogleich in § 22 beschrieben wird, eröffnet die "Immobilisierung" der Wertpapiere einen Weg, der diese Papierarbeit entbehrlich macht. Die aktuelle Praxis der Übertragung der Ansprüche auf in Depotkonten verwalteten "immobilisierten" Wertpapieren wird in § 23 eingehend erörtert.

---

563 Vgl., z.B. die Darstellungen in *Guttman* (2006), § 9:12, S. 9-25 ff.; *Horn* (2002), S. 4; *Schwarz/Francioni* (2004), S. 271 ff.

564 Alternative Erfüllungsweisen wie Leerverkäufe, Wertpapierleihe und das Unterhalten eines *margin account* beim Makler könnten mehr oder weniger Übertragungen verursachen.

565 Ein Makler würde in der Regel seinen Auftraggeber nicht nennen und würde deshalb selbst für das Geschäft haften. Vgl. *Guttman* (2006), § 9:9, S. 9-16 f.

566 Möglich wäre auch, dass andere Institute – etwa Regionalmakler – in das Geschäft einbezogen sind und die Kette dadurch noch länger wird.

567 Bekanntlich würde nach deutschem Recht weder der CCP noch der Makler Zwischen- bzw. Durchgangserwerb erlangen, *Kümpel* (2006), Rdn. 8/342; *Horn* (2002), S. 19. Nach amerikanischem Recht würde der Wertpapierintermediär kein Eigentum an der zur Deckung sämtlicher Wertpapierberechtigungen notwendigen Zahl von Wertpapieren in seinem Besitz erwerben; vgl. § 8-503 Abs. a UCC. Nach dem Common Law würde der Makler bzw. der CCP das gesetzliche Eigentum (*legal title*) an den Wertpapieren erwerben, während der Kunde das wirtschaftliche Eigentum (*equitable title*) behielte. Wertpapiere oder Gelder, die ein Makler für einen Kunden verwahrt oder anderweitig hält, sind "*free credit balances*" des Kunden, über die der Makler nicht verfügen darf. 17 CFR § 15c3-3(b).

568 So begrenzen etwa die Regeln der amerikanischen Börsen die Anzahl der Personen, die ein Indossament geben können. Auch aus diesem Grund werden die vom Kunden empfangenen Wertpapiere vor dem Geschäft auf den Namen des Maklers umgeschrieben, damit das Indossament von einem Marktteilnehmer stammt. Vgl. dazu *Guttman* (2006), § 9:19, S. 9-40.

§ 22 Der Aufbau des "Indirect Holding Systems"

(a) Die Abwicklungskrise der späten 1960er Jahre

Die Übertragung einer verbriefen Namensaktie kann sehr papierintensiv sein. Bis Ende der 1960iger Jahre, vor Beginn des Siegeszugs der elektronischen Datenverarbeitung, erforderte die Übertragung börsennotierter Wertpapiere eine Unmenge an manueller Papierarbeit. Nach einer von dem Unternehmen North American Rockwell Information Systems durchgeführten Untersuchung verwendete ein Makler für jedes Wertpapiergeschäft mit einem Privatkunden durchschnittlich 33 verschiedene Dokumente[569]. Als das Handelsvolumen während des Jahres 1968 drastisch wuchs, führte der Einsatz von Papier zu einer steigenden Flut an Dokumenten. Das tägliche Handelsvolumen an der NYSE hatte sich von etwa drei Millionen Aktien pro Tag im Jahre 1960 bis auf rund 13 Millionen Aktien pro Tag im Jahre 1968[570] mehr als vervierfacht, ohne dass die Industrie ihre Vorgänge für die Abwicklung der Wertpapiergeschäfte änderte[571]. Allein vom Jahr 1966 bis zum Jahr 1967 stieg das jährliche Handelsvolumen um 33 % auf 2,53 Milliarden Aktien[572]. Im Jahr 1969 verursachte das Unvermögen einiger Maklerfirmen, ihre Wertpapiergeschäfte ordentlich abzuwickeln, eine Diskrepanz zwischen den ausstehenden Lieferansprüchen ihrer Gegenparteien und dem Bestand der verfügbaren Wertpapiere in Höhe von 70% bis zu 200% des Gesamtvermögens der jeweiligen Firma[573]. Die Firmen mussten dann die fehlenden Wertpapiere auf dem Markt beschaffen, um ihre Lieferverpflichtungen zu erfüllen. Als jedoch der Handelsumsatz im Jahr 1970 wieder fiel, hatten die Firmen nicht mehr ausreichend Cashflow, um solche Deckungskäufe durchzuführen[574].

Die Folge war die Insolvenz oder die erzwungene Übernahme von mehr als 100 amerikanischen Finanzinstituten[575]. Dies stellte die größte Krise der amerikanischen Finanzwelt seit dem Börsencrash des Jahres 1929 dar und mündete direkt in die tiefgreifende Börsenreform des Jahres 1975[576]. Die Fachliteratur bezeichnet diese Krise u.a. als die "*back office crisis*"[577] oder den "*paper crunch*"[578], weil sie hauptsächlich durch das Unvermögen der Maklergesellschaften verur-

---

569 SEC (1971), S. 176; vgl. auch *Baruch* (1971), S. 280 f.; *Regan* (1972), S. 163.

570 *SEC* (1971), S. 28; *Baruch* (1971) S. 85 f.

571 *SEC* (1971), S. 28, 96.

572 *SEC* (1971), S. 13.

573 *SEC* (1971), S. 102. Die Verluste der Maklergesellschaften, die den Fehlern oder den uneinbringlichen Schulden zuzuschreiben waren, sind in den Jahren von 1961 bis 1969 um fast 300% gestiegen., vgl. *SEC* (1971), S. 100.

574 *SEC* (1971), S. 96.

575 Senate Report Nr. 94-75 (1975) S. 183; *Baruch* (1971) 189 ff., *Welles* (1975) S. 134.

576 Senate Report Nr. 94-75 (1975) S. 183.

577 *Baruch* (1971) S. 85.

578 *Welles* (1975) S. 134; *Rogers* (1995) S. 691.

sacht wurde, die bei der Abwicklung von Wertpapiertransaktionen anfallenden Aufzeichnungs- und Eintragungspflichten zu erfüllen[579]. Im vorhergehenden Abschnitt wurde gezeigt, dass die Übertragung verbriefter Namenspapiere nach amerikanischem Recht i.d.R. viel Papierarbeit verursacht. Die Abwicklungskrise war eine Folge des damit verbundenen Aufwandes. Sie gab den Anstoß zu der Börsenreform von 1975, deren Ziel darin bestand, eine Rationalisierung des papiergestützten Wertpapierabwicklungssystems zu erreichen.

Während der langen Hausse der 1960er Jahre hatten viele Maklergesellschaften ihren Vertrieb stark ausgedehnt, ohne ihre internen Kontrollen und Abwicklungstechniken entsprechend auszuweiten[580]. In seiner ausführlichen Geschichte dieser Periode behauptet *Welles*, dass der monopolistische Charakter des damaligen Börsenhandels – Maklergebühren an der NYSE wurden ohne Ausnahme einheitlich festgesetzt und Wettbewerb von Maklern anderer Börsen war ausgeschlossen – es den Marktteilnehmern ermöglichte, Rationalisierungsmaßnahmen wie die Einführung elektronischer Datenverarbeitungssysteme, die zumindest im Prototyp schon seit den 1950er Jahren angeboten wurden, zu verschieben und die mit einer solchen Umstellung zunächst verbundenen Kosten zu vermeiden[581]. Fehlender Wettbewerb dämpfte die Innovationsbereitschaft der Makler. Als die Handelsvolumina immer weiter anstiegen, wuchs zugleich die Zahl der unerfüllten Lieferverpflichtungen und der Wertpapiere, die im Lauf des Abwicklungsvorgangs verlegt wurden und verloren gingen. Bei Dempsey-Tegeler & Company, Inc., einer großen Maklergesellschaft, die seit 1941 Mitglied der NYSE war[582], kam es zu einem drastischen Anstieg der unerfüllten Lieferverpflichtungen von rund $ 2,6 Millionen im Jahre 1968 auf rund $ 12 Millionen im Jahr 1969, eine Summe, die zweimal so groß wie ihr Gesamtvermögen war[583].

Während der letzten sechs Monate des Jahres 1968 und eines Teils des Jahres 1969 musste die NYSE wegen nicht erfüllter Geschäfte einen Tag pro Woche für Nachholarbeiten schließen, und auch danach öffnete sie nur für gekürzte Handelsstunden[584]. Dennoch litt die NYSE im Dezember 1968 unter mehr als $ 4 Milliarden ausstehenden und nicht erfüllten Geschäften[585], von denen etwa $ 11 Millionen aus den Konten von Dempsey-Tegeler stammten[586]. Weil Wertpapiere oft Rechte auf Ausschüttungen wie Dividenden oder Zinsauszahlungen verbriefen, führten die fehlenden Aufzeichnungen, Eintragungen und zugehöri-

---

579 *SEC* (1971), S. 28. Vgl. auch *Welles* (1975) S. 172 ff. und *Regan* (1971) S. 104 ff.
580 *SEC* (1971), S. 11 f.
581 *Welles* (1975) S. 125 ff.
582 *Welles* (1975), S. 212.
583 *SEC* (1971), S. 101 f.
584 *Regan* (1972) S. 104; *SEC* (1971), S. 219-20.
585 *SEC* (1971), S. 19; *Regan* (1971) S. 104.
586 *SEC* (1971), S. 105.

gen Lieferungen zu Fehlern bei solchen Ausschüttungen. So zahlte etwa Dempsey-Tegeler im Jahr 1969 etwa 80% der Dividenden ihren Kunden nicht aus, obwohl sie die entsprechenden Ausschüttungen von den Emittenten erhalten hatte[587]. Im gleichen Jahr fehlte sogar den Musterknaben Merrill Lynch, Pierce, Fenner & Smith Inc. etwa $ 21 Millionen an Dividenden, die sie an ihre Kunden auszahlen sollten[588]. Um die fehlenden Beträge zu decken, setzten viele Maklergesellschaften rechtswidrig Wertpapiere und freie Gelder ihrer Kunden ein[589].

Der Versuch einiger Gesellschaften, der Probleme durch schnelle Einführung elektronischer Abwicklungssysteme Herr zu werden, missglückte[590]. Diese fehlgeschlagenen Versuche spielten vermutlich in der Debatte um mögliche technische Lösungen für die Krise eine wichtige Rolle. Die Maklergesellschaft McDonnell & Company war eines der Unternehmen, das einen solchen gescheiterten Versuch unternahm, seine internen Abwicklungsvorgänge kurzfristig auf elektronische Datenverarbeitung umzustellen. Als im Jahr 1968 der Markt sich seinem Höhepunkt näherte, zahlte McDonnell einem Informatikunternehmen namens "Data Architects" etwa US $ 3 Millionen, um ein maßgeschneidertes Datenverarbeitungssystem für ihre Abwicklungsvorgänge einzuführen[591]. Während der Installationsperiode, die mitten in die Hausse fiel, musste McDonnell seine Abwicklung mit erheblichen Kosten auf andere Finanzinstitute auslagern[592]. Das "innovative" Systemdesign der Data Architects war indessen fehlerhaft und der Plan für die Umstellung auf das neue System war unausgereift; darüber hinaus erhielten die Mitarbeiter von McDonnell kein richtiges Training für das neue System, und zu guter Letzt sabotierten sie es noch aus Angst, dass die Rationalisierung ihre Arbeitsplätze gefährden könnte[593]. Der Erfolg war, dass McDonnell im Dezember 1968 einen Aktienbestand im Wert von rund $ 9,3 Millionen hatte, den es den wirtschaftlichen Eigentümern nicht zuordnen konnte; zusätzlich war die Gesellschaft mit der Lieferung von Aktien im Wert von rund US $ 1,3 Millionen im Verzug, die das Unternehmen in seinen Beständen schlicht nicht finden konnte[594]. Um seine Lage zu stabilisieren, kaufte McDonnell etwa 200,000 Aktien der Data Architects zum Preis von $ 0,01 pro Aktie und platzierte die Aktien im Rahmen eines von ihm begleiteten öffentlichen Angebots von Data Architects mit einem Gewinn von etwa $ 2 Millionen,

---

587 *SEC* (1971), S. 109 f.
588 *SEC* (1971), S. 109.
589 *SEC* (1971), S. 123 ff.; *Baruch* (1971), S. 21 f., 33 ff.
590 *SEC* (1971), S. 13 f.
591 *Welles* (1975), S. 196.
592 *Welles* (1975), S. 195.
593 *Welles* (1975), S. 187 ff.
594 *Welles* (1975), S. 196.

selbstverständlich ohne dabei das eigene Desaster mit den Produkten des Unternehmens offen zu legen[595].

McDonnell hatte daher nicht nur die Kosten der Deckungsgeschäfte, sondern auch die für die Auslagerung ihrer Abwicklungsarbeiten fälligen Beträge und die für die fruchtlosen Leistungen der Data Architects geleisteten Zahlungen zu tragen. Als im Jahre 1969 die Hausse in die Baisse drehte, brach der Umsatz ein und McDonnell konnte seine Verpflichtungen nicht mehr aus dem Cashflow begleichen; das Unternehmen wurde dadurch letztlich in die Insolvenz getrieben[596]. Zugleich verklagten die SEC und verschiedene Privatanleger McDonnell und ihren Vorstand wegen Wertpapierbetrugs im Zusammenhang mit dem Verkauf von Aktien der Data Architects[597]. Im Frühjahr 1970 wurde McDonnell abgewickelt; einige Mitarbeiter der Firma waren jedoch bis zum Jahr 1974 tätig, um die Aufzeichnungen der Firma zu entwirren[598].

Wie bereits erwähnt, traf ein ähnliches Schicksal viele große Maklerfirmen[599]. Auf diese Krise reagierte der amerikanische Gesetzgeber mit der Gründung einer Versicherungseinrichtung für Wertpapieranlagen durch den Securities Investor Protection Act of 1970 (SIPA)[600]. Die SEC wurde beauftragt, den Gründen für die Krise nachzugehen. Auf der Basis des Berichts der SEC verabschiedete der amerikanische Kongress im Jahr 1975 eine tief greifende Börsenreform[601]. Das wichtigste Ergebnis dieser Reform war die Abschaffung der festgesetzten Maklerprovisionen, die für fast 200 Jahre seit dem Jahr 1792 den Preiswettbewerb zwischen den Maklern der NYSE verboten hatte[602]. Die Schaffung eines Binnenfinanzmarkts (*national market system*), in dem der Handel und die Informationen die Grenzen einzelner Börsen frei überschreiten kann[603], war ein zweiter, noch heute unvollendeter Teil der Reform[604]. Mit dem Begriff *national market system* meinte der Gesetzgeber im Jahr 1975 die marktüberschreitende Veröffentlichung von Kursinformationen[605], stärkeren Wettbewerb zwischen der

595 *Welles* (1975), S. 196.
596 *Welles* (1975), S. 206 ff.; *SEC* (1971), S. 29.
597 *Welles* (1975), S. 198.
598 *Welles* (1975), S. 208 f.
599 Senate Report Nr. 94-75 (1975) S. 183; *Seligman* (2004) S. 1366, *Baruch* (1971) 189 ff., Wells (1975) S. 134.
600 The Securities Investor Protection Act of 1970, Pub. L. 91-584, 30. Dec. 1970, 84 Stat 1636, kodifiziert in 15 USCA § 78 aaa ff.
601 *Securities Acts Amendments of 1975*, Pub. L. 94-29, 4. Juni 1975, 89 Stat. 97.
602 15 USCA § 78f Abs. e Nr. 1; *Loss/Seligman* (2004) § 7-D.2.
603 15 USCA § 78k-1; Senate Report Nr. 94-75 (1975) S. 180 ff.; *Loss/Seligman* (2004) § 7-A.1.
604 Vgl. *Seligman* (2002), S. 640 ff.; Final Rule: Regulation NMS, SEC Mitteilung Nr. 34–51808, 70 *Federal Register* 37496 (29. Juni 2005).
605 15 USCA § 78k-1 Abs. a Nr. 1 Buch. (D); Senate Report Nr. 94-75 (1975) S. 187 ff.; *Loss/Seligman* (2004) § 7-A.1

NYSE und den anderen Marktsegmenten (wie, z.B. dem OTC-Markt)[606] und, von größter Bedeutung für den Gegenstand dieser Arbeit, ein nationales System für die Wertpapierabwicklung[607].

(b) Die "Immobilisierung" als Fundament des Abwicklungssystems

(i) Das Ermittlungsverfahren der SEC

Verschiedene Marktteilnehmerverbände und Börsen hatten schon in den 1960er Jahren nach einem Abwicklungsmodell gesucht, das im Stande sein würde, größere Volumina mit weniger Papieraufwand zu bewältigen, und dafür zahlreiche Untersuchungen durchgeführt. Vier Monate nach der Einrichtung des NASDAQ-Quotierungs-systems[608], als bereits Insolvenzverfahren vieler Maklergesellschaften im Gange waren, rief die SEC die wichtigsten Vertreter des Markts zu einer Tagung am 29. Juni 1971 zusammen, um die zur Debatte stehenden Lösungen gemeinsam zu besprechen[609]. Studien von leitenden Organisationen und Beratern wurden vorgelegt und ausgewertet[610].

Die meisten vorgeschlagenen Maßnahmen betrafen die Rationalisierung bzw. Standardisierung der Abläufe des bestehenden Abwicklungssystems. Ein Vorschlag war, dass die einzelnen Geschäfte zu Spitzenbeträgen verrechnet sollten, so dass lediglich die Spitzenbeträge zwischen Marktteilnehmer überhaupt übertragen werden müssen. Im Auftrag von der National Association of Securities Dealers (NASD), hatte die Wirtschaftsprüfungsgesellschaft Arthur D. Little eine Untersuchung hierzu durchgeführt. Sie empfahl, dass die Anzahl der Übertragungen durch Verrechnung der gegenseitigen Verbindlichkeiten der Makler abgebaut werden sollte[611]. Die Verrechnung (*netting*) ist eine Technik, die schon im 19. Jahrhundert beim Wiener Giro- und Kassen-Verein erfolgreich verwendet wurde[612] und die Anzahl der durchzuführenden Übertragungen drastisch senken

---

606 15 USCA § 78k-1 Abs. a Nr. 1 Buch. (C); Senate Report Nr. 94-75 (1975) S. 192 ff.; *Loss/Seligman* (2004) § 7-A.1.

607 15 USCA § 78q-1; Senate Report Nr. 94-75 (1975) S. 183 ff.; *Loss/Seligman* (2004) § 6-C-6.

608 Das NASDAQ-Quotierungssystem ersetzte tägliche Flugblatter, auf denen die Preise der OTC Wertpapiere am Geschäftsschluss in New York gesammelt waren. NASDAQ veröffentlichte auf einem Informatiknetzwerk diese Preise zum ersten Mal simultan landesweit. Das System trat am 8.2.71 im Betrieb. *Welles* (1975), S. 286. Dieses System hat sich langsam vom Netzwerk zur Börse entwickelt. Am 13.1.06 genehmigte die SEC den Antrag des so genannten Nasdaq Stock Market, eine "nationale Börse" (*national securities exchange*) auf gleicher Ebene wie die NYSE zu werden. Vgl. In the Matter of the Application of the Nasdaq Stock Market LLC for Registration as a National Securities Exchange; Findings, Opinion, and Order of the Commission, SEC Mitteilung Nr. 34–53128, 71 *Federal Register* 3550 (23. Januar 2006).

609 *SEC* (1971), S. 168.

610 Vgl. *SEC* (1971), S. 173 ff.

611 *SEC* (1971), S. 175.

612 *Heinsius/Horn/Than* (1975), § 5 Rdn. 1.

kann[613]. Sie zählt noch heute zu den wichtigsten Techniken der Wertpapierabwicklung.[614]

Ein anderer Vorschlag betraf die Standardisierung der Übertragungsdokumente. Der im Auftrag der American Stock Exchange (Amex) erstellte Bericht der Gesellschaft North American Rockwell Information Systems schlug vor, dass die Handelsaufträge so weit wie möglich standardisiert und maschinell verarbeitet werden sollten[615]. Auch diese Empfehlung schlug damit eine Maßnahme vor, die mittlerweile Teil der gängigen Abwicklungspraxis geworden ist[616].

Sowohl North American Rockwell als auch die American Bankers Association schließlich empfahlen, Aktienzertifikate als maschinell lesbare Lochkarte zu gestalten, um eine vollständig automatisierte Verarbeitung der Übertragungsvorgänge zu ermöglichen[617]. Zwar hatte dieser Vorschlag keinen Erfolg, aber er mündete letztlich in die Einrichtung der sog. CUSIP Nummer, die heute als amerikanische Wertpapierkennnummer dient[618]. Außer mit den bereits erwähnten Themen befasste sich die Tagung mit der Auswahl eines für die Abwicklung am besten geeigneten Gesamtmodells. Dabei kristallisierten sich zwei Alternativen heraus. Eine war das dezentralisierte, vernetzte System, in dem entmaterialisierte Aktien durch Buchungsvorgänge übertragen werden; das andere war die zentralisierte Wertpapiersammelbank, die eine Bewegung des Papiers erübrigt, weil alle von Börsengeschäften verursachten Übertragungen auf ihren Konten gebucht werden.

Ein Gremium der leitenden Finanzinstitute, das Banking and Securities Industry Committee (BASIC), erklärte, dass die gerade bei der NYSE eingerichtete zentrale Wertpapiersammelbank (*Central Certificate Depository*) die beste Methode sei, um die Anzahl der physischen Übertragungen der Wertpapiere zu verringern[619]. In dieser Struktur werde eine Gesellschaft als Stellvertreter ("*nominee*") der Wertpapiersammelbank oder eines der ihr angeschlossenen Finanzinstitute

---

613 Im Dezember 1969 gründete die NASD die "National Clearing Corporation", ein Institut, das immer noch unter dem Namen "National Securities Clearing Corporation" (NSCC) als Clearingstelle für den amerikanischen Markt dient. Wertpapiergeschäfte werden heute i.d.R. an allen großen Finanzplätzen im Rahmen der Abwicklung verrechnet; vgl. z.B. National Securities Clearing Corporation, Rules & Procedures (Stand 29. Juni 2007), abrufbar unter http://www.nscc.com (im Folgenden: "NSCC Rules"), Rules 8, Sec. 1, 11, Sec. 1 (a); Eurex Clearing AG, Clearing-Bedingungen (Stand 23. Juli 2007), abrufbar unter http://www.eurexchange.com (im Folgenden: "Eurex Clearing-Bedingungen"), Nr. I.1.4, V.2.1(5).

614 *CPSS/IOSCO* (2001), Recommendation 4; *Group of Thirty* (2003), Recommendation 16; *ECB/CESR* (2004), Standard 4.

615 *SEC* (1971), S. 176 f.

616 Vgl. *The Group of Thirty* (2003), Vorschäge 1 und 2.

617 *SEC* (1971), S. 183 f.

618 *SEC* (1971), S. 34 f., 198. Die CUSIP Wertpapierkennnummern werden von dem Committee on Uniform Security Identification Procedures zugeteilt.

619 *SEC* (1971), S. 184 ff.

("*street name*") als Aktionär im Aktienregister eingetragen[620]. Die Aktien würden im Depot gehalten, und alle Übertragungen könnten dann zwischen den Depotkonten buchmäßig abgewickelt werden. Je größer der Anteil der gehandelten Zertifikate sei, die zentral verwahrt würden, desto weniger physische Übertragungen seien erforderlich[621]. Danach wäre das vollständige Monopol einer einzigen Verwahrungsstelle die beste Lösung. Durch dieses Modell würde die Stellung der NYSE als Hauptfinanzplatz des Landes erheblich gestärkt. Die großen Vorteile dieses Modells waren, dass es technisch relativ einfach darstellbar und bereits bei der Hauptbörse der Vereinigten Staaten in Betrieb war.

Im Gegensatz zu dem soeben skizzierten Modell der zentralen Wertpapiersammelbank setzte eine weithin beachtete Studie von Lybrand, Ross Brothers and Montgomery aus dem Jahr 1969 auf ein dezentralisiertes Netzwerk von elektronischen Aktienregistern, in welchen die Übertragungsdaten online ausgetauscht werden sollten[622]. Die im Auftrag der NASD erstellte Rockwell Studie schlug ebenfalls ein solches dezentralisiertes Modell vor[623]. Dieses Modell hatte als Vorbild das dezentralisierte NASDAQ-System, das gerade den Betrieb aufgenommen hatte. In dieser dezentralisierten Struktur sollten sich zwar alle Aktionäre im Aktienregister eintragen lassen können. Zwei wichtige Bedingungen dieses Modells wirkten aber als große Hemmnisse. Erstens erforderte das Modell eine Entmaterialisierung der Aktien, um die papierlose Übertragung im elektronischen Aktienregister zu ermöglichen, was – wie bereits in § 21.(a) erwähnt – einen tiefen Eingriff ins Aktienrecht erfordert hätte. Zweitens hätte der Aufbau eines elektronischen Netzwerks, das Daten über Wertpapiergeschäfte zwischen Emittenten und Börsen übermitteln könnte[624], eine vollständige Abkehr von dem von der New Yorker Börse verwendeten zentralisierten Marktmodell bedeutet.

Beide Modelle konnten eine erhebliche Verringerung des manuellen Abwicklungsaufwands bewirken. Ausweislich des SEC-Berichts bevorzugte zwar die große Mehrheit der Konferenzteilnehmer das entmaterialisierte Modell; es wurde aber auch die Besorgnis geäußert, dass es nicht ohne weiteres umgesetzt werden könne[625]. Diese Lösung kam der Übertragungsmethode der ersten Aktiengesellschaften sehr nahe, weil die Übereignung der Anteile ohne Urkunden im Aktienregister durchgeführt würde[626]. Dazu kam die Tatsache, dass die Entmaterialisierung der Aktie eine Änderung der 50 Aktiengesetze der Bundesstaaten er-

---

620 Vgl. *Loss/Seligman* (2004), § 6-C-6.

621 *SEC* (1971), S. 187.

622 *SEC* (1971), S. 191 ff.; *Welles* (1975), S. 320 f.

623 *SEC* (1971), S. 177 ff.

624 Eine Studie des United States Trust Plan schlug ein Netzwerkmodell vor, das wie das Federal Reserve System in zwölf Zonen eingeteilt war. Vgl. *SEC* (1971), S. 193 f.

625 *SEC* (1971), S. 168, 173.

626 Siehe oben, § 20.

fordert hätte[627]. Außerdem behauptete eine Studie der vor allem seinerzeit sehr renommierten Rand Corporation, dass das papierlose Modell nicht nur juristische Schwierigkeiten, sondern auch erhebliche finanzielle Risiken und psychologische Hindernisse (d.h. das Festhalten am Papier) überwinden müsste[628]. Die Studie von Rand wies allerdings auch darauf hin, dass in *street name* gehaltene Wertpapiere nicht wesentlich schneller übertragen werden könnten als vom Endkunden direkt gehaltene Wertpapiere[629].

Das Modell der zentralisierten Sammelbank, die Wertpapiere im Tresorraum anhäuft, sie im Namen des *nominee* einträgt und Geschäfte zwischen den Konten ihrer Depotkunden erfüllt, hatte den bereits erwähnten großen Vorteil, dass es im Gegensatz zum dezentralisierten Modell bereits von der NYSE verwendet wurde. Es waren nur einige Änderungen des Wertpapierrechts notwendig, die die Mitglieder der BASIC herbeizuführen versprachen[630], um es völlig praktikabel zu machen. Allerdings war auch die BASIC damit einverstanden, dass die Immobilisierung nur eine *vorläufige* Lösung sein sollte, eine "Zwischenstufe" auf dem Weg zum Ziel der vollständigen Entmaterialisierung der Wertpapiere[631]. Der SEC-Bericht stellte mit Nachdruck klar, dass das Ziel letztlich in der Entmaterialisierung bestand:

> "*The many points of difficulty in the delivery and transfer process manifestly call for attack on various fronts: the expansion of facilities, the removal of artificial stumbling blocks; the modernization of those processes through the improvement of clearance procedures, the immobilization of the certificate through the advancement of the development of depositories, such as the NYSE Central Certificate Service, the development of machine readable certificates, and, hopefully, the ultimate achievement of a certificateless society*"[632].

(ii) Die gesetzliche Anordnung der Immobilisierung

Das Ziel der Entmaterialisierung verschwand allerdings nach dem Jahr 1971 immer mehr aus dem Bewusstsein. Vielmehr unternahm im Jahr 1975 der Kongress den höchst ungewöhnlichen Schritt, eine bestimmte *Abwicklungstechnik* im Gesetz vorzuschreiben: In dem novellierten § 17A Exchange Act wies er die SEC an, die Bewegung von Wertpapierzertifikaten in Geschäften zwischen

627 Siehe oben, § 21(a).

628 *SEC* (1971), S. 194 f.

629 Vgl. *Baruch* (1971), S. 99.

630 *SEC* (1971), S. 188. Art. 8 UCC wurde in der Tat zweimal – im Jahre 1978 und 1994 – durch das Zentralgremium der NCCUSL novelliert, um den Handel in den immobilisierten Wertpapiere zu erleichtern. Näher zu Gestaltung der Regeln im Art. 8 nach der Novelle 1994 unten, § 23 (a).

631 *SEC* (1971), S. 186.

632 *SEC* (1971), S. 168; vgl. auch S. 203 ("... *the ultimate objectives of the certificateless society and the standardization of documents used in the clearing, settlement and delivery process.*")

Maklern zu beenden[633], d.h. die Zertifikate zu immobilisieren. So wurde die "vorläufige Zwischenstufe" der Immobilisierung kraft Gesetzes zur Dauerlösung, obwohl das Gesetz der SEC zugleich die Aufgabe zuwies, das System der Immobilisierung weiter zu prüfen[634]. Um zu verstehen, wie außergewöhnlich die gesetzliche Einführung einer bestimmten technischen Lösung war, ist es wichtig, sich vor Augen zu führen, dass das gesamte Regelwerk der amerikanischen Wertpapieraufsicht aus einem weit gesteckten Rahmen gesetzlicher Vorschriften besteht, der durch ein engmaschiges Netz von Verordnungen ausgefüllt wird, welche die SEC auf der Basis ihrer Fachkenntnis erlässt[635]. Die ausdrückliche Anordnung einer bestimmten Abwicklungstechnik, der eigentlich nur als Zwischenlösung angesehenen Immobilisierung, ist daher nicht ohne weiteres verständlich.

Es ist plausibel, wenn *Welles* meint, dass die Mitglieder der NYSE durch die Reformen ihre Existenz bedroht sahen[636]. Die Abschaffung der Mindestgebühren für Wertpapiergeschäfte war für sie ein gewaltiger Schritt. Sie sorgte für einen Wettbewerb, der plötzlich das seit dem Jahr 1792 stabile, gesicherte Einkommen der NYSE-Mitglieder durch Konkurrenz bedrohte[637]. Die Inbetriebnahme des dezentralisierten NASDAQ-Quotierungssystems im Jahr 1971 vernichtete an einem Tag das Monopol der New Yorker Großmakler im OTC-Handel[638]. Wenn die Aktienurkunde auch noch abgeschafft würde, entfiele ein starkes Bindeglied zwischen den Maklern und ihren Kunden[639]. Es entspricht gängiger Praxis, dass Kunden ihre Aktienzertifikate dem Makler zur sicheren Verwahrung oder zur Erleichterung des Handels überlassen und damit zugleich eine gewisse Kundentreue für zukünftige Geschäfte schaffen[640]. Ein auf entmaterialisierten Wertpapieren basierendes Abwicklungssystem würde es den Kunden dagegen ohne weiteres ermöglichen, je nach Preis und den sonstigen Geschäftsbedingungen für jedes Geschäft einen neuen Makler auszuwählen[641].

---

633 "The Commission shall use its authority under this title to end the physical movement of securities certificates in connection with the settlement among brokers and dealers of transactions" 15 USCA § 78q-1 Abs. e (2000).

634 Senate Report Nr. 94-75 (1975) S. 237.

635 Das Zusammenspiel von Gesetzesrecht und SEC-Verordnungen kommt besonders deutlich in der Bestimmung des *Exchange Act* zum Ausdruck, die das Werben um Stimmrechtsvollmachten regelt. Das Gesetz bestimmt insoweit nur, dass Verstöße gegen eine von der SEC erlassene Regel gesetzwidrig sind. Die einzige Leitlinie, durch die das Gesetz die Ermessensauübung durch die SEC lenkt, lautet, dass deren Regeln "notwendig oder angemessen im Interesse des Publikums oder zum Schutz der Anleger" sein müssen. 15 USCA § 78n Abs. a (2000).

636 Vgl. *Welles* (1975), Kap. 8, "The Fight Over the New Marketplace."

637 *Welles* (1975), S. 121.

638 *Welles* (1975), S. 285.

639 *Welles* (1975), S. 144.

640 *Welles* (1975), S. 144.

641 *Welles* (1975), S 321.

Hinzu kommt, dass das von einem Makler verwaltete Vermögen (*assets under management*) und damit auch die davon abhängigen Erträge umso geringer sind, je weniger Kundenpapiere er in eigenem Namen verwaltet[642]. So hatten die NY-SE-Makler, die ja auch zugleich die Inhaber der Börsen und deren Verwahrstelle waren[643], viele gute Gründe dafür, sich gegen eine Entmaterialisierung von Wertpapieren zu wenden und stattdessen ein auf Immobilisierung der Urkunden gerichtetes System zu unterstützen.

Nach den anderen Rückschlägen, die die NYSE Makler "erlitten" hatten, wäre die Entmaterialisierung des Aktienzertifikates für sie untragbar gewesen. Außerdem konnte eine zentrale Verwahrstelle in New York der NYSE und den in New York ansässigen Finanzinstituten einige Wettbewerbsvorteile bieten. Ein weiterhin von der NYSE kontrolliertes Abwicklungsmonopol konnte den Wettbewerb mit den Regionalbörsen entschärfen[644]. Zudem hofften die New Yorker Makler und Banken, Vorteile durch einen exklusiven Zugang zur Verwahrstelle zu erzielen. Eine bis 1971 gültige Regel gestattete ausschließlich den New Yorker Banken das Recht, die in den Depotkonten verwahrten Wertpapiere als Sicherheit für die den Maklern gewährten Kredite zu nehmen[645]. Wegen des Wettbewerbsvorteils, den diese bevorzugte Behandlung der New Yorker Banken verursachte, drohte eine Bank aus Pennsylvanien an, eine Kartellrechtsklage zu erheben, bis die Verwahrstelle die Regel wiederrief[646]. Aus ähnlichen Gründen stellte ein zentralisiertes, auf Immobilisierung basierendes Modell der Wertpapierabwicklung eine den Maklern willkommene Alternative zu den für sie gefährlichen zentrifugalen Wirkungen eines dezentralen Systems dar, und die Mitglieder der NYSE, die beinahe zweihundert Jahre lang enge Kontakte zur amerikanischen Regierung unterhalten hatten, wussten ihrer Stimme in Washington Gehör zu verschaffen[647].

---

642 Wahrend der Zeit, die in die Krise der späten 1960er Jahren mündete, setzten Makler sehr häufig die Wertpapiere und die Gelder ihrer Kunden gesetzwidrig zu eigenen Zwecken ein, siehe *Baruch* (1971), S. 32 ff. Auch aus diesem Grund hatten die Makler einen starken Anreiz, die Menge der bei ihnen gehaltenen Wertpapiere zu erhöhen. Aber selbst wenn die Makler pflicht- und ordnungsgemäß handelten, können die Gebühren, die sie an ihren Kunden verdienen, auch vom verwalteten Gesamtvermögen statt nur von den durchgeführten Geschäften abhängen (sog. "*wrap fee program*"). Vgl. *Loss/Seligman* (2004), § 8-C-1; *Pruitt* (2006), S. 34.

643 Die neue Aktionärsstruktur der Bösen, die nun selbst börsennotierte Gesellschaften sind, schließt viele institutionelle Anleger ein. Dies könnte wohl die Interessenausrichtung der Börsen in der Zukunft ändern. Siehe § 26 (a), unten.

644 *Welles* (1975), S 317.

645 *Welles* (1975), S 318.

646 *Welles* (1975), S 318.

647 *Banner* beschreibt wie angefangen in den 1830er Jahren, die New York Stock Exchange and Board (Vorgänger der NYSE) sich erfolgreich gegen die vorgeschlagenen Aufsichtsmaßnahmen der Regierung des Bundesstaat New York eingesetzt hat. *Banner* (1998), S. 267 ff. *Seligman* beschreibt etwa 70 Jahre der Dreieckbeziehung zwischen der

Einen alternativen Erklärungsansatz für die gesetzliche Einführung einer bestimmten Technik der Wertpapierabwicklung im Jahr 1975, der die Ursache nicht in den wirtschaftlichen Interessen der beteiligten Kreise sieht, entwickelt *Romano* in einer Kritik der Entstehung des im Jahr 2002 verabschiedeten Sarbanes Oxley Act[648]. Sie weist darauf hin, dass in einer Krisensituation der Gesetzgeber unter einem solchen Druck der Öffentlichkeit steht, dass "Politikunternehmer" (*"policy entrepreneurs"*) zweitbeste, mangelhafte Lösungen in der Gesetzgebung einführen können[649]. Damit enthält ein Gesetz nicht die bestmöglichen Lösungen für das maßgebliche Problem, weil der Gesetzgeber keine nüchterne, sondern eine vom Druck der Panik beeinflusste Entscheidung getroffen hat. Die Novellierung des *Exchange Act* im Jahr 1975 geschah ebenfalls im Gefolge einer großen Finanzkrise, im Schatten der Watergate-Krise, des durch OPEC verursachten Ölschocks und der Niederlage in Vietnam, also einer sehr bewegten, wenn nicht geradezu "depressiv" Zeit in der amerikanischen Geschichte[650]. Es ist durchaus möglich, dass unter diesen Umstanden der Kongress diejenige Lösung einführen wollte, die zwar nicht die beste war, die aber versprach, schnellstmöglich wieder Stabilität herzustellen. Das Vertrauen auf die unbegrenzten Möglichkeiten der Technologie, das im Jahr 1969 durch die Entwicklung des NASDAQ Systems wie auch durch die Erfolge der Weltraumforschung in Gestalt der Apollo-Mondlandung befördert wurde, war in dem grauen Jahr 1975 einfach nicht mehr vorhanden. Ein weiterer Grund für die Entscheidung zugunsten der Immobilisierung als Grundlage der Wertpapierabwicklung kommt hinzu. Einer gewissen Verengung des Blickwinkels des Gesetzgebers ist oft zu sehen, der das angestrebte Ziel anpeilt und den (vermeintlich) direkten Weg zu seiner Erreichung einschlägt, dabei aber häufig die möglichen Nebenwirkungen einer bestimmten Lösung übersieht oder jedenfalls unterschätzt[651].

Im Jahr 1975 erteilte der Kongress der SEC zwar den Auftrag, mögliche Nebenwirkungen des Systems der Immobilisierung zu untersuchen; die Formulierung dieses Auftrags war aber missglückt, weil sie das Ergebnis schon vorweg-

---

NYSE, dem Kongress und der SEC in seiner Geschichte *The Transformation of Wall Street*. Vgl. *Seligman* (2003).

648 *The Sarbanes-Oxley Act of 2002*, Pub. L. Nr. 107-204, 30. Juli 2002, 116 Stat. 745.

649 *Romano* (2005), S. 1591.

650 *Robertson* (1998), S. 1 ff.

651 Z.B. Das "*Private Securities Litigation Reform Act of 1995*" (Pub. L. 104-67, 22. Dez. 1995, 109 Stat. 737) hatte den Zweck, dem Problem der unbegründeten Klagen wegen Wertpapierbetrug entgegenzutreten. Dieses Gesetz erforderte das Vortragen von spezifischen und genauen Tatsachen in der Klageschrift, um eine Klage wegen Wertpapierbetrug zu erheben und schloss Beihilfeklagen gegen Abschlussprüfer oder andere Marktteilnehmer aus. Als diese Abschwächung der Klagemöglichkeiten gegen Marktteilnehmer vollzogen war, fing eine Börsenhausse an, die in mehrfachen Skandalen und enormen Verlusten endete. Das Gesetz wurde von vielen für die mangelhafte Wertpapieraufsicht während der Hausse der späten 1990er Jahren verantwortlich gemacht. Vgl. z.B. *Coffee* (2004), S. 288.

nahm. Eine von der Novellierung eingeführte Fassung des § 12 Abs. m *Exchange Act* beauftragte die SEC zu untersuchen:

1. ob die Eintragung der Aktien im Namen eines Finanzinstituts mit den Zielen des *Exchange Act* vereinbar war und wenn ja,
2. ob die Kommunikation zwischen Gesellschaften und ihren Aktionären verbessert werden könnte, *ohne die Vorteile der Immobilisierung einzubüßen*[652].

Nach der fast einhelligen Meinung der auf der SEC-Tagung vom 29. Juni 1971 versammelten Fachleute war zwar ein entmaterialisiertes System einem immobilisierten System langfristig vorzuziehen, kurzfristig aber nicht durchführbar. Laut seinem Auftrag, will der Kongress nicht wissen, welche der beiden denkbaren Lösungsalternativen vorzugswürdig sei, sondern bittet die SEC sich allein auf die in Fachkreisen als langfristig weniger gut eingeschätzte Variante zu konzentrieren. Die Frage war also nicht, welches Verfahren der Wertpapierabwicklung das Beste wäre, sondern nur, ob die Immobilisierung Vorteile gegenüber dem bestehenden System hätte. Damit bestimmte die Formulierung des Untersuchungsgegenstandes durch den Kongress die Antwort der SEC im Voraus. Obwohl die Untersuchung zeigte, dass die *street name*-Eintragung die Mitteilung der Information an die Aktionäre behindert[653], verlangsamt[654] und verteuert[655], musste die SEC zu dem Ergebnis gelangen, dass das auf Immobilisierung beruhende Abwicklungssystem viele Vorteile gegenüber dem Chaos der Abwicklungskrise bringen würde[656]. Deshalb hielt die SEC das Immobilisierungssystem für ohne weiteres mit dem *Exchange Act* vereinbar[657]. In der Zusammenfassung ihrer Schlussfolgerungen schreibt die SEC verräterisch tautologisch, dass die Immobilisierung insbesondere mit der Bestimmung des *Exchange Act* vereinbar ist, die die Immobilisierung erfordert[658]. Die SEC ging sogar so weit, die untersuchte Technik als "*das Fundament*" des Abwicklungssystems zu bezeichnen[659].

In der Antwort auf den zweiten Teil der Anfrage erklärte die SEC, dass die von den meisten Fachleuten bevorzugte Lösung des Kommunikationsproblems ein

---

652 *SEC* (1976), S. 2; Senate Report Nr. 94-75 (1975) S. 237 Hervorhebung von Verf.; *Loss/Seligman* (2004), S. § 6-C-6.

653 *SEC* (1976), S. 2.

654 *SEC* (1976), S. 17,

655 *SEC* (1976), S. 25, 26 f., 35.

656 *SEC* (1976), S. 5, 37. In der Tat äußerten nach der im Abschnitt II dargestellten Abwicklungskrise nur 7,8 % der befragten Aktionäre Klagen über das auf Immobilisierung basierte System. *SEC* (1976), S. 28.

657 *SEC* (1976), S. 3, 52.

658 *SEC* (1976), S. 10 ("*The Commission believes that the practice of registering securities in other than the name of the beneficial owner is ... consistent with the purposes of the Act, with particular reference to Section 17A.*").

659 *SEC* (1976), S. 9-10.

Netzwerk von Aktienregistern sei, in dem entmaterialisierte Aktien übertragen würden[660]. Obwohl etwa Frankreich seinen Markt nur fünf Jahre später völlig entmaterialisiert hat[661], lehnte die SEC diesen Vorschlag als unausführbar ab[662]. In diesem Bericht kommt auch die seither bestehende Diskrepanz zwischen den Erfordernissen des Aktienrechts (Kommunikation mit den Aktionären) und denen der Börseninfrastruktur (Abwicklung von Effektengeschäften) klar zum Vorschein. Eine Schlussbemerkung der SEC zeigt diese Diskrepanz sehr deutlich:

> "*The TAD* [Transfer Agent Depository – Ein Netzwerk der Aktienregister, in dem entmaterialisierte Aktien buchmäßig übertragen werden] *concept exhibits promise as an important long-term alternative. It is not, however, a system for streamlining communications but rather an approach to a national clearance and settlement system which, as a by-product, would improve issuer-shareholder communications. Development of TAD, therefore, must be integrated with other developments in clearance and settlement*"[663].

Im Bericht gehe es um die Auswirkungen einer bestimmten Börsenstruktur auf die aktienrechtliche Kommunikation mit den Aktionären, nicht aber um die Bewertung der Börsenstruktur selbst. Außerdem sei das entmaterialisierte Modell als Abwicklungsmodell nunmehr irrelevant, weil die Immobilisierung der Wertpapiere in einer zentralen Wertpapiersammelbank *das Fundament* der Abwicklung sei. Damit hatte das Alternativkonzept der Entmaterialisierung in dem Bericht keinen Platz[664]. Es könne nicht als Kommunikationshilfsmittel angesehen werden, weil es ein Abwicklungsmodell sei; es könne aber auch nicht als Abwicklungsmodell betrachtet werden, weil Immobilisierung *das Modell*, ein entmaterialisiertes, dezentralisiertes System hingegen unrealistisch sei.

Diese Auffassung wird immer wieder in Gesetzen und Verordnungen sichtbar, die einander entgegengesetzte Auswirkungen haben, weil eine Maßnahme die Kommunikation verhindert, während eine andere Maßnahme die Kommunikation fördert. Die Novellierung des Jahres 1975 schrieb die Immobilisierung als einziges Abwicklungsmodell fest. Später wurde wiederholt versucht, die nachteiligen Wirkungen dieses Systems auf die Kommunikation durch zusätzliche

---

660 *SEC* (1976), S. 30, 42.

661 *Du Vauplane* (2005), S. 85 ff.

662 *SEC* (1976), S. 4, 42.

663 *SEC* (1976), S. 43.

664 Seit dieser Periode besteht im Hinblick auf das durch die Immobilisierung verursachte Kommunikationsproblem innerhalb der SEC gleichsam ein negativer Kompetenzkonflikt. Die *Corporate Finance* Abteilung kümmert sich um die Proxy-Regeln, die Ausübung der Stimmrechte und die Kommunikation mit den Aktionären, während die *Market Regulation* Abteilung für die Wertpapierabwicklung zuständig ist. Bis heute ist offenbar innerhalb der SEC niemand auf den Gedanken gekommen, dass ein Problem der Stimmrechtausübung durch eine Abwicklungsmaßnahme gelöst werden könnte. Das Anliegen der vorliegenden Arbeit besteht unter anderem darin, die geschichtliche Wurzel dieses Problems offen zu legen.

Normen abzumildern, allerdings jeweils systemimmanent und ohne die grundsätzliche Alternative einer Entmaterialisierung in Betracht zu ziehen.

(iii) Die Maßnahmen, die indirekte Kommunikation über die Struktur der Immobilisierung ermöglichen sollen

Bereits bei der Einführung der Immobilisierung war allen Beteiligten bekannt, dass dieses System die Identität der Aktionäre verschleiert[665]. Bevor der Kongress die Novelle des Jahres 1975 verabschiedete, hatte die SEC versucht, eine Offenlegungspflicht, die direkte Kommunikationen ermöglichen würde, durch eine Verordnung einzuführen[666]. In ihrem im letzten Absatz zitierten Bericht aus dem Jahr 1976 schlug die SEC vor, die aus § 13 *Exchange Act* stammende Pflicht, gewisse Angaben über Großaktionäre der Publikumsgesellschaften offen zu legen, auszuweitern und zu ergänzen[667]. Bereits oben wurde gezeigt[668], dass die bundesrechtlichen Pflichtmitteilungen der Großaktionäre ein funktionsfähiges Aktienregister nicht ersetzen können. Einerseits ersetzt die ausführliche Offenlegung, der bestimmte Aktionäre nachkommen müssen, die gesellschaftsrechtlichen Funktionen des Aktienregisters[669] nicht völlig, und anderseits ermöglicht sie eine direkte Beziehung nur zwischen den Großaktionären und der Gesellschaft, während dabei die anderen Aktionäre außer Acht gelassen werden.

Weil durch die Immobilisierung das Aktienregister nur den Namen einer Wertpapiersammelbank, ihres Stellvertreters oder einiger Finanzinstitute enthält, kennt die Gesellschaft nicht mehr ihre wirtschaftlichen Aktionäre. Da somit keine direkte Beziehung zwischen den Beteiligten besteht, müssen die Gesellschaftsmitteilungen nun *indirekt* durch die Stellvertreter geliefert werden. Kapitel II hat gezeigt, auf welchen indirekten Wegen die Kommunikation zwischen einer amerikanischen Gesellschaft und ihren Aktionären gegenwärtig verläuft[670]. Die Pflichten der Emittenten, Makler und Banken, die relevanten Angaben über Aktionäre zu ermitteln und die Hauptversammlungsunterlagen weiterzuleiten, ermöglichen diese indirekte Kommunikation. Obwohl eine Pflicht, Hauptversammlungsunterlagen weiterzuleiten, schon nach dem *Common Law* bestand[671], haben die SEC und der Kongress seit 1974 immer wieder versucht, die nachteiligen Wirkungen der Immobilisierung durch die Einführung weiterer derartiger Pflichten auszugleichen.

---

665 Senate Report Nr. 94-75 (1975) S. 237 ff.

666 *Thomas/Dixon* (2001), § 8.02[B].

667 *SEC* (1976), S. 6, 52.

668 Siehe oben, § 11 (b) für eine Erläuterung der Pflichten aus der Regel 13d.

669 Siehe oben, §§ 15, 18 für eine Erläuterung der aktienrechtlichen Funktionen des Aktienregisters.

670 Siehe oben, § 18 (b), (c).

671 Vgl. z.B. *Walsh and Levine v. Peoria and Eastern Railway Company*, 222 F.Supp. 516 (S.D.N.Y. 1963).

Im Jahr 1974 erließ die SEC *Exchange Act* Regel 14a3-(d) (nun Regel 14a-13), die einen Emittenten verpflichtet, die im Aktienregister eingetragenen Finanzinstitute zu fragen, ob sie ihre Aktien für Kunden halten, und wenn ja, ihnen die Anzahl der Exemplare der Hauptversammlungsunterlagen mitzuteilen, die sie für ihren Kunden benötigen[672]. Diese Regel knüpfte an die Auskunfts- und Weitergabepflichten an, die die Makler nach der jeweiligen Börsenordnung trugen, ließ aber die Weiterleitung der Mitteilung durch OTC-Makler außer Betracht. Drei Jahre später füllte die SEC diese Lücke durch Erlass der *Exchange Act* Regel 14b-1. Danach ist ein Makler verpflichtet, dem Emittenten die Anzahl der Unterlagenpakete mitzuteilen, die für seine Kunden erforderlich sind, und die von dem Emittenten erhaltenen Unterlagen gegen ein Entgelt, das die dadurch entstehenden Kosten erstatten soll, an die Kunden weiter zu geben[673]. Einige Stimmen, insbesondere die der Emittenten, drängten aber auf direkte Kommunikation. Im Jahr 1983 ergänzte die SEC die Regel 14b-1 dadurch, dass ein Makler nun dem Emittenten die Namen und Kontaktdaten aller Aktionäre, die gegen eine vergleichbare Offenlegung nichts eingewendet haben (die "NOBOS"), mitteilen muss[674]. Eine sehr bedeutsame Einschränkung hat aber dieser neuen Regelung ihre Wirkung weitgehend genommen: Ein Emittent darf die Liste der Namen nur für freiwillige Mitteilungen verwenden, nicht aber für Pflichtmitteilungen im Rahmen einer Hauptversammlung[675]. Regel 14b-1 hat aber auch deswegen nur begrenzte Wirkung, weil viele Aktien durch Banken (statt durch Makler) gehalten werden, und die SEC keine Kompetenz zur Bankenaufsicht hat.

Nach einigen Jahren der Auseinandersetzung schloss der Kongress diese Lücke mit der Verabschiedung des Shareholder Communications Act of 1985, durch den die SEC in die Lage versetzt wurde, den Banken ähnliche Pflichten wie diejenigen nach Regel 14b-1 aufzuerlegen[676]. Im Jahr 1986 erließ die SEC schließlich Regel 14b-2, die eine Parallelregel für Banken zur Regel 14b-1 darstellte[677].

---

672 17 CFR § 240.14a-13, ursprünglich erlassen durch Securities Exchange Act Mitteilung Nr. 11079, 39 *Federal Register* 40766 (31. Oct. 1974). Vgl. auch *Loss/Seligman* (2004), § 6-C-6.

673 17 CFR § 240.14b-1, ursprünglich erlassen durch Final Rule: Requirements for Dissemination of Proxy Information to Beneficial Owners by Issuers and Intermediary Broker-Dealers, SEC Mitteilung Nr. 13,719, 42 *Federal Register* 35953 (5. Juli 1977). Diese Regel hat auch leicht den Zeitablauf der Regel 14a-13 geändert.

674 Final Rules: Facilitating Shareholder Communications Provisions, SEC Mitteilung Nrs. 34-20021; 40-13408, 48 *Federal Register* 35082 (3. Aug. 1983).

675 Genauer gesagt, darf der Emittent sie direkt schicken, aber muss ein zweites Exemplar in jedem Fall auch durch die indirekten Kanäle weiterleiten lassen. 17 CFR § 240.14b-1 Abs. b, Nr. 3, Rom. (i) i.V.m. § 240.14a-13 Abs. c. "Freiwillige" Mitteilungen sind etwa ein schön gedruckter Jahresbericht oder ein Aktionärsbrief. Vgl. *Guttman* (2006), § 2:2, S. 2-8 f.

676 *The Shareholders' Communication Act of 1985*, P.L. 99-222, 28. Dez. 1985, 99 Stat. 1737, kodifiziert in 15 USCA §78n.

677 Final Rules: Shareholder Communication Facilitation, SEC Mitteilung Nr. 34-23847, 51 *Federal Register* 44267 (9. Dec. 1986).

Über die Pflichten der Makler hinaus muss nach Regel 14b-2 eine Bank dem Emittenten auch die Namen etwaiger Korrespondenzbanken auf nachgeordneten Stufen (*respondent banks*), für die sie Aktien hält, offen legen[678]. Für Verwahrungsverhältnisse mit weiteren Maklern bestehen hingegen keine derartigen Pflichten[679].

Die SEC hat durch diese Weiterleitungspflichten einen Kommunikationskanal zwischen den Emittenten und den Aktionären geschaffen, der fortwährender Anpassung an das sich ständig ausweitende Verwahrungssystem bedarf[680]. Seit dem Jahr 1971 wird die Tatsache, dass ein indirekter Zugang durch solche Pflichten keine wirkliche Lösung für das Kommunikationsproblem darstellen kann, nur vereinzelt zur Kenntnis genommen[681].

(iv) Die Interessen der Marktteilnehmer an dem Bestehen des heutigen Systems

Die Gründe für den Aufbau eines zentralen Systems für die Verwahrung und Abwicklung der Wertpapiergeschäfte sind nicht überraschend. Die Übertragung der Namenspapiere war zu arbeitsintensiv für den schnellen Handel. Das neue Konzept einer Entmaterialisierung hätte sich im Jahr 1975 nur sehr schwer umsetzen lassen. Dagegen hatte sich die Immobilisierung der Wertpapiere im Tresor einer Wertpapiersammelbank bereits bewährt und erreichte fast das gleiche Ergebnis: das immobile Wertpapier wurde auf den Konten der Bank übertragen, *als ob es entmaterialisiert wäre*[682]. Um den Übertragungsaufwand in vertretbaren Grenzen zu halten, wurde die Wertpapiersammelbank zu einer Art zwischengeschaltetem "Emittenten" der unverbrieften Aktien – vergleichbar einer Depotbank im Rahmen einer Zweitverbriefung durch *American Depository Receipts*[683]. Die negative externe Auswirkung dieser Struktur, dass nämlich Finanzinstitute den Emittenten als Mittelpunkt der Kommunikation mit dessen eigenen Aktionären ersetzt haben, wurde kaum bemerkt.

Welles hat die Interessen der Marktteilnehmer, die diese Maßnahme begleitet haben, überzeugend analysiert. Die Abschaffung der Mindestgebühren für Wertpapiergeschäfte und die Schaffung des dezentralisierten NASDAQ-Quotierungssystem waren zwei der größten Niederlagen, welche die 180 Jahre

---

678 Vgl. 17 CFR § 240.14b-2 Abs. b Nr. 1

679 Siehe oben, § 18 (b) (i).

680 Siehe oben, Kapitel II, Figur 2.2.

681 Vgl. *Brown* (1988), S. 758; *Klein* (1997), S. 175 f.; *Loss/Seligman* (2004), § 6-C-6.

682 *Opitz* hat schon im Jahr 1955 diese Stufe der technischen Entwicklung in Deutschland gesehen. Die Verwahrung ist papierbezogen, aber die buchmäßige Übertragung ist entmaterialisiert: "Der Begriff der Stückelosigkeit kam von Anfang an auf, er bezog sich aber nicht auf das Verwahrungsgeschäft, sondern auf die Lieferung im Anschaffungsgeschäft und auf die Übertragung von Sammeldepotanteilen (stückelose Lieferung)." *Opitz* (1955), § 42, Anm. 12, S. 447.

683 *Than* (1994), S. 92.

alte NYSE je erlitten hat. Hätte der Kongress darüber hinaus auch noch ein dezentralisiertes Netzwerk der Aktienregister für die Abwicklung angeordnet, so hätten die Makler ein sehr starkes Bindeglied zu ihren Kunden verloren. Demgegenüber konnte eine auf New York konzentrierte Verwahrstelle dazu beitragen, einige Wettbewerbsvorteile – wie ein Vorrecht hinsichtlich der in New York verwahrten Sicherheiten – für die „rechtmäßigen Herren" des Finanzmarkts zu bewahren. Hinzu kam, dass ein etwas entmutigter Kongress sich auf die Abschaffung der Festgebühren und die Aufschließung des Marktes für den bundesweiten Handel konzentrierte. Diese Interessenlage erklärt die Wahl der Immobilisierung als eine "Zwischenlösung".

Schwerer zu verstehen ist, warum auch im Jahr 2007, nachdem die Mehrzahl der Wertpapiere längst entmaterialisiert ist[684] und jeder mit dem Handy unterwegs im Taxi über sein Depot- oder Girokonto verfügen kann, trotz der nachteiligen Auswirkungen auf die Unternehmensleitung weiterhin eine Struktur verwendet wird, die bereits im Wien des *fin de siècle* bekannt war. Wie *Seibert* zu Recht bemerkt, handelt es sich um eine "veraltete Wertpapierabwicklung"[685]. Ein erster Grund für die Beibehaltung des überkommenen Abwicklungsmodells liegt möglicherweise in der organisatorischen Trennung der zuständigen Bereiche in der Aufsicht. Die *Corporate Finance* Abteilung der SEC arbeitet verbissen, um die Kommunikation zwischen Emittenten und Aktionären zu verbessern[686]. Ihr Nachbar, die *Market Regulation* Abteilung, arbeitet ebenso zielstrebig, um die Marktstruktur zu verfeinern. Keine der beiden Abteilungen scheint aber die Auswirkungen zu bedenken, die ihre Arbeit auf das jeweilige Nachbargebiet haben kann. Gerade die Lösung für diese negativen Auswirkungen fällt in die Kluft zwischen den Zuständigkeitsgebieten, wie die SEC schon in ihrem Bericht aus dem Jahr 1976 erläutert hat: ein dezentralisiertes System, das entmaterialisierte Aktien überträgt, ist kein Mittel, um die Kommunikation zu verbessern, sondern eine Struktur, die die Kommunikation nicht stört. Mit diesem Defizit steht die SEC allerdings nicht allein. Als im Jahr 2004 das mächtige Zentralgremium der Industrie, der Business Roundtable, die SEC gebeten hat, die Kosten der indirekten Lieferung von Pflichtmitteilungen abzusenken, kam man auch hier nicht auf den Gedanken, die Marktstruktur zu ändern[687].

---

[684] Laut der *DTCC* machen die Geschäfte in verbrieften Wertpapieren nur 0,01% der täglichen Börsengeschäfte aus. Wegen der Lager- und Verwaltungskosten der verbrieften Wertpapiere versucht die DTCC, die Zahl der von ihr verwahrten Papiere ständig abzubauen. Zwischen den Jahren 2001 und 2007 hat DTC ihre verwahrte Wertpapiere von etwa 6,7 Millionen Stuck um 60% auf etwa 2,7 mehr als halbiert *Bellini* (2007). Zur Übertragung der unverbrieften Aktien siehe oben, §§ 15, 16.

[685] *Seibert* (2000), S. 31.

[686] Siehe die Maßnahmen, die im vorgehenden Unterabsatz und in §§ 15, 16, 17 erwähnt werden.

[687] Request for Rulemaking Concerning Shareholder Communications, Nr. 4-493 (12.04.2004), abrufbar auf der Website der SEC unter www.sec.gov/rules/petitions.shtml.

Ein zweiter Grund sind die Interessen der Beteiligten. Die Makler haben kein Interesse, sich aus der Vermittlerrolle, die sie im gegenwärtigen System zwischen den Emittenten und den Aktionären spielen, zu entfernen. Sie erhalten bestimmte Vorteile von ihrer Rolle als "Emittenten" indem sie auf ihren Depotkonten entmaterialisierte Wertpapierberechtigungen schaffen und damit gegenüber den eigentlichen Emittenten zu Aktionären und gegenüber den eigentlichen Aktionären in vielerlei Hinsicht zu Emittenten werden.

Einerseits, dank ihrer Rolle als Vermittler, erhalten die Makler viele Information über ihre Kunden und genießen eine starke Bindung der Kundenloyalität. Weil die Wertpapiere beim Makler verwahrt werden, hat der Makler aktuelle Kontaktdaten, um den Kunden mögliche Transaktionen anzubieten. Wenn aber der Kunde eine Transaktion durch einen anderen Makler ausführen lassen will, muss er zunächst den verwahrenden Makler ansprechen, um die Wertpapiere zurück zu bekommen. So hat der Makler stets eine Chance, seine eigenen Dienstleistungen doch an den Kunden zu verkaufen. Dabei begründen die Makler ihr Eintreten für das überkommene Abwicklungsmodell häufig mit dem Argument, lediglich die Daten ihrer Kunden schützen zu wollen. Die Ergebnisse einer im Jahr 1976 durchgeführten SEC-Untersuchung betreffend die Herstellung einer NOBO-Liste sind insoweit vielsagend. Als die SEC Aktionäre und Makler zu einer Offenlegung der Kontaktdaten befragte, bekam die Behörde unterschiedliche Antworten. Die Makler widersetzten sich der Offenlegung mit dem Argument, dass es den Datenschutz (*privacy*) ihrer Kunden verletzen würde[688]. Demgegenüber erklärten sich fast 88 % der Kunden-Aktionäre bedingungslos bereit, ihre Daten den Emittenten offen zu legen[689]. Aus unklaren Gründen erwähnte die SEC die Meinung der Makler, dass eine Offenlegung der Aktionärsdaten einen "Verlust der Kunden an Wettbewerber auslösen könnte", nur in einer Fußnote[690]. Dieses Vorschieben von Kundeninteressen, um in Wahrheit die eigenen Interessen zu schützen, unterstützt *Welles* These der Interessenpolitik. Im Jahr 2004, nach rund 30 Jahren der immobilisierten Wertpapierabwicklung, erklärte eine SEC Mitarbeiterin dem Autor, dass die Makler mittlerweile glaubten, ein "Eigentumsrecht" an den Daten ihrer Aktionäre zu haben[691]. Eine dezentralisier-

---

Anscheinend hat das Business Roundtable einige der Bemerkungen anderer Kommentatoren in ihren eigenen Vorschlag eingearbeitet, denn eine Stellungnahme betreffend die *Proxy Rules*, die sie im Februar 2006 eingereicht haben, enthält einen Hinweis auf eine mögliche Änderung der Abwicklungsstruktur. Vgl. Comments of Steve Odland, Chairman and CEO, Office Depot, Inc., Chairman, Corporate Governance Task Force, Business Roundtable, on File Nr. S7-10-05, Mitteilung Nr. 34-52926 Internet Availability of Proxy Materials (10. Feb. 2006), abrufbar auf http://www.sec.gov/rules/proposed/s71005.shtml.

688 *SEC* (1976), S. 40.

689 *SEC* (1976), S. 41.

690 *SEC* (1976), S. 40, Fußnote 84.

691 Konversation mit einer Mitarbeiterin der SEC Rechtsabteilung, Nov. 2004.

te Struktur mit einer direkten Verbindung zwischen Emittent und Aktionär würde es dem Aktionär erleichtern, einen beliebigen Makler für jedes Geschäft auszuwählen.

Anderseits kann das Vermögen eines Maklers durch das Vermögen seines Kunden günstig aufgestockt werden. Nach bestimmten Arten von Vergütungsverträgen können die Provisionen eines Maklers von seinem Gesamtvermögen abhängen. Eine *wrap fee*, die Provisionen im Verhältnis zum Gesamtvermögen des Maklers bestimmt, wird als Vergütungsstrategie eingesetzt, wo der Auftraggeber fürchtet, dass eine Per-Transaktion-Provision dem Makler einen Anreiz gibt, unnötige Transaktionen zu tätigen (sog. "*churning*")[692]. Es ist dem Makler nach amerikanischem Recht möglich, verträglich die Zwangverwahrung des Kundenvermögens zu fordern, nur bei der Einräumung eines Kredits an den Kunden, um die maßgeblichen Wertpapiere zu kaufen. Im letzten Fall wird der Auftraggeber durch seinen Kreditvertrag verpflichtet, dem Makler/Gläubiger die Wertpapiere als Sicherheit im Depotkonto (*margin account*) zu überlassen[693]. In allen übrigen Fällen darf der Makler weder über das Vermögen des Kunden verfügen[694] noch ihn daran hindern, seine Geschäfte anderswo zu tätigen. Die heutige Struktur der Wertpapierabwicklung wirkt in diesem Hinsicht quasi als *force majeure*, um die Wertpapiere des Auftraggebers im Depotkonto beim Makler zu sperren. Sofern eine *wrap fee* besteht, profitiert der Makler von diesem Zustand.

Die Markteilnehmer haben daher viele Gründe, das zentralisierte *indirect holding system* beibehalten zu wollen. Dieser Wunsch muss aber nicht nur von bloßen Interessen abgeleitet sein. Der tatsächliche Einfluss der Makler in den 1990er Jahren auf die Entwicklung eines dezentralisierten Systems hat ihr Streben nach diesem Ziel deutlich nachgewiesen. Wie in § 27(a) erläutert wird, haben die Makler im Jahr 1999 alles daran gesetzt, um das DRS – ein System, das von dem Emittenten und seinem *transfer agent* dezentral betrieben werden sollte, um Aktionärsdaten zurück ins Aktienregister zu bringen – wieder in das zentralisierte DTCC-System einzugliedern[695]. Wie die vorliegende Arbeit zu zeigen versucht, gibt es demgegenüber viele Gründe für die Einführung eines dezentralisierten Systems der Wertpapierabwicklung und die Wiederherstellung der Kommunikation zwischen Emittenten und Aktionären. Falls man aber bezweifelt, dass die Marktteilnehmer einen ausreichenden Einfluss haben, um die Ge-

---

692 Ein "*wrap fee" oder "wrap account*" fasst die Vergütung eines Maklers für die Durchführung der Geschäfte, Beratung, und Verwahrung zusammen, und knüpft an das vom Makler verwalteteVermögen an. Diese Art von Vergütung wird auch als eine Lösung für das sog. "*churning*" (die Vornahme unnötiger Geschäfte, schlicht um höhere Provisionen zu erzielen) angesehen. Vgl. *Poser* (2001), § 16.01; *Loss/Seligman* (2004), § 8-C-1; *Pruitt* (2006), S. 34.

693 *Guttman* (2006), § 6a-15, S. 6A-34 f.

694 17 CFR § 240.15c3–2.

695 Siehe unten, § 27 (a).

staltung der Abwicklungsstruktur zu bestimmen, soll darauf hingewiesen werden, dass die im nächsten Abschnitt erläuterten Regeln für die Übereignung immobilisierter Wertpapiere ausdrücklich der Abwicklungsregel einer "Clearing Corporation" untergeordnet seien[696]. Derzeit bestehen keine Widersprüche zwischen den Regeln der DTC bzw. der NSCC und den Normen der UCC. Im Fall etwaiger Widersprüche hinsichtlich der Rechtsverhältnisse zwischen den Teilnehmern des Abwicklungssystems würden aber die Regeln der DTC bzw. NCSS der Vorrang haben.

§ 23 Die Übereignung immobilisierter Wertpapiere nach Art. 8 UCC

(a) Die Struktur der Depotpyramide

BASIC hat erklärt, dass ein auf Immobilisierung von Wertpapieren beruhendes Abwicklungssystem effizienter wird, je größer der Anteil der im Umlauf befindlichen Wertpapiere ist, die es erfasst. Ab dem Jahre 2004 befanden sich mehr als 99 % der sammelverwahrungsfähigen Wertpapiere des amerikanischen Markts im System der Depository Trust & Clearing Corporation (DTCC)[697]. Damit hat die DTCC das Ziel des vollständigen Monopols erreicht, das im Jahr 1971 vom BASIC gefordert[698] und im Jahr 1980 von der SEC als Grundsatz für zugelassene Wertpapiersammelbanken bekräftigt wurde[699]. Die DTCC ist die Muttergesellschaft der im Jahr 1970 gegründeten zentralen Verwahrungsstelle der NYSE

---

696 § 8-111 UCC. Diese Abwicklungsregeln sind aber nicht gänzlich private Vereinbarungen. Die DTC und die NSCC sind *self-regulatory organizations* (im Folgenden: "SRO") nach § 3 Abs. a Nr. 26 *Exchange Act*. Für die Verabschiedung bindender Regeln bedarf eine SRO nach § 19 Abs. b *Exchange Act* der Genehmigung der SEC. Das Genehmigungsverfahren hat vier Stufen: Die vorgeschlagenen Regeln werden zunächst bei der SEC eingereicht. Die SEC kontrolliert die Vorschläge und veröffentlicht sie anschließend im US-amerikanischen Bundesanzeiger ("*The Federal Register*"). Die Bekanntmachung im *Federal Register* erläutert den Zweck der Regeln und fordert zu Stellungnahmen auf. Nach § 19 Abs. b Nr. (2) können die erarbeiteten Regelungen innerhalb von 35 bis 90 Tagen nach der Bekanntmachung in Kraft treten, sofern nicht die SEC eine öffentliche Anhörung über die vorgeschlagenen Regeln durchführt.

697 Im Jahr 2004 erklärte der Chefsynikus und geschäftsführende Direktor der DTCC, Richard B. Nesson, dass mehr als 99 % der sammelverwahrungsfähigen Wertpapiere des amerikanischen Markts im DTCC-System erfasst war. SEC Historical Society, Fireside Chat: "Business Recovery Requirements for Clearance and Settlement in Light of September 11th" (11.11.2004), abrufbar auf www.sechistorical.org. Im Jahr 2000 berichtete die Securities Industry Association, dass rund 83% der an der NYSE gehandelten Wertpapiere im System der DTC erfasst waren. *Securities Industry Association* (2000), S. 17.

698 *SEC* (1971), S. 187.

699 SEC Miteilung Nr. 16900, Regulation of Clearing Agencies, 17. Juni 1980, veröffentlicht im Bd. 20 SEC Docket S. 434 (1. Juli 1980) ("*The clearing agencies registered with the Commission are essential to Congressional policy which includes a national clearance and settlement system for securities and the encouragement of broad scale participant [sic.] therein by securities professionals so as to reduce the physical movement of securities certificates. Such broad scale participation will result in the concentration of securities in a limited number of entities*").

(später in die "Depository Trust Company" – DTC umbenannt) und der ersten Clearing- und Verrechnungsstelle der NASD (später "National Securities Clearing Corporation" – NSCC genannt)[700]. Das Modell der DTCC als allumfassendes Abwicklungszentrum ist für den Wertpapierhandel selbst höchst effizient und wird sowohl von der Europäischen Union als auch von der Group of Thirty als vorbildlich angesehen[701]. Die DTCC ist eine Aktiengesellschaft, deren Aktionäre ihre Hauptteilnehmer und Kunden sind und deren Board diese vertritt[702]. Laut dem Geschäftsbericht für das Jahr 2006 verwahrte DTC Wertpapiere im Gesamtwert von $ 36 Billionen[703], bearbeitete Transaktionen mit einem durchschnittlichen täglichen Volumen von $ 6,1 Billionen[704] und hat an einem Tag 76,7 Millionen Geschäfte abwickelt[705]. Im Jahr 2006, hat die DTCC Geschäfte mit einem Wert von rund $ 1,53 Billiarde (d.h. $1{,}53 \times 10^{15}$) abgewickelt[706].

Wie bereits erwähnt, hält DTC als Verwahrstelle der DTCC Wertpapiere im Gesamtwert von etwa US$ 36 Billionen oder 99 % der sammelverwahrungsfähigen Wertpapiere des amerikanischen Markts für ihre Teilnehmer in ihren Depotkonten. Heute ist das Wertpapier weitgehend entmaterialisiert, so dass die zentralisierte Struktur nicht mehr der Immobilisierung, sondern nur der Konzentration der Dienstleistungen dient. Die NSCC fungiert als zentraler Kontrahent für die im System verrechneten Geschäfte[707], d.h. die NSCC übernimmt die Rechte und Pflichten jedes Verkäufers und Käufers[708]. Im Jahr 2006 hat die NSCC Wertpapiergeschäfte mit einem Gesamtwert von $ 174,9 Billionen verrechnet und Lieferungen mit einem Gesamtwert von $ 3,8 Billionen ausgeführt[709]. Die NCSS verrechnet Geschäfte zwischen den größten Teilnehmern am amerikanischen Markt, und etwa 4.000 Finanzinstituten (Makler und Banken) stehen auf ihrer Teilnehmerliste[710]. Die NSCC verrechnet täglich die gesamten Haben- und Sollpositionen zwischen ihren Teilnehmern; die verbleibenden "Spitzenbeträge" offener Liefer- oder Zahlungsansprüche werden in ihren DTC-Konten ausgegli-

---

700 Siehe kurze Darstellung der DTCC, abrufbar unter http://www.dtcc.com/AboutUs/ history.htm; die von der SEC genehmigten Regel der DTCC, abrufbar unter www.sec.gov/ rules/sro/dtc.shtml; vgl. auch *Guttman* (2006), § 9:14, S. 9-27 ff.; *Loader* (2002), S. 13. Die in den 1970er Jahre gegründeten Vorgänger dieser Unternehmen wurden in *SEC* (1976) mehrmals erwähnt.

701 Siehe unten, § 26 (a).

702 *DTCC* (2007a), S. 50 f.

703 *DTCC* (2007a), S. 27.

704 *DTCC* (2007a), S. 9.

705 *DTCC* (2007a), S. 11.

706 *DTCC* (2007a), S. 4.

707 NSCC Rules, Rule 11, Sec. 1 (b). Die Geschäfte, die im DTCC-System verarbeitet werden, schließen i.d.R. alle Geschäfte der NYSE, der Nasdaq Stock Market und der kleineren amerikanischen Börsen ein. Vgl. *DTCC* (2006), S. 16

708 NSCC Rules, Rule 11, Sec. 1 (b). Vgl. auch *Guttman* (2006), § 9:15, S. 9-31.

709 *DTCC* (2007a), S. 21.

710 Vgl. NSCC Membership Directory (Stand 2.7.07), abrufbar unter www.nscc.com.

chen[711]. Folglich erhalten die kaufenden Institute i.d.R. keine Wertpapiere, sondern nur Ansprüche auf einen bei der DTC geführten Konto. Ebenso liefern die verkaufenden Institute keine Wertpapiere, sondern übertragen lediglich einen Teil ihres Kontobestandes dem CCP. Dabei dient „Cede & Co.", der *nominee* der DTC, als eingetragener Aktionär für die auf den DTC-Konten gebuchten Wertpapiere[712].

Ähnliche Kontobeziehungen verbinden jede Ebene der Depotpyramide mit der jeweils nächsten Ebene. So können etwa die an der DTCC teilnehmenden Finanzinstitute Konten für Regionalbanken halten, letztere können Konten beispielsweise für Retail-Makler halten, und die Makler mögen wiederum Konten für ihre Kunden führen. Der unmittelbare Fremdbesitzer, DTC, hält die Wertpapiere an der Spitze des Systems, und ihr *nominee*, Cede & Co., ist der einzige eingetragene Aktionär. Man kann dieses System als "Depotpyramide" bezeichnen, die in der Abbildung 3.1 skizziert ist.

Jeder, der sich in der Pyramide befindet, hat Rechte auf das Konto, das für ihn von einem auf der nächst höheren Stufe stehenden Institut gehalten wird. Sofern Wertpapierzertifikate existieren, bleiben sie immobilisiert bei der DTC, deren Stellvertreter als Aktionär ins Aktienregister eingetragen wird. Diese Struktur wiederholt sich zum Teil auch, wenn sich eine Bank oder ein Makler anstelle von Cede & Co. als Aktionär ins Aktienregister eintragen lässt. So befindet sich der Endkunde in einem Rechtsverhältnis zum Makler ähnlich dem des Teilnehmers im DTCC-System zur DTC.

Abbildung 3.1
Die "Depotpyramide" des DTCC-Systems

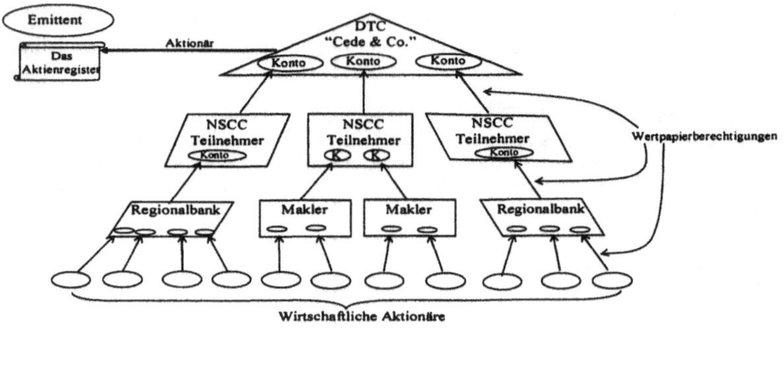

711 NSCC Rules, Rule 11. Vgl. auch *Guttman* (2006), § 9:14, S. 9-28 f.

712 DTC Rules, Rule 61.

Wie bereits in § 21 (b) erläutert, erfordert die Übertragung einer verbrieften Namensaktie nach amerikanischem Recht, um einen gutgläubigen Erwerb zu ermöglichen, die freiwillige Übergabe, ein Indossament und eventuell auch die Eintragung ins Aktienregister. Allerdings verursachen diese Vorgänge eine Menge an Papierarbeit, die mit hohen Handelsvolumina nicht vereinbar ist. Im DTCC-System findet eine Übertragung der Wertpapiere nach der klassischen Gesetzsystematik nicht mehr statt, weil die Indossaments-, Lieferungs- und Eintragungsvorgänge umgangen werden. So bietet die Immobilisierung eine zeitsparende Abkürzung, die aber viele gesetzliche Voraussetzungen für die Übertragung der Wertpapiere einfach außer Acht lässt. Nach herkömmlichem Recht würde die Übertragungstechnik des DTCC-Systems daher nicht ohne weiteres einen gutgläubigen Erwerb ermöglichen, weil bei der Übereignung weder das Zertifikat indossiert noch die Aktie im Namen des Käufers eingetragen wird. Um dieser Folge der veränderten Übertragungstechnik Rechnung zu tragen, hat die NCCUSL das Handelsrecht angepasst. Das Ergebnis waren, wie in § 21.(a) erläutert wurde, zwei Novellen des Art. 8 UCC in den Jahren 1978 und 1994[713]. Die Gestaltung der Novelle des Jahres 1978 setzte voraus, dass Wertpapiere schließlich entmaterialisiert würden und "die Übertragung des Eigentums immer noch in den Büchern des Emittenten ausgewiesen würde"[714]. Damit gingen die Fachgremien im Rahmen der ersten Novelle immer noch vom Bestehen einer direkten Beziehung zwischen der Gesellschaft und den Aktionären aus. Von den frühen 1990er Jahren an war jedoch das zentralisierte, "indirekte" System so fest im Finanzmarkt etabliert, dass Art. 8 noch einmal novelliert wurde, um den in den Büchern der Finanzinstitute ausgeführten Geschäften dieselben Wirkungen wie einer körperlichen Übertragung von Wertpapieren zu verleihen[715]. Der durch diese Novelle eingeführte Abschnitt 5 des Art. 8 regelt die Begründung und die Löschung von Ansprüchen, sog. "*security entitlements*", gegen ein Finanzinstitut, das ein Depotkonto hält, auf dem das "Finanzvermögen" (die Wertpapiere, u.a.) des Kontoinhabers verwahrt wird.

(b) Die Übereignung des buchmäßigen "Finanzvermögens"

(i) Die grundlegenden Begriffe

Die "Übereignung" immobilisierter Wertpapiere nach Art. 8 UCC wird mit Hilfe von vier „maßgeschneiderten" Begriffen geregelt. Diese Begriffe gestalten die Rechtsverhältnisse innerhalb des Verwahrungs- und Abwicklungssystems derart, dass der Gutglaubenschutz auch unter den den Bedingungen eines auf Immobilisierung beruhenden Abwicklungssystems besteht. Mit dem Begriff

[713] Vgl. *Guttman* (2006), § 1:14, S. 1-56 ff.; UCC, Prefatory Note, "C. Indirect Holding System".

[714] UCC, Prefatory Note, "B. The Uncertificated Securities System Envisioned by the 1978 Amendments."

[715] UCC, Prefatory Note, "D. Need for Different Legal Rules for the Direct and Indirect Holding Systems"; *Guttman* (2006), § 1:13, § 1:14, S. 1-56 ff.

"Wertpapierintermediär(s)" (*securities intermediary*), wird eine Clearingstelle oder andere Person (i.d.R. eine Bank oder ein Makler) bezeichnet, die beruflich "Depotkonten" für andere hält[716]. Der zweite Begriff, das "Depotkonto" (*securities account*), bedeutet ein bei einem Wertpapierintermediär gehaltenes Konto, auf dem "Finanzvermögen" gutgeschrieben werden kann[717]. Der Begriff "Finanzvermögen" (*financial assets*) schließt die verschiedene Arten von Vermögensgegenständen ein, die auf einem Depotkonto gutgeschrieben werden können, wie etwa Wertpapiere, Forderungen und Anteile[718]. Der Begriff "Wertpapierberechtigung" (*security entitlement*) schließlich bezeichnet ein anteiliges Eigentumsinteresse an dem auf dem Depotkonto des Kunden gutgeschriebenen Finanzvermögen, unabhängig davon, ob das gutgeschriebene Finanzvermögen tatsächlich im Bestand des kontoführenden Wertpapierintermediärs verfügbar ist[719].

Alle Wertpapieransprüche beziehen sich auf Finanzvermögen[720]. Die Rechtsfigur der Wertpapierberechtigung ist der Schüssel zur Übertragung des Eigentums innerhalb des Systems der auf Depotkonten verwahrten Wertpapiere. Die Wertpapierberechtigung wird ausdrücklich als sachenrechtliches Eigentumsinteresse definiert[721]. Das zur Erfüllung aller bestehenden Wertpapieransprüche notwendige Finanzvermögen des Wertpapierintermediärs ist ausdrücklich vom Eigentum des Intermediärs abgesondert[722]. Allerdings verleiht die Wertpapierberechtigung dem Anleger, von wenigen Ausnahmen abgesehen, nur Rechte gegenüber dem kontoführenden Intermediär[723]. Obwohl der Berechtigter ein Recht hat, das einem Herausgabeanspruch sehr nahe kommt, weil er die Auslieferung des Papiers verlangen kann[724], ist doch die Übertragung einer Wertpapierberechtigung keine Abtretung eines Herausgabeanspruchs. Die Übereignung erfolgt vielmehr

---

716 § 8-102 Abs. a Nr. 14 UCC.

717 § 8-501 Abs. a UCC und *Guttman* (2006), § 1:15, S. 1-58 ff., § 9:7, S. 9-13 ff.

718 § 8-102 Abs. a, Nr. 9 UCC und amtliche Erläuterung zum § 102.

719 § 8-503 Abs. b UCC und amtliche Erläuterung zum § 503; UCC, Prefatory Note, "C. Indirect Holding System." Der gesamte Bestand des Wertpapierintermediärs wird, wie bei einer Bruchteilsgemeinschaft, anteilig zwischen den Inhabern der Wertpapierberechtigungen aufgeteilt. Die Größe des jeweiligen Anteils wird vom Inhalt des jeweiligen Kundenkontos bestimmt.

720 § 8-102 Abs. a Nr. 9 UCC; amtliche Erläuterung Nr. 1 zum § 504.

721 § 8-503 Abs. b UCC ("*An entitlement holder's property interest with respect to a particular financial asset under subsection (a) is a pro rata property interest in all interests in that financial asset held by the securities intermediary* ...").

722 § 8-503 Abs. a UCC.

723 Vgl. § 8-503 Abs. c und d UCC. Der Anleger kann sein "Recht" an einem bestimmten Finanzvermögen gegenüber Dritten selbst nur geltend machen, wenn (1) ein Insolvenzverfahren über das Vermögen des Intermediärs eröffnet wird, (2) das Vermögen des Intermediärs zur Deckung der Ansprüche nicht ausreichend ist, (3) der Intermediär seine Pflicht, ausreichendes Vermögen im Bestand zu halten, verletzt hat und (4) der Insolvenzverwalter das Recht gegenüber dem Dritten nicht ausübt. § 8-503 Abs. d UCC.

724 Vgl. § 8-508 UCC.

durch Erlöschen der alten Wertpapierberechtigung des Verkäufers und Erwecken einer neuen Wertpapierberechtigung des Käufers[725]. Die Wertpapierberechtigung ist ein für den besonderen Zweck der Wertpapierabwicklung geschaffener dinglicher Anspruch mit schuldrechtlichen Eigenschaften.

Durch das Zusammenwirken der vorstehend erläuterten vier Begriffe wird ein gutgläubiger Erwerb innerhalb des Verwahrungssystems ermöglicht. Wenn der Anleger seinen Makler beauftragt, ein Wertpapier zu kaufen, das angekaufte Papier treuhändisch auf den Namen des Maklers eintragen und es auf seinem *Depotkonto* bei ihm verwahren lässt, hat der Anleger nach Art. 8 UCC *Finanzvermögen* bei einem *Wertpapierintermediär*. Das Recht des Anlegers dem Wertpapierintermediär gegenüber ist eine *Wertpapierberechtigung*, der ihm ein insolvenzfestes und im Rechtsverkehr geschütztes Sachenrecht vermittelt. Die aus dieser Gesetzessystematik folgenden Rechtsverhältnisse im Rahmen des DTCC-Systems werden in Abbildung 3.2 illustriert.

(ii) Die Übereignung durch Verfügungsauftrag

Nach der Systematik der UCC wird ein Wertpapier nicht durch Übertragung einer Wertpapierberechtigung übereignet[726]. Die Abwicklung eines Wertpapiergeschäfts erfolgt vielmehr durch das Erlöschen bzw. Erwecken der Wertpapierberechtigungen: Die Wertpapierberechtigung des Verkäufers gegenüber dem unmittelbaren Fremdbesitzer (dem Wertpapierintermediär) erlischt und eine neue Wertpapierberechtigung des Käufers gegen den Intermediär wird begründet[727]. Der Käufer erhält eine Wertpapierberechtigung zu dem Zeitpunkt, in dem der Wertpapierintermediär ein Finanzvermögen auf seinem Depotkonto gutschreibt oder gesetzlich verpflichtet wird, eine solche Buchung zu vorzunehmen[728]. Damit werden die aus der Wertpapierberechtigung fließenden Pflichten gegenüber den jeweiligen Berechtigten geschaffen oder erlöschen. Die Wertpapierberechtigung besteht selbst dann, wenn der Wertpapierintermediär das gutgeschriebene Finanzvermögen nicht im Bestand hat[729]. Der Wertpapierintermediär ist allerdings verpflichtet, eine ausreichende Menge an Wertpapieren im Bestand zu halten, um alle bestehenden Wertpapieransprüche erfüllen zu können[730]. Auf diese

[725] Hält ein Wertpapierintermediär ein Wertpapier, das auf den Kunden indossiert oder im Namen des Kunden eingetragen ist, besteht nach § 8-501 Abs. d UCC keine Wertpapierberechtigung, sondern ein direktes Verhältnis mit dem Emittenten.

[726] Vgl. amtliche Erläuterung Nr. 3 zum § 8-501 UCC.

[727] Vgl. amtliche Erläuterung Nr. 5 zum § 8-501 UCC.

[728] § 8-501 Abs. b UCC.

[729] § 8-501 Abs. c UCC. Diese Regelung scheint einen gutgläubigen Erwerb unter Umstanden zu gestatten, auch wenn ein solcher Erwerb nach deutschem Recht wegen grobfahrlässiger Unkenntnis des Wertpapierintermediärs nicht gestattet wäre. Vgl. *Kümpel* (2006), Rdn. 8/78; *Horn* (2002), S. 19.

[730] § 8-504 Abs. a UCC.

Abbildung 3.2
Die Rechtsverhältnisse innerhalb des DTCC-Systems

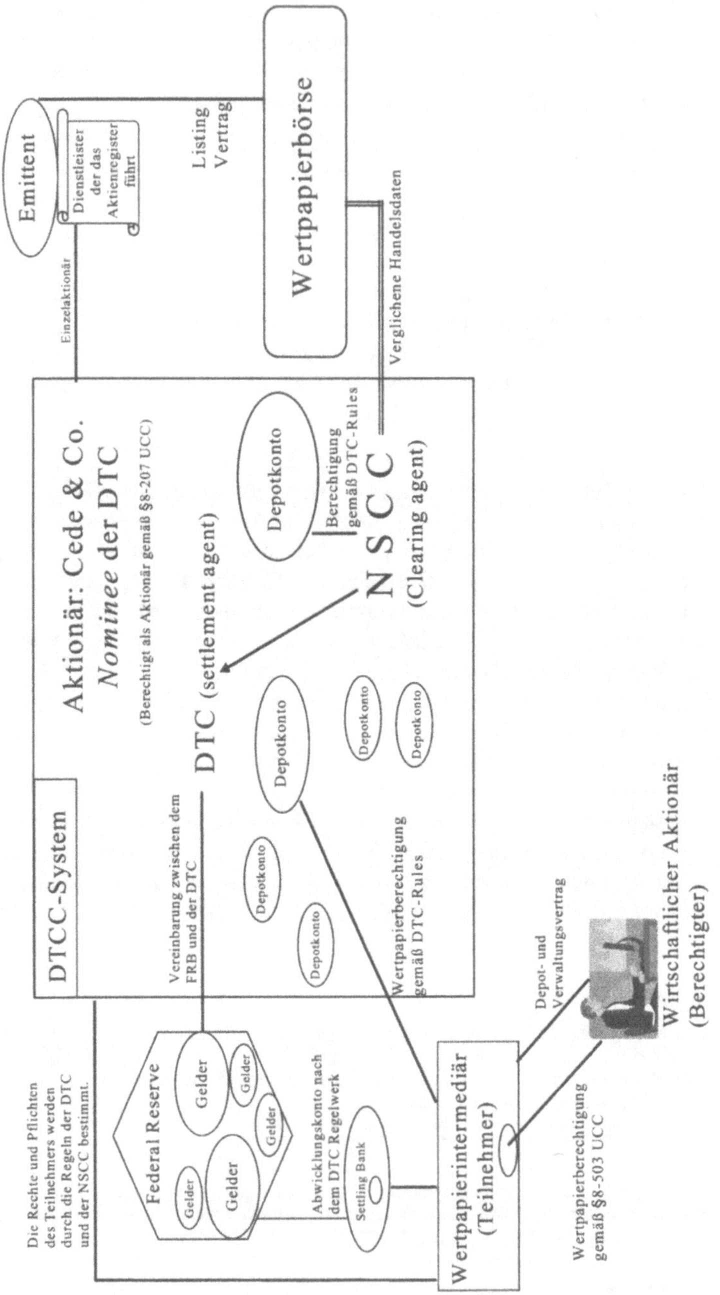

Weise wird i.d.R. das Erlöschen oder die Begründung einer Wertpapierberechtigungs die Anzahl der Wertpapiere, die der Wertpapierintermediär im Bestand halten muss, ändern.

Demnach werden Aktien, die im System verwahrt werden, ausschließlich durch einen Verfügungsauftrag (*entitlement order*) gegenüber einem Wertpapierintermediär und dessen Ausführung übertragen[731]. Je nachdem, ob Gegenstand des Auftrags ein Kauf, ein Verkauf, eine Verpfändung oder eine Leihe ist, werden Wertpapieransprüche gegenüber dem Wertpapierintermediär begründet oder zum Erlöschen gebracht. Erteilt ein Kunde seinem Makler den Auftrag, Aktien, die auf seinem Depotkonto gutgeschrieben sind, zu verkaufen, so bucht der Makler die Aktien (das "Finanzvermögen") vom Konto ab. Wenn der Makler die Aktien auf einem Konto bei seiner Depotbank als Finanzvermögen hält, könnte er als Berechtigter auch der Depotbank einen Verfügungsauftrag erteilen, um die Aktien zu übertragen. Es wäre auch möglich, dass die Depotbank die Aktien auf ihrem Konto bei der DTC hält; in diesem Fall könnte sie der DTC den Auftrag erteilen, die Aktien auf einen Käufer zu übertragen[732]. Der Verkäufer, der Makler und die Depotbank würden in diesem Szenario jeweils Verfügungsaufträge nach Art. 8 UCC erteilen und Wertpapieransprüche hinsichtlich des an den betreffenden Konten bestehenden Finanzvermögens löschen lassen. Gemäß Art. 8 UCC erfolgen damit gleichartige Verfügungen auf allen drei Ebenen, auch wenn die verbrieften Aktien nur auf der höchsten Ebene verwahrt werden.

Ein Wertpapierintermediär muss einen Verfügungsauftrag ausführen, wenn der Auftrag vom Berechtigten oder dessen gesetzmäßigen Vertreter erteilt wird[733]. Der Wertpapierintermediär hat das Recht, die Befugnis des Auftraggebers zu prüfen[734]. In diesem Zusammenhang ergeben sich die auch beim Indossament auftretenden Probleme. Verfügungsaufträge werden heute häufig telefonisch oder elektronisch erteilt, können aber auch schriftlich abgegeben werden[735]. Im Fall eines schriftlichen Auftrags würde der Wertpapierintermediär eine Garantie der Unterschrift (die sog. "*medallion guarantee*") verlangen[736]; bei einem elektronischen Auftrag könnten der Kunde und der Wertpapierintermediär sich auf eine Digitalsignatur oder einen anderen Identifizierungsvorgang einigen[737].

---

731 §§ 8-102 Abs. a Nr. 8 und -507 UCC; *Guttman* (2006), § 9:11, S. 9-21 f.

732 Auf dieser Ebene würde die Wertpapierberechtigung der Depotbank für die maßgeblichen Aktien wahrscheinlich durch das Abwicklungsverfahren nach dem Abwicklungsregelwerk und nicht nach einem Verfügungsauftrag erfolgen, insbesondere wenn die Depotbank den Aktienverkauf durch ein Börsengeschäft betätigt. Vgl. NSCC Rules, Rule 11, Sec. 3.

733 Vgl. § 8-507 Abs. a i.V.m. § 8-107 Abs. a Nr. 3 UCC.

734 § 8-507 Abs. a UCC.

735 *Guttman* (2006), §8:11, S. 8-17 ff.

736 *Guttman* (2006), § 9:11, S. 9-22 f.

737 Vgl. *Guttman* (2006), §§ 8:13, S. 8-20 ff.

Ein gutgläubiger Erwerb vom Nichtberechtigten vergleichbar dem im § 21 (b) dargestellten ist auch für den Erwerb des Finanzvermögens vorgesehen. Um Verkehrschutz gegen mögliche Einwendungen eines Drittens zu genießen, muss der Erwerber des Finanzvermögens eine Gegenleistung erbringen; darüber hinaus darf er keine Kenntnisse von etwaigen Einwendungen oder Einreden gegen das verbrieften Recht haben[738]. Ein Wertpapierintermediär, der auftragsgemäß eine Verfügung vornimmt, haftet gegenüber dem Berechtigten selbst dann nicht für den Untergang von Einwendungen infolge eines gutgläubigen Erwerbs, wenn er Kenntnis von der Einwendung hat, sofern er weder gegen eine gerichtliche Anordnung über die Einwendung verstößt noch kollusiv mit dem Begünstigten zusammenwirkt[739]. Dagegen kann die Haftung gegenüber dem Eigentümer für die Ausführung eines ungültigen (z.B. gefälschten) Verfügungsauftrags den Intermediär zu einem Deckungsgeschäft zwingen. Um sich davor zu schützen, ist die Garantie der Unterschrift für den Intermediär von besonderer Bedeutung.

(c) Die Übertragung von Rechte an immobilisierten Wertpapieren innerhalb des DTCC-Systems

Der Abwicklungsvorgang der NSCC schließt verschiedene Verfahren ein, die den Eigenschaften der verschiedenen Arten von Geschäften und Wertpapiere angemessen sein sollen. Ein Auftrag, der wegen seiner Größe (z.B. ein Aktienpaket) oder der Art der Wertpapiere (z.B. ausländische Wertpapiere) besser manuell zu bearbeiten ist, kann als ein "besonderes Geschäft" ("*special trade*") unmittelbar zwischen den Teilnehmern abgewickelt werden[740]. Ein normales Geschäft in Wertpapieren, die zum System der NSCC zugelassen sind, wird im Verfahren des "*continuous net settlement*" (CNS) abgewickelt[741]. Im Rahmen der CNS bekommt die NSCC abgeglichene Handelsdaten von einer angeschlossenen Börse oder einem zugelassenen elektronischen Handelssystem[742] und übernimmt als CCP die Rechte und Pflichten der jeweiligen Vertragsparteien[743] einschließlich des Eigentums an den Wertpapieren[744]. In einem fortlaufenden Aufrechnungsverfahren (CNS) rechnet die NSCC alle Soll- und Haben-Posten

---

738 § 8-502 UCC.

739 § 8-115 UCC. Diese Regel schützt den Rechtsverkehr, indem sie es dem Wertpapierintermediär ermöglicht, Aufträge auch dann auszuführen, wenn ein Dritter eine - möglicherweise unbegründete - Einwendung gegen ein bestimmtes Geschäft erhebt. Ein Gericht, nicht der Intermediär, wird über die Gültigkeit der Einwendung entscheiden müssen. *Guttman* (2006), § 6:12, S. 6-39 f., § 7:15, S. 7-44.4 ff. Wenn ein Wertpapierintermediär eigene Geschäfte ausführt, unterliegt er dagegen den Regeln, die für den Käufer bzw. Verkäufer gelten.

740 Vgl. NSCC Rules, Rules 1, 11, Sec. 9

741 Vgl. NSCC Rules, Rules 5, 11; Procedures V und VII.

742 NSCC Rules, Rule 7; Procedure II.

743 NSCC Rules, Rule 11, Sec. 1.

744 NSCC Rules, Rule 11, Sec. 2.

aus Geschäften in den jeweiligen Wertpapieren und die dazu gehörenden Gelder auf, teilt den teilnehmenden Geschäftsparteien die maßgeblichen Summen mit und beauftragt die DTC, die ausstehenden Posten durch Belastung und Gutschrift der bei ihr bestehenden Depotkonten auszugleichen[745]. Nach Art. 8 UCC werden durch solche Buchungen Wertpapierberechtigungen begründet bzw. zum Erlöschen gebracht. Die Buchung der DTC wird durch eine komplementäre Buchung des Teilnehmers gespiegelt, so dass das betroffene Finanzvermögen vom Konto des Endkunden abgebucht bzw. ihm gutgeschrieben wird. Nicht beglichene Summen werden weiter im CNS-Verfahren geführt und mit den neu entstehenden Posten aufgerechnet[746]. Fällige Dividenden werden dem Geldbetrag hinzugerechnet, den ein Teilnehmer bezahlen bzw. empfangen soll[747]. An jedem Abrechnungstag bekommt bzw. liefert jeder Teilnehmer des Systems nur die Menge an Wertpapieren, der dem Saldo am Schluss des jeweiligen Tages entspricht[748].

In den Vereinigten Staaten müssen Börsengeschäfte innerhalb von drei Tagen (T+3) abgewickelt werden[749]. Die Teilnehmer ermächtigen die DTC oder eine andere "qualifizierte Wertpapiersammelbank" ("*qualified securities depository*"), die notwendigen Verfügungen über ihre Konten vorzunehmen.[750] Die Zahlungsseite des Geschäfts wird in vergleichbarer Weise durch Aufrechnung, Mitteilung der Kontoaufzeichnungen und tägliche Netto-Zahlungen abgewickelt. Allerdings halten die Teilnehmer ihre Abwicklungskonten für Geldleistungen nicht bei der DTC, sondern bei ihrer eigenen Bank (jeweils eine "*settling bank*"). Diese ist an die Federal Reserve Bank of New York angeschlossen, wo die DTC ihr Konto für die Entgegennahme von Zahlungen im Rahmen der Abwicklung hält[751]. Weil mehrere Teilnehmer die gleiche Bank zum Zweck der Abwicklung beauftragen können, werden die Geldbeträge betreffend alle Kunden der jeweiligen Bank noch einmal aufgerechnet, bis eine Summe (die sog. "*net-net position*"), die dem Konto der Bank gutgeschrieben bzw. von ihm abgebucht werden soll, ermittelt ist[752]. Anders als für die Lieferung von Aktien bestimmen die Regelwerke für Geldleistungen offenbar, dass jede Bank von sich aus den geschuldeten Betrag überweisen soll[753], aber in der Praxis buchen DTC oder NCSS die

---

[745] NSCC Rules, Rule 11, Procedure VII.
[746] NSCC Rules, Rule 11, Sec. 1 (a), Procedure VII.
[747] NSCC Rules, Rule 11, Sec. 8.
[748] NSCC Rules, Rule 11, Sec. 3.
[749] 17 CFR § 240.15c6-1(a).
[750] NSCC Rules, Rules 1, 11, Sec. 3; DTC Rules, Rule 9(B).
[751] DTC Rules, Rules 9(B), 9(D).
[752] DTC Rules, Rule 9(D).
[753] DTC Rules, Rules 9(B), 9(D); NSCC Rules, Rules 12, 55.

Abbildung 3.3

Die Abwicklung eines Wertpapiergeschäftes innerhalb des DTCC-Systems

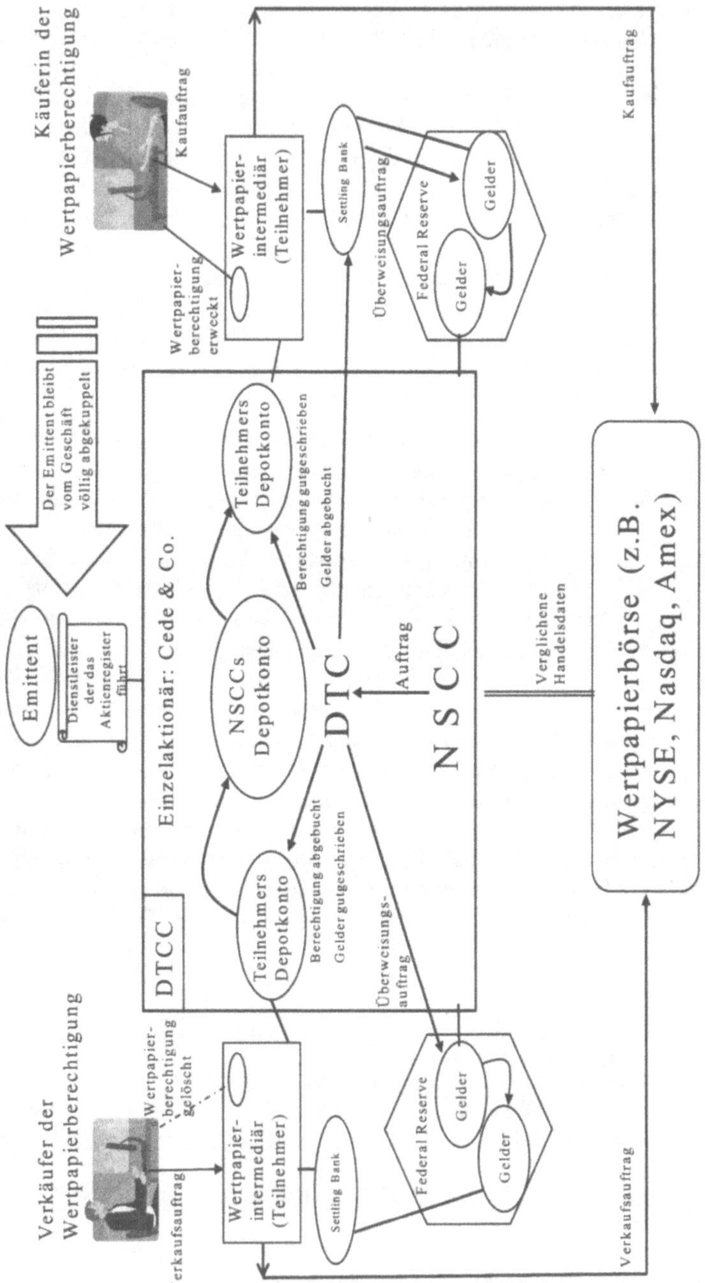

fällige Summe von den Konten der *settling banks* ab[754]. Abbildung 3.3 skizziert die Rechtsverhältnisse, die bei der Übertragung der Wertpapierberechtigungen im DTCC-System bestehen.

Üblicherweise werden keine Aktien übertragen. Im Aktienregister bleibt vielmehr immer derselbe Aktionär – Cede & Co. – eingetragen. Obwohl, wie im nächsten Kapitel gezeigt werden soll, für die entmaterialisierten Aktien solche "indirekten" Eintragungen nicht notwendig wären, bleiben die Aktien im DTCC-System im Name der Cede & Co. eingetragen. Dieser Zustand besteht nicht mehr aus Effizienzgründen, sondern aufgrund einer Mischung aus Gewohnheit, Unkenntnis und der Interessen, die in § 22 (b) (iv) dargestellt wurden.

§ 24 Zusammenfassung

Dieser Abschnitt hat gezeigt, dass die herkömmliche Übertragung von Namensaktien nach amerikanischem Recht ein erhebliches Maß an manueller Arbeit verursacht. Weil diese manuelle Arbeit keine schnelle Übertragung der Wertpapiere erlaubt, geriet der amerikanische Markt Ende der 60er Jahre des letzten Jahrhunderts in eine schwere Krise. Kurz nach dieser Krise befanden die Fachkreise, dass die beste Lösung eine Entmaterialisierung der Aktien und deren Übertragung auf ein Netzwerk elektronischer Aktienregister wäre. Wegen technischer und rechtlicher Hindernisse sowie entgegenstehender Interessen einiger Betroffener wurde stattdessen eine leichter umzusetzende Lösung – die Immobilisierung der Wertpapiere in einer Zentralverwahrstelle und deren Übertragung auf die bei der Verwahrstelle geführten Konten – gewählt. Die NCCUSL und ALI haben das Handelsrecht an dieses *indirect holding system* angepasst. Heute werden nicht Wertpapiere selbst, sondern Rechte auf den Konten bei der Verwahrstelle oder einem anderen Finanzinstitut übertragen. Obwohl Wertpapiere auf dem amerikanischen Markt heute entmaterialisiert sind, bleibt es bei der Konzentration auf eine Zentralverwahrstelle. Die Gründe dafür sind in der Unkenntnis der Beziehung zwischen der aktienrechtlichen Kommunikation und der Immobilisierung, der Kluft zwischen den Bereichen "Aktienrecht" und "Börseninfrastruktur" und den Interessen der Marktteilnehmer, insbesondere der Makler, zu suchen. Das nächste Kapitel befasst sich mit möglichen Alternativen, die die Bedürfnisse des Aktienrechts berücksichtigen.

---

[754] So hat ein Geschäftsleiter der DTCC dem Autor dieser Arbeit die übliche Vorgehensweise erklärt. Vgl. NSCC Rules, Rule 12, Sec. 1 ("*The Corporation shall debit or credit ... Settling Members ... with the amounts payable and receivable*").

IV. ABWICKLUNGSMODELLE, DIE DAS AKTIENRECHT BERÜCKSICHTIGEN

§ 25 Problemstellung

Das vorhergehende Kapitel hat vorgestellt, wie das hohe Marktvolumen zur Immobilisierung der Wertpapiere und zur Abweichung vom Ideal des vollständigen Aktienregisters führte. Wirtschaftliche Aktionäre mussten durch Finanzinstitute als eingetragene Aktionäre ersetzt werden, um einen effizienten Kapitalmarkt zu fördern. Die negativen Auswirkungen dieser Technik werden in den zahlreichen Berichten internationaler Fachgremien und Organisationen, die die Systeme für die Abwicklung der Effektengeschäfte eingehend überprüft haben, nicht beachtet[755]. Obwohl die in diesem Kapital dargestellten Abwicklungsmodelle belegen, dass eine effiziente Wertpapierabwicklung möglich ist, ohne dass Intermediäre die Aktionärsstellung einnehmen, haben die für die Wertpapierabwicklung zuständigen Fachgremien die Auswirkungen auf die Unternehmensleitung bislang nicht berücksichtigt. *Scott* fasst den wissenschaftlichen Fokus der Fachgremien, die Wertpapierabwicklung untersuchen, zutreffend in folgendem Satz zusammen: "*The chief aims of clearing and settlement are efficiency and safety*"[756]. Effizienz setzt die preisgünstige und schnelle Bearbeitung einer hohen Anzahl von Stücken, auch aus verschiedenen Märkten, voraus. Sicherheit wird dadurch erzielt, dass die erworbenen Rechte an diesen Stücken nicht verloren gehen. Etwaige negative Auswirkungen auf den *Inhalt* dieser Stücke, also auf die Rechte aus dem Papier, werden als unvermeidlich betrachtet. Die hier dargestellten alternativen Modelle zeigen aber, dass ein effizientes System für die Übertragung der Rechte am Papier nicht unbedingt die Ausübung der Rechte aus dem Papier beeinträchtigen muss.

§ 26 Unzureichende Berücksichtigung der Rechte aus dem Wertpapiere

(a) Sicherheit des Rechts am Papier als Voraussetzung der Wertpapierabwicklung

"Sicherheit" bedeutet in den zahlreichen internationalen Studien über Wertpapierabwicklung hauptsächlich, dass die innerhalb des Systems übertragenen Wertpapiere tatsächlich geliefert und dem Erwerber eindeutig dinglich zugeordnet werden können[757]. *Horn* erklärt knapp das Hauptinteresse: Das System muss "sicherstellen, dass die vom Kunden veräußerten oder erworbenen Wertpapiere in der Insolvenz der Bank, die als Drittverwahrer ... oder als Kommissionär fun-

---

[755] Vgl. z.B. *Group of Thirty* (1988) und (2003); *Bank for International Settlements* (1995); *CPSS/IOSCO* (2001) und (2001b); *The Giovannini Group* (2001) und (2003); *Europäische Kommission* (2002), (2004), (2006); *ECB/CESR* (2004).

[756] *Scott* (2004), S. 278.

[757] *CPSS/IOSCO* (2001), Recommendations 1 – 12; *ECB/CESR* (2004), Standards 1-12 und 19.

giert, ausgesondert werden können, also insolvenzfest sind"[758]. Ferner wird laut *Kümpel*, "einhellig anerkannt, dass zumindest im Rahmen des Effektengiroverkehrs ein unabweisbares Bedürfnis für einen Gutglaubensschutz besteht, weil sonst die Funktionsfähigkeit des stückelosen Wertpapierverkehrs in Frage gestellt ist"[759]. Vor allem um zu gewährleisten, dass diese beiden Ziele erreicht werden, haben die NCCUSL und das ALI den Art. 8 UCC zweimal novelliert[760], und hat die Europäische Union eine Richtlinie zur Wirksamkeit der Wertpapierabwicklung (-abrechnung) erlassen[761]. Auch das deutsche Schrifttum hat der Insolvenzfestigkeit sowie dem Gutglaubensschutz im Effektengiroverkehr viel Aufmerksamkeit gewidmet[762]. Prominente Gremien wie der Ausschuss für Zahlungsverkehrs- und Abrechnungssysteme (CPSS) der Bank für Internationalen Zahlungsausgleich (BIZ), die Group of Thirty und das Committee of European Securities Regulators (CESR) stimmen darin überein, dass ein Abwicklungssystem bestimmte Eigenschaften haben soll. Dazu gehören u.a.:

- ein schneller Abgleich- und Abwicklungsvorgang[763],
- Lieferung Zug um Zug gegen Zahlung[764],
- die Möglichkeit von Wertpapierdarlehen, um Lieferausfälle zu vermindern und die Abwicklung zu beschleunigen[765],
- die Einführung einer zentralen Wertpapiersammelbank (*Central Securities Depository* — CSD), bei der die immobilisierten oder entmaterialisierten Wertpapiere buchmäßig übertragen werden können[766], und u.U.

---

758 *Horn* (2002), S. 7.

759 *Kümpel* (2006), Rdn. 8/73.

760 Siehe oben, §§ 21 (a), 23 (a).

761 Richtlinie 98/26/EG des Europäischen Parlaments und des Rates vom 19. Mai 1998 über die Wirksamkeit von Abrechnungen in Zahlungs- sowie Wertpapierliefer- und -abrechnungs-systemen, ABl. 1998 Nr. 166/45 (Finalitätsrichtlinie). Eine ähnliche Maßnahme betreffend Sicherheiten ist auch die Richtlinie 02/47/EG vom 6. Juni 2002, ABl. 2002 Nr. L 168/43 (Richtlinie über Finanzsicherheiten).

762 Vgl. *Canaris* (1981), Rdn. 2026 ff.; *Kümpel* (2006), Rdn. 8/76 ff.; *Horn* (2002), S. 11 f.; *Einsele* (1995), S. 97 ff.; *von Criegern* (1997), S. 62 ff.; *Habersack/Mayer* (2000), S. 1681 f.

763 *CPSS/IOSCO* (2001), Recommendations 2, 3, 8; *Group of Thirty* (1988), Recommendations 1, 7; *ECB/CESR* (2004), Standards 2, 3, 8.

764 *CPSS/IOSCO* (2001), Recommendation 7; *Group of Thirty* (1988), Recommendation 8; *ECB/CESR* (2004), Standard 7.

765 *CPSS/IOSCO* (2001), Recommendation 5; *Group of Thirty* (1988), Recommendation 5; *ECB/CESR* (2004), Standard 5. In einem System, das auf der Immobilisierung von Wertpapiere basiert, wird von der Zentralstelle gefordert, so viele Papiere wie möglich in ihrem Besitz zu halten und ihre eigenen Kontobuchungen als Ersatz für unverbriefte Wertpapiere zu verwenden. Siehe oben, § 23 (b) (1). Dort, wo Wertpapiere hauptsächlich unverbrieft sind, ist das Argument für eine Zentralstelle weniger überzeugend.

766 *CPSS/IOSCO* (2001), Recommendation 6; *Group of Thirty* (1988), Recommendation 3; *ECB/CESR* (2004), Standard 6. Dem CSD wird hingegen nicht die Funktion eines zentra-

- die Einführung eines Zentralkontrahenten (*Central Counterparty* – CCP)[767].

Der grenzüberschreitende Giroverkehr wirft besondere Sicherheitsprobleme auf. Im Rahmen der grenzüberschreitenden Wertpapierabwicklung muss "genau bestimmt werden, welches nationale Recht für die vertraglichen und eigentumsrechtlichen Aspekte des gesamten Vorgangs anzuwenden ist (Kollisionsrecht)"[768]. Wenn das Papier selbst in einem Depot in einem Land liegt, aber an der Börse in einem anderen Land gehandelt wird und sowohl der Makler des Käufers als auch dessen Depotkonto sich in einem dritten Land befinden, bereitet dies Schwierigkeiten für eine solche Bestimmtheit. Daher hat die Europäische Union das anwendbare Recht im grenzüberschreitenden Sicherungsgeschäft in der Finalitätsrichtlinie und in der Richtlinie über Finanzsicherheiten bestimmt[769], und die Haager Konferenz für IPR hat eine Konvention entworfen, die das auf die im Depotkonto gehaltenen Wertpapiere anwendbare Recht bestimmt[770]. Auch "wenn die Festlegung der jeweils anzuwendenden nationalen Rechtsvorschriften ... geklärt wird, können sich Unterschiede in den nationalen Rechtsvorschriften nachteilig auf den gesamten Prozess auswirken"[771]. Daher hat auch das Institut International pour l'Unification du Droit Privé ("UNIDROIT") eine Konvention entworfen, die die sichere Übertragung der Wertpapiere, die sich im Depotkonto von Wertpapierintermediären befinden, gewährleisten soll[772]. Rechtssicherheit bedeutet in diesem Umfeld, dass das anwendbare Recht feststellbar ist, und dass dieses Recht die notwendigen Eigentumsverhältnisse klar und zuverlässig bestimmt. Der Einsatz der wichtigsten internationalen Gremien und der Europäischen Union in diesem Bereich zeigt, wie wichtig die Wertpapierabwicklung für den Finanzmarkt tatsächlich ist.

(b) Defizite des Effizienzbegriffs im Hinblick auf die Rechte aus dem Papier

Das zweite Hauptziel der Wertpapierabwicklung, die Effizienz[773], beschäftigt die Europäische Union seit dem Jahr 2000 ständig. Insbesondere die Giovannini

---

len Registers zugeschrieben. Damit ist es fraglich, ob im Fall der *unverbrieften* (dematerialisierten) Wertpapiere eine zentrale Stelle nötig oder gar hilfreich ist.

767 *CPSS/IOSCO* (2001), Recommendation 4; *Group of Thirty* (2003), Recommendation 6; *ECB/CESR* (2004), Standard 4.

768 *Europäische Kommission*, KOM (2004) 312, S. 26.

769 Vgl. Art. 9, Finalitätsrichtlinie; *Einsele* (2001), S. 2418 ff.; Art. 9 Richtlinie über Finanzsicherheiten; *Than* (2003), S. 553 ff.

770 Conférence de la Haye de Droit International Privé, "Convention on the Law Applicable to Certain Rights in respect of Securities held with an Intermediary".

771 *Europäische Kommission*, KOM (2004) endgültig 312, S. 26.

772 *UNIDROIT*, Preliminary Draft Convention on Substantive Rules Regarding Intermediated Securities (2006).

773 *Europäische Kommission* (2006), S. 34, Table 3; *CPSS/IOSCO* (2001), Recommendation 15; *Group of Thirty* (2003), Recommendations 1 – 8.

Group[774] und die Europäische Kommission[775] haben die Voraussetzungen für die bestmögliche Integration zu einem gesamteuropäischen, nahtlos vernetzten System und die Hindernisse, die der Einführung eines solchen Systems im Wege stehen, sehr eingehend untersucht. Erwartungsgemäß ist das primäre Hindernis für ein effizientes Abwicklungssystem in Europa – außer der unfairen Zugangsverweigerung[776] – die fehlende Standardisierung, die sich in der Vielzahl der verschiedenen technischen Daten, juristischen Normen und bestehenden Infrastrukturen manifestiert[777]. Fehlende Standardisierung in den Kommunikations- und Datenverarbeitungssystemen verhindert sowohl das Entstehen einer zentralisierten Einheit als auch ein gegenseitiges Zusammenschließen der Systeme der verschiedenen Länder[778]. Damit erschwert die unterschiedliche juristische und technische Behandlung der Rechte am sammelverwahrten Wertpapier den Aufbau eines grenzüberschreitenden Kapitalmarkts[779].

Aufschlussreich an den Studien der Fachgremien ist die Tatsache, dass die Verschiedenheit der Rechte *aus* dem Wertpapier als Hindernis für die effiziente Abwicklung angesehen wird. So wird das Wertpapier selbst, das *sine qua non* und Urzweck des Kapitalmarkts ist, als ein Hindernis für Effizienz betrachtet. Das Streben nach Rationalisierung, das zur Abschaffung des Zertifikates geführt hat, drängt auch auf Rationalisierung der verschiedenen Gestaltungen verbriefter Rechte. Die Giovannini Group sieht die Vielfalt der Bestimmungen über die Ausübung des Stimmrechts oder einer Option als Hindernis für eine effiziente Abwicklung[780]. Die Group of Thirty vertritt die gleiche Auffassung[781]. Wenn Fristen, Formen und auslösende Ereignisse für solche Rechte standardisiert wären, wäre es leichter für eine zentrale Abwicklungsstelle und ihre Teilnehmer, Wertpapiere aus mehreren Märkten zu verarbeiten[782]. Sowohl die Giovannini Group als auch die Group of Thirty schlagen vor, dass Mitteilungen an die Aktionäre nicht nur standardisiert, sondern auch in Form einer ISO 15022 formal vereinheitlicht werden sollen[783]. Die ISO ("International Organization for Standardization") entwickelt bekanntlich Standards zusammen mit der SWIFT ("Society for Worldwide Interbank Financial Telecommunications") für das größte Kommunikationssystem, das Banken untereinander verwenden, um Aufträge

---

774 *The Giovanni Group* (2001), (2003).

775 *Europäische Kommission*, KOM(2002) 257 endgültig; KOM (2004) 312 endgültig; (2006).

776 *Europäische Kommission*, KOM (2004) 312 endgültig, S. 32 ff; (2006), S. 20, 39.

777 *The Giovanni Group* (2001), Barriers 1, 3, 5, 6, 7, 8, 13, 14 und 15.

778 *The Giovanni Group* (2001), Barrier 1; (2003), S. 7 f.

779 *The Giovanni Group* (2001), S. 54 ff.; (2003), S. 13 ff.

780 *The Giovanni Group* (2001), Barrier 3; (2003), S. 9 f.

781 *The Group of Thirty* (2003), Recommendation 8.

782 *The Giovanni Group* (2003), S. 10.

783 *The Giovanni Group* (2003), S. 10; *The Group of Thirty* (2003), S. 90.

und Mitteilungen zu senden[784]. Nach den Vorschlägen der Giovannini Group und Group of Thirty würden die für das SWIFT-System entwickelten Mitteilungsformate auch im Aktienrecht als Bedingung für die Kommunikation mit den Aktionären eingeführt werden. Damit würden die Emittenten gezwungen, wegen der Effizienz der Abwicklung, nur die vorgeschriebenen, standardisierten Arten von Wertpapieren zu emittieren. Sobald die heterogenen Wertpapiergattungen auf einen gemeinsamen Nenner zusammengeführt worden sind, wären nur die CSDs im Stande, gewünschte Gestaltungen von Rechten *effizient* anzubieten. Im Ergebnis könnten sie als Teil ihrer Produktpalette gegen Gebühr den Emittenten und den Wertpapierinhabern die vom Markt gewünschten Wertpapiergattungen anbieten. Das Recht, Wertpapiere frei zu gestalten, und die dazugehörigen Erlöse, würde wie die Kontrolle über die Aktionärsdaten von den Emittenten auf die Intermediäre übertragen.

Diese Vorgehensweise ist aufschlussreich. Weil die Fachgremien die Sicherung der Rechte aus den Wertpapieren nicht als Ziel der Wertpapierabwicklung verstanden hatten, konnten sie später die Rechte aus den Papieren als ein *Hindernis* für ein effizientes System betrachten. Diese Einschätzung ist rational, solange nur die Sicherung der Rechte am Papier, nicht jedoch die Sicherung der Rechte aus dem Papier als Systemzweck gesehen wird. Beeinträchtigungen der Rechte aus dem Papier können nicht als negative Auswirkungen des Vorgangs betrachtet werden, weil sie überhaupt nicht als etwas Bedeutungsvolles in Betracht kommen.

Allerdings können die Folgen eines Vorgangs erst korrigiert werden, nachdem sie erkannt worden sind. Ein Beispiel dafür ist die durch die steigende Industrialisierung verursachte Umweltverschmutzung und die erfolgreiche Reinigung vieler Flüsse und Seen, die erfolgte, nachdem die negativen externen Auswirkungen industrieller Tätigkeit sich zeigten[785]. Im Fall der Wertpapierabwicklung wurde das Augenmerk auf die Bearbeitung der Wertpapiere gerichtet, der Inhalt dieser Wertpapiere hingegen außer Betracht gelassen. Eine vergleichbare Entwicklung ließ sich in der Anfangszeit des Massenvertriebs von verderblichen bzw. zerbrechlichen Lebensmittelprodukten wie Milch und Eiern beobachten: Dort, wo ihre Verderblichkeit oder Zerbrechlichkeit den effizienten Vertrieb behindert hatte, forderte der Vertrieb die Verwendung von Milch- oder Eipulver, die weder verderblich noch zerbrechlich waren[786]. Der Inhalt des Produkts wird

---

784 Vgl. http://www .iso15022.org, die Website der International Organization for Standardization und http://www.swift.com, die der SWIFT.

785 Vgl. *US Environmental Protection Agency* (1995).

786 Vgl. *Röckseisen* (1968), S. 36. Außer als Zusatzstoffe für die Nahrungsmittelindustrie oder die Milchfütterung von Vieh werden solche Trockenprodukte nur noch dort verwendet, wo außergewöhnliche Anforderungen an den Transport (z.B. Bergwandern) oder an die Konservierung (z.B. das Überleben nach einer Naturkatastrophe) bestehen. Vgl. http://trekkers.tripod.com/english /cooking.htm und *USA Emergency Supply*, Information on Powdered Eggs, abrufbar unter www.usaemergencysupply.com.

standardisiert, um die Effizienz des Vertriebssystems zu fördern. Diese Rationalisierung im Lebensmittelbereich scheiterte letztlich an der fehlenden Qualität der rationalisierten Produkte[787]. Ob die Standardisierung der Rechte aus Wertpapieren eine ähnliche Entwicklung durchmachen wird, um die Ausübung der Rechte aus den Wertpapieren unabhängig von Intermediären zu ermöglichen und die Kommunikation zwischen Emittenten und Aktionären wiederherzustellen, wird sich erst zeigen, wenn die negativen Effekte der zentralisierten Abwicklungssysteme wirklich zur Kenntnis genommen worden sind.

(c) Vernachlässigung der grundlegenden Interessenkonflikte zwischen Emittenten und Intermediären in den Vorschlägen der Fachgremien

Die *Group of Thirty* nennt zutreffend die Governance der Abwicklungssysteme "den Schlüssel zur Reform"[788]. Im vorhergehenden Kapitel wurde gezeigt, dass die Marktteilnehmer im Jahr 1971 ein dezentrales, auf unverbrieften Wertpapieren basierendes System als die "bessere" Lösung für Abwicklungsprobleme betrachtet haben[789]. Weil diese Lösung jedoch zunächst für undurchführbar gehalten wurde, führte der Kongress im Jahr 1975 die "Zwischenlösung" eines auf der Immobilisierung basierenden Systems ein[790]. In diesem System liegt die Kontrolle der Zentralstelle – unter der Aufsicht der SEC – in den Händen der Börsen und deren Eigentümer, der Makler und Großbanken, und die DTC ist Legitimationsaktionärin zahlreicher börsennotierter Unternehmen[791]. Durch die Immobilisierung ist die DTC eine Art indirekter Emittent der unverbrieften Aktien für den größten Teil der amerikanischen Wirtschaft geworden[792]. Diese Struktur schafft erhebliche Vorteile für die Makler und andere Marktteilnehmer, die das System besitzen und verwalten, und erhebliche Nachteile für die Emittenten und Aktionäre, die nur die indirekten Nutzer des Systems sind[793]. Gerade die Markteilnehmer haben kein Interesse daran, das System grundlegend zu ändern. Möglicherweise ist Governance des Systems daher der Schlüssel zur Reform. Die Verwendung dieses Schlüssels setzt aber die Einsicht voraus, dass die negativen Wirkungen des gegenwärtigen Systems nicht unausweichliche Kosten des Fortschritts, sondern Auswirkungen einer Struktur sind, die den Emittenten und Aktionären Kompetenzen nimmt, um sie dem CDS zu geben. *Schwarz/Francioni* beschreiben die aus der Zusammensetzung des Mitgliederkreises resultierende Interessenlage folgendermaßen:

> *"Historically, exchanges have been membership organizations, and for a membership organization the answer is straightforward: The broker-dealer*

---

[787] Vgl. *Wiebe* (2000), S. 73; *European Food Safety Authority* (2004).

[788] *The Group of Thirty* (2003), S. 49.

[789] Siehe oben, § 23 (b) (i).

[790] Siehe oben, § 23 (b) (ii).

[791] Siehe oben, § 23 (b) (ii).

[792] Siehe oben, § 23 (b) (iv).

[793] Siehe oben, § 23 (b) (iv).

intermediaries, who are their members, are their primary customers. With a membership organization, the other two constituents (investors and the listed companies) are important primarily because they are critical for the profitability of the members. Nevertheless, the bottom line is, with a membership organization, the interests of the intermediaries come first"[794].

Der Umstand, dass Emittenten und Aktionäre von der Leitung der Abwicklungssysteme ausgeschlossen sind und dass ein Interessenkonflikt zwischen ihnen und den Maklern besteht, wird allerdings heute kaum noch zur Kenntnis genommen[795]. Nach den Vorschlägen der *Group of Thirty* sollten die Mitglieder des Board eines CSD die Erfahrung und die Autorität haben, um das System für die Nutzer pflichtbewusst und ordnungsgemäß zu leiten[796], und den Marktteilnehmern einen fairen Zugang zu Abwicklungsdienstleistungen zu gewähren[797]. Die Formulierung weist auf den Interessenkonflikt hin, der aus dem Wunsch der Markteilnehmer nach Zugang zu den Abwicklungsdienstleistungen resultiert. Noch näher an die Problematik kommt der etwas vage Vorschlag, dass der CSD die Interessen aller "*stakeholders*", einschließlich der Emittenten, berücksichtigen soll[798]. Allerdings erwähnt der begleitende Text nicht das Anliegen, den Aktionär und nicht das Finanzinstitut ins Aktienregister einzutragen. Auch die Europäische Kommission widmet der Governance der Abwicklungssysteme viel Aufmerksamkeit. Sie sieht das Thema unter dem besonderen Blickwinkel des europäischen Integrationsprozesses. Ihr Anliegen besteht dementsprechend vor allem in der Beseitigung wettbewerbsbeschränkender Strukturen[799]. Sie erkennt die Wichtigkeit der Eigentumsverhältnisse und der Gruppenstruktur des CSD: "Nutzereigene" Einrichtungen können danach andere Interessen und Zielen als "gewinnorientierte" Einrichtungen haben[800]. Sie empfiehlt "*best practice*" Regeln, wie die Bildung von aus unabhängigen Mitgliedern bestehenden Ausschüssen und die Veröffentlichung der Vorstandsgehälter, um Konflikte zwischen Betreibern und Nutzern zu verringern[801], aber offenbar ist den Beratern der Kommission nie bewusst gewesen, dass die Interessen der Emittenten und Aktionäre mit denen der Intermediäre in Konflikt geraten können. *Russo/Hart/Malaguti/Papathanassiou* sind näher am Problem, wenn sie ausführen, dass eine Zentralstelle, die das einzige Register für entmaterialisierte Wertpapiere führt, eine erhebliche und aufsichtsbedürftige Marktposition den Emittenten

---

794 *Schwartz/Francioni* (2004), S. 93.

795 Siehe aber § 27 (a), unten, für eine Beschreibung des Verhältnisses der amerikanischen Makler zu einem System, in dem sie nicht mehr im Mittelpunkt zwischen Emittent und Aktionär stehen.

796 *The Group of Thirty* (2003), Recommendation 17, S. 50 f.

797 *The Group of Thirty* (2003), Recommendation 18, S. 52 f.

798 *The Group of Thirty* (2003), Recommendation 19, S. 54 f.

799 *Europäische Kommission*, KOM (2004) 312, S. 22.

800 *Europäische Kommission*, KOM (2004) 312, S. 22 f.; (2006), S. 30 f.

801 *Europäische Kommission*, KOM (2004) 312, S. 23.

gegenüber besitzt[802], aber auch diesen Autoren stellten sich nicht die Frage, ob nicht schon die Entscheidung für ein zentral vom CSD geführtes Register bestimmte Interesse gegen andere ausspielt.

Das Interesse des Systembetreibers an möglichst hohen Gebühreneinnahmen, das Interesse des Maklers an möglich geringen Gebühren, und das Interesse der Großbanken, auch selbst Verwahrungs- und Abwicklungsdienstleistungen anzubieten, können innerhalb der Verwaltungsorgane des Abwicklungssystems aufeinander treffen. Außerhalb dieser Organe stehen die Interessen der Emittenten und der "Konsumenten" (Anleger) der Wertpapiere. Weil die Anleger oft keine Marktteilnehmer sind, haben sie auch keine Möglichkeit, ihre Interessen unmittelbar im Verwaltungsorgan der Börse zu vertreten. Ihre Interessen werden nur berücksichtigt, soweit die Marktteilnehmer die Pflicht oder einen Anreiz haben, das zu tun. Wenn allerdings das Interesse der Emittenten an einem funktionsfähigen Aktienregister oder das Interesse der Aktionäre, ihre Mitgliedschaftsrechte selbst ausüben zu können, nicht als legitime und schutzbedürftige Interessen angesehen werden, wird auch der Gesetzgeber eine entsprechende Pflicht nicht anordnen.

Dabei sollte man den internationalen Aufsichtsbehörden, Organisationen und Gremien, die sich mit der Wertpapierabwicklung befassen, keineswegs eine emittentenfeindliche Haltung unterstellen. Vielmehr scheint es so, dass eine Abwicklungsstruktur, die nicht durch Intermediäre das Verhältnis zwischen Emittent und Wertpapierinhaber unterbricht, schlicht nicht für möglich gehalten wird. Wo aber keine Hoffnung auf die Verwirklichung einer besseren Alternative besteht, kann es kein berechtigtes Interesse – und daher keinen Konflikt der Interessen – geben. Daher ist es von erheblicher Bedeutung, dass die Möglichkeit eines Systems, das den Informationsfluss zwischen Emittent und Aktionär und zwischen den Aktionären nicht unterbricht, klar aufgezeigt wird. Der folgende Abschnitt stellt zwei Abwicklungsstrukturen dar, die entwickelt worden sind, um ein vollständiges Aktienregister gewährleisten.

§ 27 Das amerikanische Direkteintragungssystem (DRS)

(a) Das Entstehen des Direkteintragungssystems

Kapitel III dieser Arbeit beschreibt, wie die "Immobilisierung" im Jahr 1975 als Fundament des amerikanischen Abwicklungssystems in Reaktion auf eine durch Misswirtschaft in der Wertpapierabwicklung verursachte Finanzkrise eingeführt wurde[803]. Zwar hatte die SEC im Jahr 1975 vor, den Maklern und Banken die Pflicht aufzuerlegen, alle Aktionärsdaten an die Emittenten weiterzuleiten[804];

---

[802] *Russo/Hart/Malaguti/Papathanassiou* (2004), S. 23 f.

[803] Siehe insb. § 22, oben.

[804] Siehe oben, § 22 (b) (iii) sowie *Thomas/Dixon* (2001), § 8.02[B].

das Wissen um die Notwendigkeit einer solchen veranlasste die SEC aber nicht dazu, bereits bekannte alternative Strukturen der Wertpapierabwicklung ernsthaft ins Betracht zu ziehen. Weil die Kommunikation zwischen einem Emittenten und seinen Aktionären ein Element des Aktienrechts, nicht aber des Abwicklungsvorgangs ist, wurde versucht, die Hindernisse, die das Abwicklungssystem für die Kommunikation zwischen Gesellschaft und Aktionär verursacht, durch aktienrechtliche Mittel zu beheben[805]. Daher wurden Pflichten in die Bestimmungen über die Einberufung der Hauptversammlung (die *Proxy Rules*) eingeführt, wonach die betroffenen Emittenten ihre Mitteilungen indirekt über eine Kette von Intermediären liefern könnten[806]. Das im Jahr 1971 als vorzugswürdige Alternative eingeschätzte dezentrale System, in dem unverbriefte Aktien in einem vernetzten System elektronischer Aktienregister übertragen werden sollten[807], geriet in Vergessenheit[808].

Währenddessen entwickelte sich die Informations- und Kommunikationstechnologie ständig fort. Im Jahr 1986, ein halbes Jahrzehnt, nachdem Frankreich alle auf dem französischen Markt im Umlauf befindlich Wertpapiere völlig entmaterialisierte[809], folgten die Vereinigten Staaten dem von Deutschland teilweise schon im Jahr 1910[810] und vollständig im Jahr 1972[811] eingeschlagenen Weg und wandelten ihre eigenen Anleihen in die unverbriefte Form um.[812] Damit hatten drei großen Volkswirtschaften deutliche Belege dafür gegeben, dass die technologischen Voraussetzungen für entmaterialisierte Kapitalmarktpapiere nunmehr vorhanden waren.

Im Jahr 1994 genehmigte die SEC ein "Direkteintragungssystem" ("*direct registration system*" – DRS), das vom Zentralgremium der Dienstleister, die das Aktienregister verwalten und zugehörige Tätigkeiten ausführen (*transfer agents*), entwickelt worden war[813]. Die SEC hatte vor, das neue System im

---

805 Genau betrachtet waren diese Maßnahmen Änderungen der Regeln nach dem *Exchange Act*, also eigentlich des Kapitalmarktrechts; in der Sache betrafen diese Maßnahmen aber die Versendung der Pflichtmitteilungen und die Ausübung der Stimmrechte, also Gegenstände, die herkömmlich dem Aktienrecht zugeordnet sind, vgl. Kapitel III, § 22 (b) (iii).

806 Siehe oben, § 22 (b) (iii).

807 SEC (1971), S. 168, 173, 179, 191, erläutert in § 22 (b) (i).

808 In keinem Bericht der SEC zwischen 1972 und 1994 wurde die Entmaterialisierung als eine mögliche Abwicklungsstruktur erwäht, welche die Kommunikation wiederherstellen kann.

809 *Maffei* (2005), S. 103.

810 Das Reichsschuldbuchgesetz vom 31. Okt. 1910, RGBl. I S. 840), besprochen in *Canaris* (1981), Rdn. 2052. Vgl. auch *Kümpel* (2006), Rdn. 8/112.

811 Gesetz vom 24 Mai. 1972, BGBl. I, 801. Vgl. *Kümpel* (2006), Rdn. 8/112; *Heinsius/Horn/Than*, § 42 Rdn. 6.

812 Vgl. *Guttman* (2006), § 1:13, S. 1-52 ff.; 31 CFR §§ 357.0 – 357.45.

813 Securities and Exchange Commission, Concept Release, "Transfer Agents Operating Direct Registration System," Mitteilung Nr. 34-35038, (8. Dez. 1994) (im Folgend "DRS Mitteilung").

Rahmen des Übergangs von einem fünftägigen (T+5) zu einem dreitägigen (T+3) Abwicklungsvorgang einzuführen. Die SEC verstand das DRS als ein "buchmäßiges Eintragungssystem, das von dem Emittenten und seinem *transfer agent* betrieben wird"[814]. Im DRS werden unverbriefte Aktien in einem elektronischen Aktienregister statt auf mehreren Konten einer Wertpapiersammelbank geführt. Das DRS sollte in vielen Hinsichten dem in § 22 (b) erläuterten TAD ähneln. Weil die Aktien entmaterialisiert sind, entsteht durch das DRS ein vollständiges Aktienregister, ohne dass die Übertragungen durch Papierarbeit verlangsamt werden[815]. Dieser erste Versuch eines dezentralisierten, emittentenbetriebenen Systems hat sich aber nicht durchsetzen können. Die SEC hat die wichtigsten Marktteilnehmer – zusammen mit den *transfer agents* auch die Gremien der Makler, der Banken und der Emittenten, sowie die Wertpapiersammelbank DTC – aufgefordert, das elektronische Kommunikationssystem bis zum Datum des Übergangs zum T+3 (7. Juni 1995) aufzustellen und zu prüfen[816]. An dieser Stelle ist daran zu erinnern, dass ursprünglich die *transfer agents*, die das Aktienregister für den Emittenten führen, die treibende Kraft hinter dem DRS waren[817]. Wie im 2. Kapitel erläutert, hat das Aktienregister in einem auf Immobilisierung beruhenden System wenig Bedeutung. Damit werden die *transfer agents* nahezu überflüssig. An deren Stelle übernehmen die Makler alle Angaben über die wirtschaftlichen Aktionäre und unterhalten direkte Beziehungen mit ihnen. Sobald die Makler und die von ihnen kontrollierte Zentralstellen[818] – die Börsen und DTC – an der Gestaltung des DRS teilnahmen, entwickelte sich das Leitbild des DRS von einem durch die Emittenten geführten zu einem durch die DTC kontrollierte System.

Die größten Hindernisse auf dem Weg zu einem dezentralen System waren nicht mehr die im Jahr 1971 gefürchtete Entmaterialisierung der Aktien und die begrenzte Technologie[819], sondern wirtschaftliche Interessen und Gewohnheit.

---

814 Vgl. DRS Mitteilung, Fußnote 12 und dazugehöriger Text.

815 Vgl. DRS Mitteilung, Fußnote 15-17 und dazugehöriger Text.

816 Vgl. DRS Mitteilung, Fußnote 20 und dazugehöriger Text.

817 Die zentralen Gremien, die das DRS entwickelt haben, waren die Securities Transfer Association ("STA") und die Corporate Transfer Agents Association ("CTAA") – beide vertreten Dienstleister, die das Aktienregister für börsennotierten Unternehmen führen - und die Securities Industry Committee of the American Society of Corporate Secretaries ("ASCS"), die zweifelsohne die Interessen der Emittenten vertritt.

818 Die NYSE wird durch ihre Mitglieder, die hauptsächlich Makler, Investmentbanken und Banken mit Maklertätigkeiten sind, kontrolliert. Vgl. die Website der NYSE, abrufbar unter www.nyse.com, unter "Members". Die DTCC gehört ihren Hauptteilnehmern, bei denen es sich um Investmentbanken und Banken mit Maklertätigkeiten handelt. Vgl. *DTCC* (2007a), S. 50. Durch die jüngsten Börsengänge und Verschmelzungen der Börsen könnte es dazu kommen, dass institutionelle Anleger – die häufig Aktionärsinteressen vertreten – mehr Einfluss auf die Infrastruktur der Börsen und die Abwicklung haben werden. Bis heute ist das allerdings nicht der Fall.

819 Siehe oben, § 22 (b) (i).

Zwischen 1971 und 1994 hat sich das zentralisierte System kräftig konsolidiert – sein Ziel war immerhin, die größtmögliche Zahl an Wertpapieren zu erfassen, um die höchstmögliche Zahl an Geschäften buchmäßig abzuwickeln und so die größte Effizienz zu erreichen[820]. So wurden die Nebenvorteile des Systems für die Marktteilnehmer, einschließlich der in § 22 (b) (iv) erläuterten Bindung des Kunden an den Makler, durch die Verwaltung der Aktien und die mögliche Erhöhung der Provisionen dank der Ausweitung des von Maklern verwalteten Vermögens zu einem festen Bestandteil des Kommissionsgeschäfts. Es war daher keine Überraschung, dass die Makler sich dafür einsetzten, die Eigenart des DRS als dezentralisiertes, von den Emittenten geführtes System zu ändern. Die Entwicklung von einem "Eintragungssystem, das von dem Emittenten und seinem *transfer agent* betrieben wird", zu einer zusätzlichen Funktion der DTC-Produktpalette erfolgten binnen kurzer Zeit.

Das DRS nahm am 11. November 1996 seinen Betrieb auf[821]. Im Jahre 1999 drängten insbesondere die Makler und die DTC auf eine zur Eingliederung des DRS in das Kommunikationssystem der DTC, was die Teilnahme am DRS von der Zulassung zur DTC abhängig gemacht hätte. Zu dieser Frage nahmen die Makler auf der einen Seite und die *transfer agents* und Emittenten auf der anderen Seite gegensätzliche Positionen ein[822]. Die Makler vertraten die Auffassung, dass eine Teilnahme am DRS ohne Zulassung zum *Profile Modification System* der DTC ("*Profile*") nicht zulässig sein dürfe[823]. Ihr Haupteinwand war, dass das bestehende System nicht die schnelle und effiziente Übertragung der Wertpapiere aus dem DRS zurück in die Depotkonten der Makler gestatte[824]. Die Emittenten und *transfer agents* äußerten den Gegeneinwand, dass ein unabhängiges, transparentes DRS den Aktionären eine wertvolle Alternative zu dem durch DTC beherrschten System darstelle[825], und gaben der Sorge Ausdruck, dass das *Profile*-System keine hinreichende Sicherheit gewährleiste, um der Gefahr von

---

820 Siehe oben, § 22 (b) (i).

821 Securities and Exchange Commission, Self-Regulatory Organizations; The Depository Trust Company; Order Granting Accelerated Approval of a Proposed Rule Change Relating to the Procedure to Establish a Direct Registration System, Mitteilung Nr. 34-37931, 61 *Federal Register* 58600, 58601 (15. Nov. 1996).

822 Die SEC Mitteilungen betreffend die Einbindung des DRS in das Profile System laufen vom 17. Juni 1999 bis zum 17. Nov. 2000. Vgl. Mitteilung Nr. 34-41535, 64 *Federal Register* 33539 (23. Juni 1999); Mitteilung Nr. 34-41643, 64 *Federal Register* 41171 (29. Juli 1999); Mitteilung Nr. 34-41862, 64 *Federal Register* 51162 (21. Sept. 1999); Mitteilung Nr. 34-42366, 65 *Federal Register* 5714 (4. Februar 2000); Mitteilung Nr. 34-42504, 65 *Federal Register* 14003 (15. März 2000); Mitteilung Nr. 34-42704, 65 *Federal Register* 24242 (25. April 2000); Mitteilung Nr. 34-43125, 65 *Federal Register* 49278 (11. Aug. 2000); Mitteilung Nr. 34-43586, 65 *Federal Register* 70745 (27. Nov. 2000).

823 Mitteilung Nr. 34-41862, S. 51163.

824 Mitteilung Nr. 34-41862, S. 51163.

825 Mitteilung Nr. 34-41862, S. 51164.

Übertragungsaufträgen durch Nichtberechtigte entgegenzuwirken[826]. Die Voraussetzung der *Profile*-Teilnahme schließe einen Emittenten vom DRS aus, wenn er die Zulassungsbedingungen der DTC nicht erfülle – obwohl doch das DRS als ein durch *Emittenten* geführtes Eintragungssystem konzipiert war. Weil aber die Interessenkonflikte auf Seiten der Makler und ihr Einfluss auf die DTC von der SEC nie berücksichtigt worden waren, schloss sie sich der Stellungnahme der Makler an und erhob die Teilnahme am *Profile*-System zur Bedingung für die Teilnahme am DRS[827]. Daher erfordert nunmehr die Teilnahme am DRS, dass die *transfer agents* beschränkte Teilnehmer ("*limited participants*") der DTC sind und die von der DTC erlassenen Zulassungsbedingungen erfüllen[828]. Um der Sorge der Emittenten und *transfer agents* im Hinblick auf Übertragungsaufträge durch Nichtberechtigte Rechnung zu tragen, wurde das *Profile*-System später mit einer elektronischen Gewährleistung versehen[829], und diese Gewährleistung wurde durch eine "zwingende" Bürgschaft verstärkt[830].

Auch wenn die DTC und ihre Muttergesellschaft DTCC das geplante emittentenbetriebene System erfolgreich ihrer eigenen Produktpalette einverleibt haben, ist es doch wahrscheinlich, dass die Verwendung des DRS den Stand der Aktienregister verbessern wird. Nach Schätzungen der DTCC sparen die Emittenten bei jedem durch DRS papierlos ausgeführten Geschäft rund US$ 32[831]. Daher haben Emittenten ein starkes Interesse daran, die Zulassung ihrer Aktien zum DRS zu beantragen. Zwischen September 2001 und Dezember 2006 hat sich die Zahl der Emittenten, deren Aktien durch das DRS gehalten werden können, von 298[832] auf 1.406[833] mehr als vervierfacht. Die Verwendung des DRS wird auch von der NYSE und dem Nasdaq Stock Market unterstützt. Die NYSE hat im Jahr 2005 einen Ausschluss der Verbriefung der Aktien ausdrücklich an die Teilnahme im DRS gekoppelt[834] und verlangt ab 1. Januar 2007 für alle Neunotierungen, dass die Wertpapiere für die Teilnahme an DRS geeignet sind[835]. Ab 1. Januar 2008 müssen alle an der NYSE notierten Wertpapiere, also auch die Altnotierungen, DRS-geeignet sein[836].Der Nasdaq Stock Market hat auch vorgesehen, dass ab 1. Januar 2007 Neunotierungen und ab 1. Januar 2008

---

826 Mitteilung Nr. 34-41862, S. 51164.
827 Mitteilung Nr. 34-41862, S. 51165.
828 Mitteilung Nr. 34-41862, S. 51164.
829 Mitteilung Nr. 34-42704, S. 24243 f.
830 Mitteilung Nr. 34-43586, S. 70746 f.
831 *Wynn* (2005), S. 4.
832 *Rossi* (2001), S. 4.
833 *DTCC* (2007a), S. 27.
834 Vgl. NYSE Listed Company Manual, § 501.01 Abs. B.
835 Vgl. NYSE Listed Company Manual, § 501.00 Abs. A.
836 Vgl. NYSE Listed Company Manual, § 501.00 Abs. B.

alle Notierungen DRS-fähig sind[837]. Wie im folgenden Absatz (c) beschrieben wird, kann aber die heutige Struktur des DRS den Aktionären einen Anreiz geben, ihre Aktien einfach im Depotkonto des Maklers ruhen zu lassen. Eine Ausbreitung des DRS würde dann keine Steigerung der Transparenz der Aktionärsstruktur mit sich bringen.

(b) Die Übertragung der unverbrieften Wertpapiere nach Art. 8 UCC

Für das Verständnis der Übertragung von Wertpapieren im DRS ist eine Erläuterung der gesetzlichen Regeln für die Übertragung von unverbrieften Wertpapieren nach Art. 8 UCC hilfreich. Die Übereignung unverbriefter Wertpapiere erfolgt grundsätzlich auf die gleiche Weise wie die verbriefter Papiere – nämlich durch Übergabe in der Absicht, das Eigentum zu übertragen[838]. Die "Übergabe" der entmaterialisierten Wertpapiere erfolgt entweder durch die Eintragung des Erwerbers im Aktienregister oder durch die Erklärung eines Dritten, der seinerseits kein Wertpapierintermediär ist[839], dass er das Wertpapier für den Erwerber hält[840]. Wie im vorhergehenden Kapitel ausgeführt, muss der Erwerber des Papiers eine Gegenleistung erbringen, um Verkehrsschutz bei der Übereignung zu genießen; außerdem darf er keine Kenntnis von etwaigen Einwendungen oder Einreden (*adverse claims*) gegenüber dem Wertpapier haben und muss die "Kontrolle" über das Wertpapier erlangen[841]. Die beiden ersten Bedingungen bleiben bei der Übertragung unverbriefter Wertpapiere unverändert. Ein Käufer erlangt die "Kontrolle" über ein unverbrieftes Wertpapier, wenn es ihm geliefert wird oder wenn der Emittent erklärt, dass der Käufer berechtigt ist, über das Papier zu verfügen[842]. Daher erfüllt die Eintragung im Aktienregister nicht nur die Funktion der "Übergabe", sondern auch die der Erklärung des Emittenten über die Verfügungsberechtigung des Erwerbers. Die Eintragung erfüllt somit auch alle Voraussetzungen für den redlichen Erwerb unverbriefter Wertpapiere[843]. Ebenso wie bei einem Auftrag, über das Finanzvermögen im Depotkonto zu verfügen[844], darf der Emittent oder sein *transfer agent* im Fall eines Auftrags, eine Umschreibung im Aktienregister zu vornehmen, eine Garantie der Unterschrift

---

837 Vgl. NASD Manual, Sec. 4350 Abs. L.

838 Die gesetzliche Reglung der Übertragung der verbrieften Papiere wird in § 21 (b).

839 Wie schon in § 21 (b) (i) erläutert wurde, wird, wenn der Besitzmittler ein Wertpapierintermediär ist, ist die Übertragung *des Papiers* durch dessen Besitzumstellung nur wirksam, wenn die Namens- oder Orderpapiere auf den Namen der Käufer eingetragen oder auf sie indossiert sind (vgl. § 8-301 Abs. a Nr. 3 UCC), was im Fall der unverbrieften Papiere unzutreffend wäre. Wenn diese Bedingungen nicht erfüllt werden, erhält der Käufer lediglich eine Wertpapierberechtigung gegen den Intermediär.

840 § 8-301 Abs. b UCC.

841 § 8-303 UCC; siehe auch die ausführlichere Erläuterung in § 21 (b) (i), oben.

842 § 8-106 Abs. c UCC. Die zweite Option dient hauptsächlich dem Fall einer Sicherheitsabtretung der unverbrieften Wertpapiere. Vgl. *Guttman* (2006), § 6a:12, S. 6A-25.

843 *Guttman* (2006), § 6:4, S. 6-12 f.

844 Siehe oben, § 23 (b) (ii).

und der Befugnis des Auftraggebers anfordern[845]. Daher erfordert die Übereignung einer unverbrieften Aktie einen Auftrag an das Aktienregister, eine Garantie der Unterschrift des Auftraggebers und die Umschreibung im Aktienregister[846]. Zweck eines Kommunikationssystems wie des DRS ist es, dass der Antrag auf Umschreibung im Aktienregister ohne weiteres schon als Teil des Abwicklungsvorgangs erteilt wird. Das DRS verlangt zwingend und automatisch eine Gewährleistung der Berechtigung des Antragstellers – verstärkt durch eine Bürgschaft – für jeden elektronischen Auftrag, der durch das DRS erteilt wird.

Bereits dieser kurze Überblick zeigt, dass bei der Übertragung unverbriefter Wertpapiere die Erfordernisse des Wertpapierrechts und des Aktienrechts übereinstimmen. Eine Übereignung, die die Voraussetzungen des redlichen Erwerbs erfüllt, liefert zugleich dem Emittenten alle nötigen Angaben, um dem erwerbenden Aktionär die Ausübung seiner Mitgliedschaftsrechte zu ermöglichen, ihm Mitteilungen zu senden und zu gewährleisten, dass die anderen Aktionäre mit ihm in Verbindung treten können[847]. Diese Übertragungsform hat den Vorteil, dass sie dort, wo keine *margin account* besteht[848], dem Makler seine bedenkliche Stellung als Intermediär zwischen den Aktionären und dem Emittenten entzieht. Damit löst das DRS den problematischen Interessenkonflikt zwischen den Maklern und den von ihnen beherrschten Organisationen – hauptsächlich den Börsen und der DTCC – auf.

(c) Die Übertragung von Wertpapieren im DRS

Das in das DTCC-System integrierte DRS ermöglicht es den Aktionären, ihre unverbrieften Aktien durch den *transfer agent* zu halten, sich ins Aktienregister eintragen zu lassen, und die Aktien dann auf ihren Wunsch in das Depotkonto beim Makler zu übertragen, um sie durch ihn zu verkaufen oder anderweitig zu verwerten[849]. Wie in Abb. 4.1 skizziert wird, ist es wesentlich für das DRS, dass die Aktien vor und zurück zwischen dem Makler (zum Zweck des Handels) und dem *transfer agent* (zum Zweck der Ausübung von Mitgliedschaftsrechten) übertragen werden können. Das DRS schlägt eine Brücke zwischen den beiden klassischen Alternativen der amerikanischen Wertpapierabwicklung. Einerseits

---

845 § 8-402 UCC.

846 Vgl. *Guttman* (2006), § 9:6, S. 9-11 f.

847 Eine Ausnahme besteht dann, wenn ein Dritter, der kein Wertpapierintermediär ist, sich an Stelle des Erwerbers als Legitimationsaktionär ins Aktienregister eintragen lässt. So könnte z.B. einem Rechtsanwalt oder einer Treuhandgesellschaft aufgetragen werden, sich als Legitimationsaktionär eintragen zu lassen, um die Identität des Aktionärs geheim zu halten. Diese absichtliche Geheimhaltung wäre keine zwangsläufige Auswirkung der Abwicklungsstruktur, sondern eine vom Aktionär gewollte Ausübung des Rechts auf *privacy*.

848 Wie in § 22 (b) (iv) bereits erläutert wurde, hält ein Makler die Wertpapiere seines Kunden dann im eigenen Namen als Sicherheit, wenn er dem Kunden Kredit für den Erwerb solcher Wertpapiere gewährt hat.

849 Mitteilung Nr. 34-37931, S. 58600.

können die Wertpapiere beim Makler gehalten werden, um schnellen Handel zu ermöglichen; andererseits können sie durch den *transfer agent* ins Aktienregister eingetragen werden, um die Ausübung von Mitgliedschaftsrechten zu gestatten. Diese Brücke ist in der gegenwärtigen Gestaltung möglich, weil der *transfer agent* in das DTCC-System und dessen Kommunikationsnetz einbezogen ist und die Voraussetzungen einer begrenzten Teilnahme an der DTC erfüllen muss[850].

Nach der gegenwärtigen Regelung erklärt der Anleger zum Zeitpunkt des Erwerbs, ob er die Aktien im eigenen Namen durch Eintragung ins Aktienregister oder zunächst indirekt durch seinen Makler im Namen "Cede & Co." halten will[851]. Wenn er im Kaufauftrag insoweit keine Anordnung gibt, wird den Ankauf vom Abwicklungssystem automatisch ins DRS eingeführt[852]. Das Erwerbsgeschäft erfolgt nach der schon im vorhergehenden Kapitel erläuterten Systematik, in der die aus der Börse stammenden Transaktionsdaten an die NSCC weitergegeben werden, die das Abwicklungsverfahren zusammen mit der DTC durchführt[853]. Im Gegensatz zum Erwerb eines Anspruchs auf im Depotkonto gehaltene Wertpapiere wird die (unverbriefte) Aktie am Schluss der Abwicklung unter dem Namen des wirtschaftlichen Aktionärs eingetragen. Weil das DRS nur unverbriefte Wertpapiere erfasst, kann der Anleger kein Aktienzertifikat verlangen und bekommt stattdessen eine periodische Bestätigung seiner Eigentumerstellung (*statement of ownership*)[854].

Erteilt der Aktionär seinem Makler einen Verkaufsauftrag, so erhält der Makler automatisch vom *Profile*-System die Berechtigung, die Aktien aus dem DRS zu entnehmen[855]. Dabei erteilt der Makler mit dem Auftrag auf dem Bildschirm des *Profile*-Systems automatisch dem *transfer agent* folgende Gewährleistung:

1. Der Makler ist vom eingetragenen Eigentümer der Aktien oder dessen Vertreter ermächtigt und beauftragt, die Aktien zu entnehmen; alle auf dem Auftrag stehenden Angaben über den Eigentümer sind richtig und vollständig (mit der Ausnahme, dass die Richtigkeit der Steuernummer des Eigentümers nur nach bestem Wissen zugesichert wird); und

---

850 Mitteilung Nr. 34-41862, S. 51164; *DRS Guidelines Committee*, S. 9 ff.

851 Vgl. Mitteilung Nr. 34-37931, S. 58601; *DRS Guidelines Committee*, S. 19.

852 Vgl. Securities and Exchange Commission, Self-Regulatory Organizations; The Depository Trust Company; Order Granting Approval of a Proposed Rule Change Relating to the Movement of all DRS Issues into Profile and the Establishment of the "S" Position as the Default Position, Mitteilung Nr. 34-44696, 66 *Federal Register* 43939, 43940 (21. Aug. 2001).

853 Siehe oben, § 23.

854 Vgl. *DRS Guidelines Committee* (2004), S. 7 und die Überblick des DRS, abrufbar unter www.dtc.org/dtcpublic/html/lob2/prod6/drsdetail.htm (im Folgenden: "DTCC-Überblick des DRS").

855 *DRS Guidelines Committee*, S. 26 f. Der Aktionär muss für den Fall, dass der Makler nicht an das System angeschlossen ist oder wenn der Auftrag den gesamten Anteil des Aktionärs betrifft, seinen Auftrag, die Aktien aus dem DRS zu entnehmen, an den *transfer agent* richten. Vgl. *DRS Guidelines Committee*, S. 24, 32.

2. er muss den Emittenten, den *transfer agent*, und deren Geschäftsleiter und Angestellte schadlos halten, wenn die in der Gewährleistung erfassten Angaben unzutreffend sind[856].

Jeder Nutzer des *Profile*-Systems in Verbindung mit dem DRS gibt diese Gewährleistung automatisch ab und bürgt zwangsläufig bis zu einem Beitrag von US$ 3 Millionen je Geschäft und US$ 6 Millionen je Bürgen dafür, dass die in der Gewährleistung erfassten Angaben zutreffend sind[857]. Im Jahr 2005 hat die DTC als Alternative eine Versicherung eingeführt, die bis zu dem wesentlich höheren Betrag von US$ 25 Millionen je Geschäft und US$ 100 Millionen je Versichertem gezeichnet werden kann[858].

(d) Vorschläge für die Weiterentwicklung des DRS

Schon ein Blick auf Abb. 4.1. zeigt, dass die gegenwärtige Struktur des DRS einem ohnehin schon komplexen Abwicklungsvorgang zwei zusätzliche Schritte hinzufügt. Wenn auch die Vorteile eines vollständigen Aktienregisters die zusätzliche Komplexität des DRS aufwiegen mögen, scheint doch diese Komplexität unnötig zu sein. Dank der verbürgten/versicherten Gewährleistung, die ein Makler bei der Entnahme von Aktien aus dem DRS-Konto abgeben muss, hat der Makler eine Verfügungsberechtigung über dieses Konto, die auf die Zahl der Aktien begrenzt ist, die seinen Kunden gehört. Weil ein solcher Zugang schon gewährleistet ist, ist das Hin- und Her-Bewegen der Aktie zwischen dem Konto des Maklers und dem des *transfer agent* möglicherweise unnötig.

Für den Makler hat diese Struktur den Vorteil, dass die Aktionäre ihre Aktien einfach im Depotkonto des Maklers ruhen lassen werden, statt sie hin und her zwischen dem Aktienregister und dem Depotkonto zu übertragen. Deshalb würde auch eine zwingende Einführung des DRS, wie es von der NYSE und dem Nasdaq Stock Market vorgesehen wird, kaum einen Fortschritt für den Inhalt des Aktienregisters bedeuten. Ein DRS, in dem Wertpapiere einfach innerhalb des beim *transfer agent* gehaltenen Kontos übertragen werden könnten, würde aus Sicht des Maklers den Nachteil mit sich bringen, dass die *transfer agents* oder wenigstens ihre Muttergesellschaften, die oft Großbanken sind[859], in direkten

---

856 Vgl. Mitteilung Nr. 34-42704, S. 24243; DTCC-Überblick des DRS.

857 Vgl. die DTCC-Überblick des DRS.

858 Self-Regulatory Organizations; The Depository Trust Company; Notice of Filing and Immediate Effectiveness of Proposed Rule Change To Establish an Insurance Program as Part of the Profile Modification System Feature of Its Direct Registration System, SEC Mitteilung Nr. 34–52422, 70 *Federal Register* 55196 (20. Sept. 2005).

859 Die folgenden Großbanken stehen auf der Liste der *transfer agents*, die am DRS teilnehmen: Citibank, N.A., Deutsche Bank AG, The Bank of New York, Wells Fargo Bank National Association. Vgl. *DTC*, Liste der Direct Registration Services Limited Participants, abrufbar unter https://login.dtcc.com/dtcorg.

Abbildung 4.1
Die Abwicklung eines Wertpapiergeschäftes im Rahmen des DRS

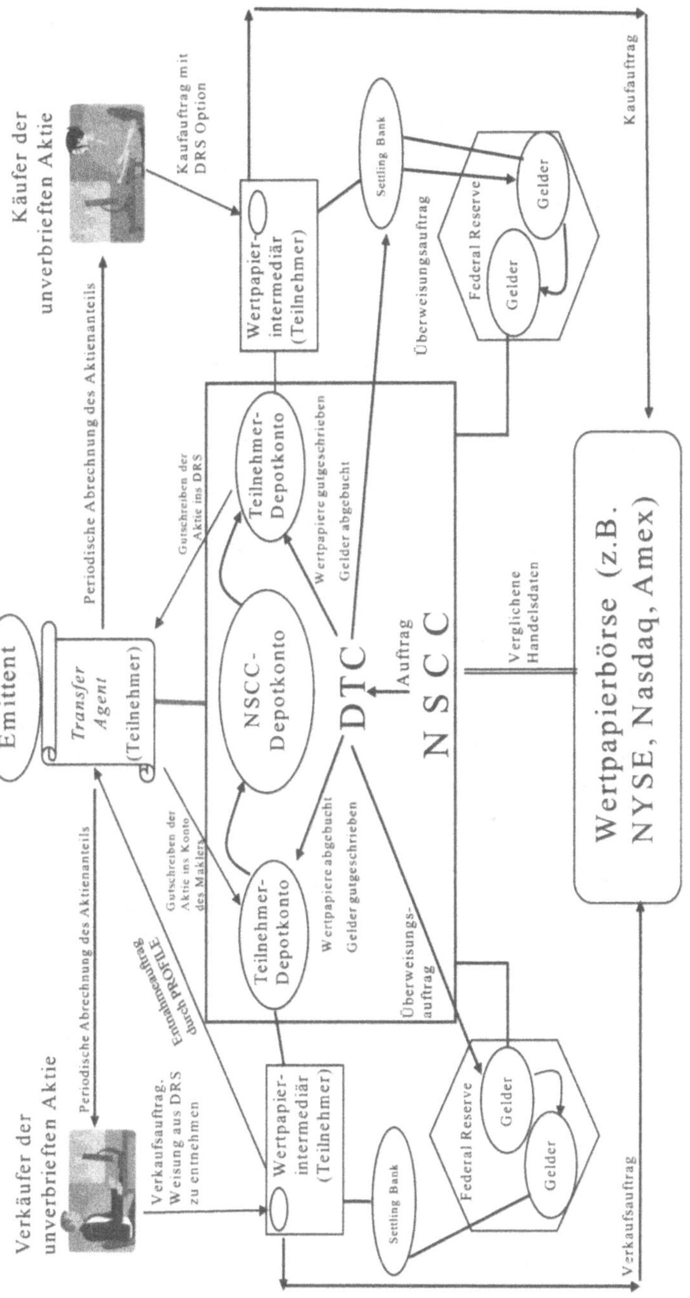

Wettbewerb mit den Maklern treten könnten. Dieses Interesse der Makler wurde nicht in den amtlichen Veröffentlichungen im Rahmen der Gestaltung des DRS erwähnt, und so spiegelt die gegenwärtige Struktur lediglich die Stellung der DTCC als die unverzichtbare Radnabe der Abwicklung wider. Die DTCC ist keine gewinnorientierte, sondern eine benutzereigene Einrichtung, aber die *transfer agents* sind i.d.R. keine Eigentümer der DTCC, sondern nur wenig bedeutende Abteilungen der Großbankeigentümer. Wo der störende Umweg durch ihr System die Kommunikation erschwert, steht die DTCC bereit, noch einen neuen Service anzubieten, der die Kommunikation zwischen den Emittenten und den Aktionären über die DTCC ermöglicht. So sind letztlich die maßgeblichen wirtschaftlichen Interessen dafür verantwortlich, dass die DTCC-Struktur im Zentrum der Wertpapierabwicklung bleibt. Obwohl die Immobilisierung auf den DTC-Konten für die Abwicklung der Geschäfte in unverbrieften Aktien nicht mehr nötig ist und ein durch Emittenten geführtes Übertragungssystem möglich wäre, haben die DTCC und die an ihr teilnehmenden Makler geschickt eine Systemveränderung verhindert, die ihre zentrale Stellung schwächen könnte.

Die fehlende Fortentwicklung des Systems wird sicherlich nicht von rechtlichen oder technischen Gründen verursacht. Ein Depotkonto ist im Wesentlichen eine auf einen bestimmten Namen lautende Datenbank, deren interne Felder den Aktientyp (nach CUSIP Nr. oder ISIN) zeigen und seinen Inhalt erläutern[860]. Ein elektronisches Aktienregister (*master securityholder file*) ist ähnlich, jedoch umgekehrt aufgebaut: Es lautet auf einen bestimmten Aktientyp (nach CUSIP Nr. oder ISIN) und seine Felder, die die Namen der verschiedenen Inhaber und deren Anteile zeigen, erläutern seinen Inhalt[861]. Wenn die Aktien völlig unverbrieft sind und ein gesicherter Zugang zum Register schon besteht, können die Übertragungen direkt im Aktienregister stattfinden, vergleichbar mit dem Zugriff, den ein an ein Netzwerk angeschlossener PC auf die anderen angeschlossenen Rechner haben kann. Nur der CCP und der *transfer agent* für den Emittenten der betroffenen Aktien könnten über dieses Konto/Register verfügen und der Zugriff des CCP könnte auf bloße Buchungen ohne anderweitige Verfügungen oder Einsicht begrenzt werden. Das Hin- und Her-Bewegen der Aktien könnte wegfallen und die wertpapierrechtlichen und aktienrechtlichen Daten würden schnell und zeitgleich zum Konto/Register geliefert. Diese Struktur, die dem schon im Jahr 1969 vorgeschlagenen "*transfer agent depository*" (TAD) ähnelt, wird in Abb. 4.2 skizziert.

---

860 *Simmons* (2002), S. 153.

861 Vgl. *Guttman* (2006), § 3.14, S. 3-34; 17 CFR § 240.17Ad–9(b).

Abbildung 4.2

Vorgeschlagene Änderung zur Abwicklung im Rahmen des DRS

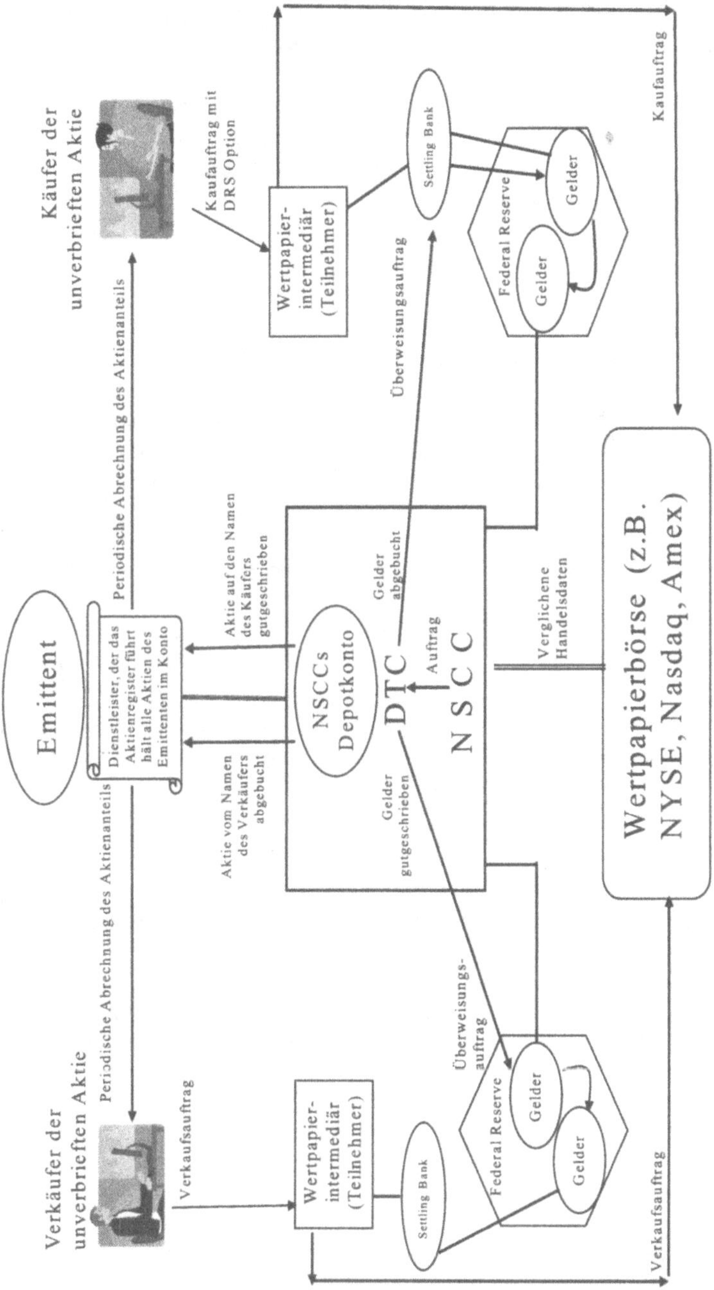

Gegen diese Änderung der Struktur der Wertpapierabwicklung könnte der Einwand erhoben werden, dass sie die effiziente Verrechnung der Geschäfte verhindern würde. Im 3. Kapitel wurde gezeigt, dass bereits im Jahr 1971 zur Lösung der Krise der Wertpapierabwicklung vorgeschlagen wurde, inhaltsgleiche Geschäfte jedes Teilnehmers zu verrechnen. Die Verrechnung ist seitdem ein zentrales Element der Abwicklung geworden, und laut dem Jahresbericht 2006 der DTCC hat die NSCC während des Zeitraums zwischen 2002 und 2006 mehr als 97% ihres Geschäftsvolumens durch Verrechnung abgewickelt[862].

Die Konzentration des Wertpapierbesitzes in den Händen weniger Personen hat nicht nur den Vorteil, dass wegen des Wegfalls einer physischen Übertragung der Abwicklungsaufwand verringert wird. Diese Konzentration reduziert vielmehr auch die Zahl der Geschäfte, die nicht durch multilaterale Verrechnung zusammengeführt können. Wenn z.B. alle 10.000 Teilnehmer eines Abwicklungssystems Geschäfte tätigen würden, wäre es sehr unwahrscheinlich, dass die wechselseitigen Ansprüche vieler Teilnehmer durch Verrechnung vollständig ausgeglichen werden könnten. Daher würde die Zahl der an einem Tag handelnden Systemteilnehmer ungefähr der Mindestzahl der nach der Verrechnung verbleibenden wechselseitigen Ansprüche entsprechen. Auch wenn 97% der Geschäfte durch Verrechnung ausgeglichen werden könnten, blieben bei 10.000 Systemteilnehmern die etwa 10.000 gegenseitigen Netto-Ansprüche bestehen. Würde das System sich aber bis auf 100 Teilnehmer beschränken, so würde diese kleinere Zahl die neue Mindestzahl der Netto-Ansprüche bestimmen.

Die Zahl der an amerikanischen Börsen notierten Gesellschaften ist sicherlich höher als die Zahl der Abwicklungsteilnehmer der NSCC. So würde in einem System wie dem TAD, in dem Übertragungen direkt im Aktienregister der notierten Gesellschaften ausgeführt würden, die Mindestzahl der durch die Verrechnung erreichbaren Netto-Ansprüche höher sein als bei der heutigen NSCC. Gemessen an der Wirksamkeit der Verrechnung wäre die NSCC daher effizienter als das TAD.

Die Verrechnung kann nur je Wertpapiergattung und Teilnehmer erfolgen[863], weil Ansprüche auf Wertpapiere unterschiedlicher Gattungen mangels Gleichartigkeit nicht gegeneinander aufgerechnet werden können. Wie in § 23 (c) erläutert wurde, können Zahlungsansprüche bis zu einem *net-net* Anspruch verrechnet sein, weil Geldbeträge gleicher Währung gegeneinander aufrechenbar sind[864]. Die Mindestzahl von Ansprüchen auf Aktien, die durch die Verrechnung getilgt werden können, wird folglich auch durch die Zahl der Aktiengattungen bestimmt, die an dem jeweiligen Tag gehandelt werden.

---

862 *DTCC* (2007a), S. 21.

863 Vgl. NSCC Rules, Rule 11, Sec. 1 (a).

864 Vgl. NSCC Rules, Rule 55, Sec. 2.

Selbst wenn das aber nicht so wäre, trifft das Argument, die Konzentration der Teilnehmer steigere die Effizienz, weil dadurch der Anteil der durch Verrechnung erfüllbaren Ansprüche erhöht würde, nicht zu. Die Verrechnung steigert die Gesamteffizienz nur dann, wenn die an der Verrechnung beteiligten Parteien gleichartige Ansprüche und Verbindlichkeiten innerhalb eines Abwicklungszyklus haben. Die Behauptung, der Wirkungsgrad der Verrechnung werde durch eine Konzentration auf wenige Teilnehmer erhöht, ist irreführend, weil jedenfalls die Geschäfte, die nicht im kleinen Kreis der Systemteilnehmer abgeschlossen werden, außerhalb dieses Kreises abgewickelt werden müssen[865]. Die Konzentration in dieser Hinsicht verringert zwar die Kosten des Abwicklungssystems, lässt aber die Gesamtkosten des Kapitalmarkts unverändert. Es sieht zwar im Jahresbericht sehr gut aus, gleicht aber in der Sache der nicht gerade lobenswerten Haushaltführungstechnik, den Staub unter den Teppich zu kehren. Wie im Fall der Ausübung der Mitgliedschaftsrechte werden die Kosten dieser Konzentrationsstrategie flussabwärts auf die Außenstehenden abgewälzt. Ähnlich wie die Kosten der indirekten Mitteilungen an die Aktionäre sind auch diese Kosten eine negative externe Auswirkung des Systems.

Ein zweiter möglicher Einwand ist, dass die Zusammenführung von Depotkonto und Aktienregister die Durchführung der Aktienleihe beeinträchtigen würde[866]. Ein CSD kann heute eine Fazilität für automatische Aktienleihe betreiben, weil er oft die Mehrheit einer Wertpapiergattung verwahrt[867]. Ein Konto/Aktienregister würde jedoch die *gesamte* Wertpapiergattung beinhalten. So könnte ein dezentralisiertes Netzwerk von Konten/Registern eine noch effizientere Aktienleihe ermöglichen. In einem solchen System würden der CSD und dessen CCP Verwaltungs-, aber keine Verwahrungstätigkeiten ausführen. Rahmenverträge ähnlich denen, die die Aktienleihe heute ermöglichen[868], könnten die Leihbedingungen im Voraus bestimmen. Die Satzung eines Emittenten könnte sogar die wesentlichen Grundsätze der Leihbedingungen erhalten, um die Aktionäre und potentielle Anleger darauf hinzuweisen, dass aus ihren Aktienbeteiligungen eine zusätzliche Rendite erzielt werden kann. Darüber hinaus würde ein Emittent im Rahmen der Hauptversammlung Kenntnis von etwaigen Leihgeschäften haben, um die notwendigen Maßnahmen zur Ausübung des Stimm-

---

865 Die *net-net* Verrechnung der Geldansprüche und –schulden stellt ein gutes Beispiel dar. Nach der Regel 55 der NSCC werden auch die Beträge, die die verschiedenen Depotkunden einer Bank schulden oder von ihr beanspruchen können, verrechnet, um eine *net-net* Summe zu schaffen. Diese Verrechnung bedeutet nicht, dass die Bank die verrechneten Geschäfte nicht mit ihren Kunden abwickeln muss. Die Zahl der Geschäfte mit der NSCC wird verkleinert, aber die Gesamtzahl der Geschäfte bleibt dort gleich, wo keine gegenseitigen Schulden und Ansprüche der gleichen Parteien bestehen.

866 Über die Vorteile der Aktienleihe für den Abwicklungsvorgang, siehe *IOSCO/CPSS* (1999), S. 24 ff.

867 *Simmons* (2002), S. 325.

868 *IOSCO/CPSS* (1999), S. 47 f.

rechts in der Hauptversammlung ausführen zu können. Diese Idee scheint vielleicht deshalb fremdartig, weil heute alle möglichen Tätigkeiten, vom Unterzeichnen bis zum Abstimmen, durch den CSD angeboten und ausgeführt werden. Eine Verlagerung dieser Tätigkeiten auf die Aktionäre selbst liefe den Interessen vieler Marktteilnehmer zuwider.

Im Ergebnis hätte die Abwicklung von Wertpapiergeschäften in einem Netzwerk von Konten/Registern viele Vorteile. Die wertpapierrechtlichen und aktienrechtlichen Daten jeder Übertragung der Wertpapiere würden schnell und zeitgleich zum Konto/Register geliefert werden – ohne das Hin- und Her-Bewegen des heutigen DRS. Das Eigentum an Wertpapieren und die Mitgliedschaftsrechte aus Wertpapieren würden nicht auseinanderfallen. Obwohl die Verrechnung innerhalb des Netzwerks weniger effizient als das NSCC-System sein könnte, würden viel weniger Geschäfte außerhalb des Systems abgewickelt werden müssen, so dass die externen Kosten der Verrechnung sinken würden. Die Aktienleihe ist innerhalb eines solchen Netzwerks nicht nur möglich, sondern möglicherweise sogar effizienter. Die Gefahr der unverantwortlichen Ausübung der Stimmrechte durch Aktienleihe könnte direkt vom Emittenten beaufsichtigt werden. Vor allem aber würde die Möglichkeit, die Rechte aus Aktien auszuüben und die Aktien selbst durch Leihe zu verwerten, von den Intermediären auf die Aktionäre zurückverlagert.

§ 28 Die Übertragung von Namensaktien im System der Clearstream Banking AG

(a) Die Namensaktie in Deutschland

Amerikanische Aktiengesellschaften haben von jeher nur Namensaktien ausgegeben[869]. Im Gegensatz dazu haben deutsche Aktiengesellschaften im Laufe der Zeit abwechselnd Namensaktien und Inhaberaktien verwendet[870]. Diese historische Abwechslung zwischen beiden Arten von Aktien beruht auf deren besonderen Eigenschaften. Die ersten Handelsgesellschaften, die einen verhältnismäßig stabilen Kreis einander bekanten Mitglieder aufwiesen, teilten ihr Kapital in Namensaktien auf[871]. Im vierten Jahrzehnt des 19. Jahrhunderts wollte "[m]an das Publikum vor 'unproduktiver' Aktienspekulation und insbesondere dem Aktienschwindel bewahren; daher rührt das besondere Misstrauen gegen Gesell-

---

869 Siehe oben, § 14.

870 *Merkt* (2000), S. 70 ff.

871 *Guttman* (2006), § 1:6, S. 1-16; *Guttman/Lemke* (1981), S. 400 ff.; *Rogers* (1990) 471 ff.; *Harris* (2005), S. 31 f.; *Gepken-Jager* (2005), S. 63; *Antunes/Pinheiro* (2005), S. 175; *Rhodes* (2005), S. 78; *Micheler* (2006), S. 26 f. Das preußische Gesetz über Aktiengesellschaften vom 9.11.1843 gestattete die Ausstellung von Aktien "auf jeden Inhaber" nur auf Grund einer Genehmigung. Vgl. *Baums* (1981), S. 143 ff., 215, und § 11 dieses Gesetzes. "Die Genehmigung zur Errichtung von Aktiengesellschaften mit Inhaberaktien durfte nur ausnahmsweise aus besonderen Gründen erteilt werden." *Baums* (1981), S. 35.

schaften mit Inhaberaktien"[872]. Wie auch heute war die Aktienurkunde nicht mit der Aktie als Mitgliedschaftsrecht identisch. Im Rahmen der konstitutiven Eintragung im Register ausgestellte Zertifikate hatten nur eine Beweisfunktion[873]. Aufgrund des wachsenden Kapitalbedarfs um die Mitte des 19. Jahrhunderts stieg auch die Zahl der – zunächst genehmigungspflichtigen – Emissionen von Inhaberaktien, weil die Inhaberaktie "einen raschen und unkomplizierten Börsenhandel" ermöglichte[874]. Die Verluste der Kleinanleger infolge der durch leichte Veräußerlichkeit begünstigten Spekulation bewog das Schrifttum seinerzeit dazu, zuerst die Erhöhung der Mindestnennbeträge und dann die erneute Verwendung der Namensaktie vorzuschlagen, die eine größere Beständigkeit des Aktionärskreises fördern sollte[875]. Wenig dienlich war dem Ansehen der Namensaktie, dass sie von den Theoretikern des Nationalsozialismus bevorzugt wurde, weil die Inhaberaktie von "Unpersönlichkeit, Heimatlosigkeit und Unkontrollierbarkeit" gekennzeichnet war[876]. In den späten 1940er Jahren versuchten die amerikanischen und englischen Besatzungsgremien, die aus ihren eigenen Rechtssystemen nur die Namensaktie kannten, mit einigem Erfolg, den deutschen Gesellschaften die Namensaktie aufzudrängen[877]. Weil die Übertragung der Namensaktie jedoch "schwerfällig" war, wurde sie als "ungeeignet für den Kapitalmarkt angesehen", und so wandte sich "die große Mehrzahl der betroffenen Gesellschaften" in den 1950er Jahren wieder der Inhaberaktie zu[878]. Die wechselhafte deutsche Geschichte spiegelt damit die Vor- und Nachteile der Namensaktie wider, die auch in den vorhergehenden Kapiteln dieser Arbeit dargestellt wurden: Namensaktien dämpfen die Spekulation und stärken die verantwortliche Teilnahme an der Mitverwaltung, sind aber wegen der Indossaments- und Umschreibungsarbeit schwerfällig zu übertragen und wurden deshalb oft als eine Last für den Börsenverkehr angesehen.

Wie in vielen Bereichen erweist sich die Technologie aber auch im Gesellschaftsrecht gelegentlich als hilfreich. Im Jahr 1997 beseitigten deutsche Techniker das größte Hindernis für die Verwendung von Namensaktien: Die Deutsche Börse Clearing entwickelte mit der "*Central Application for Settlement Clearing And Depository Expansion, Registered Shares*" (CASCADE RS)[879] ein System, das Geschäfte in Namenaktien ebenso schnell wie diejenigen

---

[872] *Baums* (1981), S. 36 f.

[873] *Merkt* (2000), S. 66 ff.

[874] *Merkt* (2000), S. 71.

[875] *Merkt* (2000), S. 74 f., 81.

[876] *Merkt* (2000), S. 81.

[877] *Merkt* (2000), S. 83 f. *Merkt* meint, allerdings aufgrund zweifelhafter betriebswirtschaftlicher Erwägungen, dass durch den Zwang zur Namensaktie die Besatzungsmächte "die Entstehung neuer Unternehmensverbindungen und damit ein Wiedererstarken der deutschen Industrie verhindern" wollten. *Ders.*, S. 83.

[878] *Merkt* (2000), S. 84 f.

[879] Vgl. CASCADE Handbuch, Glossar (Stand 1999).

in Inhaberaktien abwickelte, ohne dadurch das Informationselement zu beeinträchtigen[880]. Etwa zur gleichen Zeit begannen große deutsche Unternehmen wie Daimler Benz, sich für Namensaktien zu interessieren, weil sie für eine angestrebte zweite Notierung an einer amerikanischen Börse erforderlich waren[881] und weil sie mehr Übersicht über den Aktionärskreis und die Kommunikation mit den Aktionären ermöglichten[882]. Daher nahm die Verwendung der Namensaktien in Deutschland wieder zu, und diese Tendenz ist ziemlich stabil geblieben[883], weil die deutschen Gesellschaften die Vorzüge einer transparenten Aktionärsstruktur – insbesondere im Hinblick auf unerwünschte Übernahmeangebote – zu schätzen wissen. Die Lieferung der Aktionärsdaten mittels des neuen Systems wird in Abschnitt (c) erläutert.

(b) Die Übertragung der Girosammeldepotanteile

Um die Verbindung zwischen dem Abwicklungsvorgang und der Übermittlung der Aktionärsdaten besser zu erläutern, werden im Folgenden die wesentlichen Elemente der Übertragung börsennotierter Aktien nach deutschem Recht skizziert[884].

Die Zulassung von Wertpapieren zum Handel an der Frankfurter Wertpapierbörse wird nur erteilt, wenn der Emittent "die ordnungsgemäße Abwicklung der Geschäfte am Börsenplatz" sicherstellt[885]. Diese Voraussetzung gilt als erfüllt, "wenn der Antragsteller die Erfüllung seiner Börsengeschäfte über eine nach § 1 Abs. 3 Depotgesetz anerkannte Wertpapiersammelbank und eine Filiale der

---

880 *Blitz* (2000), S. 74.

881 Der größte Anteil der ausländischen Gesellschaften, die an einer amerikanischen Börse zweitnotiert sind, verwendet die indirekte Zweitverbriefungsmethode der *American Depositary Receipts*, die eine Emission der Namensaktien *nicht* erfordert, weil die Belege (*Receipts*), die Ansprüche auf ein Depot von nicht-amerikanischen Aktien verbriefen, auf den Namen lauten. Damit schaffen das Depot und die Zweitverbriefung den Übergang von der Inhaber- zur Namensaktie; vgl. *von Dryander* (1998). Im Rahmen ihrer Verschmelzung mit der Chrysler Corp. hat die Daimler Benz AG dagegen eine auf Namen lautende Globalaktie geschaffen, die direkt an der NYSE notiert wurde, ihre Inhaber zu ebenbürtigen Aktionäre machte, und Gebühren bei einer Depotbank, die ADRs ausgibt, sparte. Vgl. *Gruson* (2003).

882 *Merkt* (2000), S. 87 f.; *Seibert* (2000), S. 13; *von Rosen/Gebauer* (2000), S. 133 ff.

883 Es ist aber möglich, dass sich diese Tendenz abschwächen könnte. Im Zeitraum zwischen Mai und Juli 2006 betrafen fünf von zehn Neuemissionen an der Frankfurter Wertpapierbörse Namensaktien, aber im vergleichbaren Zeitraum zwischen Juni und Juli 2007 entfiel nur eine von insgesamt neun Neuemissionen auf Namensaktien. Neuste Daten sind abrufbar unter http://deutsche-boerse.com, unter "Neue Unternehmen an der FWB".

884 Im Gegensatz zu den Vereinigten Staaten ist die deutsche Literatur zur Wertpapierabwicklung kaum überschaubar. Vgl. z.B. *Einsele* (2006), (2001a), (2001b), (1995); *Heinsius/Horn/Than* (1975); *Heißel/Kienle* (1993); *Habersack/Mayer* (2000); *Horn* (2002); *Kümpel* (2006), (2004), (1983); *Ruland* (2004); *Than* (2000), (1999), (1991); *Than/Hannöver* (2000); *von Criegern* (1997).

885 Vgl. Börsenordnung für die Frankfurter Wertpapierbörse, § 16 Abs. 1, Nr. 2 (Stand 1. Juli 2007) (im Folgenden: "FWB Börsenordnung").

Deutschen Bundesbank vornimmt"[886]. Die "anerkannte Wertpapiersammelbank" ist in den meisten Fällen die Clearstream Banking AG (Clearstream Banking Frankfurt oder "CBF"), die zur Gruppe Deutsche Börse AG gehört[887]. Börsengeschäfte an der Frankfurter Wertpapierbörse werden durch den Zentralkontrahenten (CCP), die Eurex Clearing AG, über die Depotkonten der CBF und die angeschlossenen Geldkonten erfüllt[888]. Nur Kredit- oder Dienstleistungsinstitute, die eine Depotprüfung bestehen, dürfen ein Girosammelverwahrungsdepot bei der CBF eröffnen[889]. Gemäß § 5 Abs. 1 DepotG dürfen nur "vertretbare" Wertpapiere auf einem Depotkonto in der Sammelverwahrung gebucht werden[890]. Weil Namensaktien, soweit sie auf verschiedene Namen lauten, nicht vertretbar sind, können sie nicht ohne weiteres gemeinsam in einen Sammelbestand aufgenommen werden. Daher muss das individualisierende Namenselement durch ein Blankoindossament ersetzt werden, bevor sie in die Sammelverwahrung übernommen werden können[891]. In der Sammelverwahrung geht das Alleineigentum des Hinterlegers an den Wertpapieren, die er in einem Depotkonto hinterlegt, unter "und verwandelt sich in Miteigentum am Sammelbestand"[892].

Weil sammelverwahrte Wertpapiere gleicher Art eine Gemeinschaft nach Bruchteilen bilden, hat der Hinterleger ein durch die Höhe seiner Anteilsquote bestimmtes Miteigentumsrecht (Girosammeldepotanteil) an jeder Wertpapierurkunde der gleichen Gattung im Sammelbestand[893]. Wird eine Wertpapiergattung durch eine einzige Globalurkunde verbrieft, hat der jeweilige Hinterleger ein der Höhe seiner Anteilsquote entsprechendes Miteigentumsrecht an dieser Globalurkunde[894]. Wenn ein Privatkunde durch seine Depotbank Aktien hinterlegt, wird er mittelbarer (Mit)Besitzer zweiter Stufe; die Depotbank ist mittelbarer (Mit)Besitzer erster Stufe, und die CBF ist unmittelbarer Allein- und Fremdbe-

---

886 Vgl. FWB Börsenordnung, § 16 Abs. 2.

887 Vgl. *Gruppe Deutsche Börse* (2004), S. 126 ("Konsolidierungskreis").

888 Vgl. Clearstream Banking AG, Allgemeine Geschäftsbedinungen (Stand 01.02.04), abrufbar unter www.clearstream.com (im Folgenden: "Clearstream AGB"), Nr. 8; Eurex Clearing-Bedingungen, Nr. V.2.1.(1) i.V.m. I.1.5.(3).

889 Vgl. Clearstream AGB, Nr. 2 Abs. 1 i.V.m. Nr. 3.

890 Vgl. § 5 Abs. 1, Satz 1 DepotG; *Heinsius/Horn/Than* (1975) § 5, Rdn. 22 ff.; *Kümpel* (2006), Rdn. 8/84a.

891 Vgl. *Kümpel* (2006), Rdn. 8/85a; *Heinsius/Horn/Than* (1975) § 5, Rdn. 30; *Than/Hannöver* (2000), S. 286; Clearstream AGB, Nr. 46 Abs. 1.

892 Vgl. § 6 Abs. 1, Satz 1 DepotG; *Heinsius/Horn/Than* (1975) § 5, Rdn. 22; *Kümpel* (2006), Rdn. 8/54.

893 Vgl. *Kümpel* (2006), Rdn. 8/50a; *Heinsius/Horn/Than* (1975) § 6, Rdn. 16 ff. Zu bemerken ist, dass die Gemeinschaft nach Bruchteilen nur insoweit durch die Bestimmungen des BGB (§§ 741 ff.) geregelt wird, als sich nicht aus dem Depotgesetz etwas anderes ergibt. Vgl. *Kümpel* (2006), Rdn. 8/50a; *Heinsius/Horn/Than* (1975) § 6, Rdn. 16. Der "Hinterleger" in diesem Sinne ist der Inhaber der Wertpapiere. Vgl. *Horn* (2002), S. 8.

894 Vgl. *Kümpel* (2006), Rdn. 8/90a ff.; *Heinsius/Horn/Than* (1975) § 9a, Rdn. 26.

sitzer[895]. *Einsele* zweifelt an der Beständigkeit des Besitzes des Hinterlegers für den Fall, dass die Wertpapiere durch eine Dauerglobalurkunde verbrieft werden, weil Einzelstücke aus einer Dauerglobalurkunde nicht ausgeliefert werden können und damit der Herausgabeanspruch, der dem Eigentümer nach § 985 BGB zustehen soll, nicht im vollen Umfang besteht[896]. Demgegenüber führen *Kümpel* und *Horn* überzeugend aus, dass im Interesse der Funktionsfähigkeit der Sammelverwahrung der Gesetzgeber das allgemeine Sachenrecht des BGB durch die sondergesetzlichen Bestimmungen des DepotG für bestimmte Fällen abändern kann[897]. In der Tat sieht §9a Abs. 3 DepotG ausdrücklich vor, dass die Auslieferung der Einzelstücke nicht verlangt werden kann, wenn die zugrunde liegenden Rechtsverhältnisse die Auslieferung ausschließen.

Nach h. M. werden Girosammeldepotanteile gemäß § 929 Satz 1 BGB durch Einigung und Übergabe übertragen[898]. Bei einem Börsengeschäft kommt die erforderliche dingliche Einigung unter Mitwirkung der Depot- und Wertpapiersammelbanken als Kommissionäre zustande[899]. Durch die Erteilung des Verkaufsauftrags ermächtigt der verkaufende Kunde seine Depotbank als Verkaufskommissionärin, die Einigungserklärung abzugeben[900]. Der CCP, durch den die Börsengeschäfte erfüllt werden[901], dient als Empfangsbote des Käufers, um die Einigungsofferte für den Erwerber zu empfangen und sie in dem vom Regelwerk vorgesehenen Lieferreport[902] an die Depotbank, die als Einkaufskommissionärin dient, weiterzuleiten, um die Einigung zustande zu bringen[903].

Die Übergabe der Girosammeldepotanteile erfolgt durch eine Umstellung des Besitzmittlungsverhältnisses: Die CBF als unmittelbarer Fremdbesitzer belastet das bei ihr gehaltene Konto der verkaufenden Bank und schreibt die Wertpapiere dem Konto der kaufenden Bank gut[904]. Im Gegensatz zum amerikanischen

---

895 Vgl. *Kümpel* (2006), Rdn. 8/14; *Horn* (2002), S. 6; *Heinsius/Horn/Than* (1975) § 6, Rdn. 33.

896 *Einsele* (1995), S. 72 f.; *dies.* (2006), S. 5; auch *Habersack/Mayer* (2000), S. 1680 f.

897 Vgl. *Kümpel* (2006), Rdn. 8/51 ff.; *Horn* (2002), S. 13 ff.

898 Vgl. *Kümpel* (2006), Rdn. 8/67 ff., 8/336 ff; *von Criegern* (1997), S. 47 ff.; *Canaris* (1981), Rdn. 2017; *Heinsius/Horn/Than* (1975) § 6, Rdn. 35 ff.

899 Vgl. *von Criegern* (1997), S. 50 ff.; *Heinsius/Horn/Than* (1975) § 6, Rdn. 35 ff.

900 Vgl. *Kümpel* (2006), Rdn. 8/69, 8/338, 8/342 f.; *Horn* (2002), S. 11.

901 Vgl. Eurex Clearing-Bedingungen, Nr. I.1.5, V.2.1.(4).

902 Vgl. Eurex Clearing-Bedingungen, Nr. V.2.1.(1) i.V.m. I.1.5.(3). Vgl. auch *Ruland* (2004), S. 184.

903 Vgl. *Horn* (2002), S. 19; Eurex Clearing-Bedingungen, Nr. V.2.1.(1) i.V.m. I.1.5.(3); vgl. auch *Kümpel* (2006), Rdn. 8/338.

904 Vgl. Clearstream AGB, Nr. 8 Abs. 1; *Kümpel* (2006), Rdn. 8/69, 8/334; *von Criegern* (1997), S. 53 f.; *Canaris* (1981), Rdn. 2021 ff.; *Heinsius/Horn/Than* (1975) § 6, Rdn. 35 f. Anzumerken hier ist, dass die Beträge, die abgebucht bzw. gutgeschrieben werden, Spitzenbeträge sind, die sich aus dem Verrechnungsverfahren des CCP ergeben. Vgl. *Horn* (2002), S. 18.

System der indirekt gehaltenen Wertpapiere[905] richtet sich der Besitzwille des Verwahrers nicht auf die auf der nächsten Stufe stehende Depotbank, sondern auf den Endkunden. Weil weder der CCP noch die Kommissionärbanken Durchgangserwerb erlangen, geht der Miteigentumsanteil direkt von einem Endkunden auf den anderen Endkunden über[906]. *Einsele* vertritt die Ansicht, ein gutgläubiger Erwerb des Eigentums an Depotanteile durch eine solche Umstellung des Besitzmittlungsverhältnisses sei nicht möglich, weil der Mitbesitz des verkaufenden Endkunden kein ausreichender Rechtsscheinträger für die Höhe seines Miteigentumsanteils sei[907]. Demgegenüber vertritt die herrschende Lehre die Auffassung, dass die Buchungen im Verwahrungsbuch zusammen mit dem Mitbesitz einen ausreichenden Rechtsschein darstellen, um die Höhe des Miteigentumsanteils zu begründen und einen gutgläubigen Erwerb zu ermöglichen[908]. Dagegen hat *Einsele* unlängst eingewandt, dass das Abwicklungssystem und das Verwahrbuch eine undurchschaubare "*black box*" seien und daher als Rechtsscheinträger nicht in Betracht kämen[909]. Demgegenüber ist festzuhalten, dass Abwicklungssysteme für Außenstehende zwar in der Tat undurchschaubar sind, ein Kontoauszug aber im Rahmen eines Börsengeschäftes ebenso erhältlich ist wie das Aktienzertifikat selbst.

Die Geldverrechnung im CBF-System erfolgt durch die zugehörigen gegenseitigen Buchungen auf den Konten, die die Teilnehmer bei einer Landesbank bzw. der Deutschen Bundesbank zu diesem Zweck halten[910]. Um eine Geschäftsabwicklung Zug um Zug zu gewährleisten, geht das Eigentum am übertragenen Depotsammelanteil nicht über, bis die entsprechende Geldverrechnung durchgeführt ist[911].

(c) Die Lieferung der Aktionärsdaten mittels CASCADE RS

Die Lieferung der Aktionärsdaten an das Aktienregister durch das CBF-System knüpft direkt an den vorstehend erläuterten Vorgang an. Die Lieferung erfolgt mittels eines Antrags auf Eintragung ins Aktienregister gemäß § 67 Abs. 1 AktG. Die für die Eintragung erforderlichen Daten sind der Name, das Geburtsdatum und die Adresse des Aktionärs sowie die Stückzahl oder die Aktiennummer und gegebenenfalls der Nennbetrag der Aktie[912]. Ähnlich wie nach ameri-

---

905 Siehe oben, § 23 (c).

906 Vgl. *Kümpel* (2006), Rdn. 8/334, 8/342; *Horn* (2002), S. 11.

907 Vgl. *Einsele* (1995), S. 97 ff.; (2006), S. 6.

908 Vgl. *Kümpel* (2006), Rdn. 8/73; *Horn* (2002), S. 12; *Hueck/Canaris* (1986), S. 16; *Canaris* (1981), Rdn. 2027; *Heinsius/Horn/Than* (1975) § 6, Rdn. 40.

909 Vgl. *Einsele* (2006), S. 7.

910 Vgl. Clearstream AGB, Nr. 8 Abs. 1; Eurex Clearing-Bedingungen, Nr. V.2.1.(1) i.V.m. I.1.5.(4); *Kümpel* (2006), Rdn. 8/337c. Auch hier werden die Beträge Spitzenbeträge sein.

911 Eurex Clearing-Bedingungen, Nr. V.2.1.(1) i.V.m. I.1.5.(4).

912 Vgl. § 67 Abs. 1 AktG; *Cahn* in Spindler/Stilz Komm. § 67 Rdn. 11.

kanischem Recht[913] gilt als Aktionär nur die im Aktienregister eingetragene Person[914]. Gemäß § 67 Abs. 4 AktG muss die Depotbank, die als Teilnehmer an der Übertragung der Namensaktien mitwirkt, die notwendigen Daten an das Aktienregister gegen Erstattung der anfallenden Kosten übermitteln[915]. Sofern der wirtschaftliche Aktionär sich nicht ins Aktienregister eintragen lässt, muss das depotführende Institut sich auf Verlangen des Emittenten ins Aktienregister eintragen lassen[916]. Laut einer Vertreterin der CBF[917] bemüht sich die Mehrheit der Banken, die Daten ihrer Kunden an das Aktienregister zu liefern, um ihre eigene Eintragung und die daraus folgenden Pflichten gemäß § 128 AktG, die Unterlagen für die Hauptversammlung weiterzugeben und gemäß § 135 AktG die Stimmrechte auszuüben, zu vermeiden.

Namensaktien einer Gattung werden unabhängig davon, ob sie durch mehrere Zertifikate oder durch eine Globalurkunde verbrieft sind, im CBF-System mit Blankoindossament versehen und unter der Kontrolle der CBF verwahrt[918]. Die Girosammeldepotanteile, die die Gemeinschaft nach Bruchteilen in den verwahrten Namensaktien ausmachen, werden den Konten der betroffenen CBF-Teilnehmer gutgeschrieben[919]. Für Namensaktien führt die CBF mehrere untergliederte Bestandsarten in jedem Kunden-Depotkonto[920]. Eine Untergliederung wird für jeden Endkunden/Aktionär nach seiner "Kundenreferenz", einer "30-stelligen, formal strukturierten und alphanumerischen" Referenz[921] geführt, und schließt Angaben über die Stückelung seines Anteils ein[922]. Zum Zweck der Übertragung wird das Konto eines Endkunden/Aktionärs in drei Bestände – den *Hauptbestand*, den *freien Meldbestand* und den *zugewiesenen Meldebestand* – unterteilt[923]. Der Hauptbestand (HB) enthält die Aktien, für die der Kontoinhaber sowohl wirtschaftlicher Inhaber als auch eingetragener Aktionär ist[924]. Der freie Meldbestand (FB) ist ein Übergangsbestand und enthält die Aktien, für die der Kontoinhaber (schon/immer noch) wirtschaftlicher Inhaber, aber noch nicht

913 Siehe oben, § 15 (a).

914 Vgl. § 67 Abs. 2 AktG; *Cahn* in Spindler/Stilz Komm. § 67 Rdn. 25 ff.; Hanseatisches Oberlandesgericht, 1.9.03, AG 2003 694; LG Frankfurt, 10.3.05, ZIP 2005 859.

915 Vgl. *Cahn* in Spindler/Stilz Komm. § 67 Rdn. 69; *Kümpel* (2006), Rdn. 8/259a.

916 Vgl. § 67 Abs. 4 Satz 2 AktG.

917 Gespräch mit einer Mitarbeiterin der CBF am 28 Juni 2006.

918 Vgl. Clearstream AGB, Nr. 46 Abs. 1.

919 Vgl. Clearstream AGB, Nr. 6 Abs. 1.

920 Vgl. *Ruland* (2004), S. 199; *Blitz* (2000), S. 377, 382.

921 Vgl. *Ruland* (2004), S. 200.

922 Vgl. *Ruland* (2004), S. 199; *Blitz* (2000), S. 382 f.

923 Vgl. Clearstream AGB, Nr. 52; *Ruland* (2004), S. 200 f.; *Blitz* (2000), S. 377 f.

924 Vgl. *Ruland* (2004), S. 200; *Blitz* (2000), S. 377.

Abbildung 4.3

Abwicklung eines Verkaufs der Namensaktien unter Einschaltung des CASCADE RS

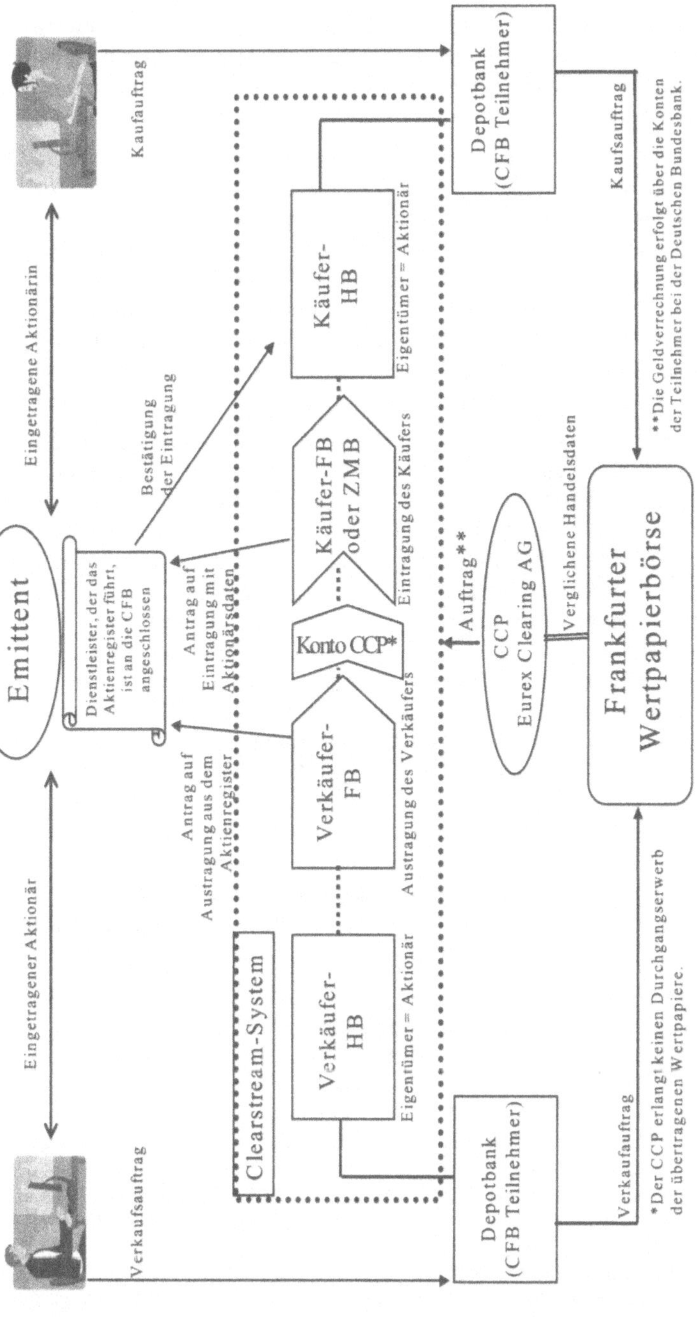

oder nicht mehr der eingetragene Aktionär ist[925]. Der zugewiesene Meldebestand (ZMB) ist ein Übergangsbestand, der nur die Aktien enthält, deren wirtschaftlicher Inhaber der Kontoinhaber, und für die die Eintragung im Aktienregister beantragt ist[926].

Im Gegensatz zu dem im vorhergehenden Abschnitt besprochenen DRS werden Wertpapiere im CBF-System nicht von dem Konto eines Marktteilnehmers in das des Betreuers des Aktienregisters umgebucht, um die notwendigen Aktionärsdaten an das Aktienregister liefern zu können. Stattdessen bildet CASCADE RS die erforderlichen Aktionärsdaten, die schon im Handelssystem oder bei dem Verwahrer aufgespeichert sind, im angeschlossenen Aktienregister nach[927]. So kann das CBF-System vollständig zentralisiert bleiben, während die Nachbildungen der notwendigen Aktionärsdaten in den dezentralen Aktienregistern stets auf dem neuesten Stand sind.

Nachfolgend werden die einzelnen (informationsbezogenen) Schritte für die Übertragung von Namensaktien erläutert wie in Abb. 4.3 dargestellt wird. Schon bei der Ordererteilung erfasst das Handelssystem der Frankfurter Wertpapierbörse die für das Aktienregister notwendigen Daten. Diese Daten werden im Lauf des Abwicklungsvorgangs in Form eines Antrags auf Eintragung ggfs. an das Aktienregister weitergeleitet[928]. Wenn ein Aktionär seine Namensaktien an der Börse verkauft, übermittelt der CCP am nächsten Tag (T+1) allen CBF-Teilnehmer eine "Soll-Lieferliste", in der das Geschäft bezeichnet wird[929]. Die Depotbank des verkaufenden Aktionärs muss die entsprechenden Depotanteile aus dem Hauptbestand des Aktionärs in den freien Meldebestand übertragen[930]. Zugleich stellt das CBF-System einen Antrag auf Austragung des Verkäufers bei der registerführenden Stelle[931]. Wenn die entsprechenden Anteile oder ausreichend andere Anteile der gleichen Gattung im freien Meldebestand vorhanden sind, teilt die CBF dem CCP die Freigabe des Verkaufs mit[932]. Die entsprechende Zahl der Anteile wird dann vor dem Mittag des nächsten Tages (T+2) von dem freien Meldebestand des Verkäufers abgebucht, auf dem Konto des CCP – übergehend in den Rahmen der Besitzmittlung – "geparkt"[933], und sofort an-

---

925 Vgl. *Ruland* (2004), S. 200; *Blitz* (2000), S. 377 f.

926 Vgl. *Ruland* (2004), S. 200; *Blitz* (2000), S. 378.

927 Vgl. *Ruland* (2004), S. 200; *Blitz* (2000), S. 379.

928 Vgl. *Ruland* (2004), S. 180 f., 201; *Blitz* (2000), S. 377 f.

929 Vgl. *Ruland* (2004), S. 183 f.; *Horn* (2002), S. 4, 6.

930 Vgl. *Ruland* (2004), S. 200 f.; *Blitz* (2000), S. 377 f.

931 Stattdessen ist es auch möglich, dass der Verkäufer den Käufer berechtigt, die Austragung selbst im Rahmen der Umschreibung ins Aktienregister zu beantragen.

932 Vgl. *Ruland* (2004), S. 200 f.

933 Vgl. Eurex Clearing-Bedingungen, Nr. V.2.1.1 Abs. 3. Nach dieser Bestimmung findet kein Durchgangserwerb der CCP an den Anteilen statt. Damit werden die Aktien nicht

schließend dem Konto des Käufers (entweder auf dem freien oder dem zugewiesenen Meldebestand) gutgeschrieben[934]. Die Depotbank des Käufers kann sofort durch CASCADE RS einen Antrag auf Eintragung (Umschreibung) im Aktienregister abgeben[935]. Sobald die Eintragung des Käufers im Aktienregister bestätigt ist, werden die Anteile aus dem freien oder dem zugewiesenen Meldebestand in den Hauptbestand des Käufers übertragen[936]. Damit ist die Übertragung abgeschlossen. Der Käufer ist eingetragener Aktionär und somit Inhaber aller damit verbundenen Mitgliedschaftsrechte.

Der Verkauf einer Namensaktie führt damit zu einem Übergang der Aktie vom Hauptbestand des Verkäufers in den Hauptbestand des Käufers und zu einer etwa zeitgleichen Umschreibung im Aktienregister. Wenn der Aktionär sich eintragen lässt, fallen das wirtschaftliche Eigentum und die Inhaberschaft an den Mitgliedschaftsrechten nur während des Zeitraums von einem Tag (T+1) auseinander. Wie bereits erwähnt, berichtete eine Vertreterin der CBF, dass die Depotbanken die Eintragung ihrer Kunden ins Aktienregister vorziehen, weil so die Weiterleitung der Pflichtmitteilungen und die Ausübung der Stimmrechte nicht von ihnen wahrgenommen müssen[937]. Genauere Statistiken betreffend diese Frage wären sehr hilfreich. Im Vergleich mit der amerikanischen Erfahrung ist bemerkenswert, dass weder die CBF noch ihre Teilnehmer versuchen, die direkte Verbindung zwischen den Emittenten und Aktionären zu unterbrechen, um sich ein Betätigungsfeld für einträgliche Dienstleistungen als Intermediäre zu schaffen.

§ 29 Vergleich und Würdigung der beiden vorgestellten Systeme

(a) Belastung des Abwicklungsvorgangs mit zusätzlichem Zeitaufwand oder unannehmbaren Kosten?

Sowohl das DRS als auch das CASCADE RS liefern die aktienrechtlich erforderlichen Aktionärsdaten, ohne den Abwicklungsvorgang zu verlangsamen. Zwar erfordert der Abgleich zwischen den handelsorientierten und den eintragungsorientierten Komponenten des Systems einen zusätzlichen Schritt, verursacht aber dadurch keine Verzögerung: Im deutschen System erfolgt am Tag T+1die notwendige Übertragung aus dem HB des Verkäufers in den FB, um das Geschäft abzuschließen; demgegenüber werden die Wertpapiere im amerikanischen System vom Konto des *transfer agent* auf das des Maklers gleichzeitig

---

dem CCP zugeschrieben, sondern nur auf dessen Konto "geparkt". Vgl. auch *Horn* (2002), S. 19.

934 Vgl. *Ruland* (2004), S. 201 f.; *Blitz* (2000), S. 378.

935 Vgl. *Ruland* (2004), S. 201 f.; *Blitz* (2000), S. 378.

936 Vgl. *Ruland* (2004), S. 201; *Blitz* (2000), S. 378.

937 Gespräch mit einem *Legal Counsel* der Gruppe Deutsche Börse, 28 Juni 2006.

mit dem Handelsauftrag (also T+0) übertragen. Keines der beiden Systeme der Wertpapierabwicklung führt also zu untragbaren Verzögerungen bei der Übertragung von Mitgliedschaftsrechten.

Zwar erfordern beide Systeme zusätzliche Datenverarbeitung und verursachen Kosten, um die Aktionärsdaten für das Aktienregister bereit zu stellen; diesen Kosten stehen aber größere Einsparungen gegenüber. Das CASCADE RS erfordert (1) die Unterteilung des Depotkontos in unterschiedliche Bestände und (2) die Verarbeitung des Übergangs zwischen HB, FB, ZMB und wieder HB, um die Umschreibung im Aktienregister zu berücksichtigen, sowie (3) die Übermittlung der Daten an das Aktienregister nach Stellung des Antrags auf Umschreibung. Das DRS berücksichtigt das Namenselement nur insoweit, als die Aktien im Register eingetragen bleiben, bis sie ins Konto des Maklers für den Verkauf übertragen werden. Die zusätzlichen Kosten des DRS bestehen daher aus (1) der Hin- und Her-Übertragung der Aktien zwischen dem Register und dem Konto, (2) der Bürgschaft bzw. Versicherung, die die Parteien zur Absicherung des Risikos stellen müssen, dass ein Nichtberechtigter einen Übertragungsauftrag erteilen könnte.

Die Einsparungen beider Systeme im Vergleich zur langsamen und arbeitintensiven Verwendung von Papierzertifikaten sind zwar erheblich. Vergleichsmaßstab ist aber heute nicht ein auf körperlichen Einzelurkunden basiertes System, sondern ein System, in dem die Verwendung eines Legitimationsaktionärs (z.B. "Cede & Co.") einen großen Teil der wertpapierrechtlichen Übertragung sowie die Umschreibung im Aktienregister schlicht entbehrlich macht. Diese Technik verursacht aber höhere Gesamtkosten. Wie im Laufe der Arbeit öfter gezeigt wurde[938], steigen die Kosten für die Emittenten und deren Aktionäre; darüber hinaus könnte die zentralisierte Verrechnung auch höhere Transaktionskosten für die an der Peripherie des Systems angesiedelten Finanzinstitute[939] verursachen. Wenn man die Gesamtkosten der Wertpapierabwicklung, einschließlich der negativen Auswirkungen auf die Unternehmungsleitung, betrachtet, sind die zusätzlichen Kosten sowohl des DRS als auch des CASCADE geringfügig im Vergleich zu den Ersparnissen der Emittenten und der Aktionäre im Bereich der Corporate Governance. Daher sind sowohl das CASCADE RS als auch das DRS dem DTCC-System vorzuziehen.

(b) Vorzugswürdigkeit eines der beiden Systeme?

Das CASCADE RS stellt eine zentralisierte Umsetzung der Struktur dar, die die CRESTCo für die Abwicklung von Namensaktien an der Londoner Börse verwendet[940]. Das Grundprinzip ist, dass ein erheblicher Teil der im Rahmen des

---

938 Siehe z.B. oben, § 17.

939 Siehe oben, § 27 (d).

940 Das englische System ist normiert in der "Uncertificated Securities Regulation 2001" (2001 Nr. 3755). Schedule 4 dieser Verordnung sieht vor, dass ein Abwicklungssystem

Börsengeschäfts eingegebenen Daten auch im Aktienregister abgebildet wird (siehe die Abb. 4.4). Dafür ist erforderlich, dass die Wertpapiere gesondert nach der Identität des wirtschaftlichen Aktionärs verwahrt werden. Dem Namenselement wird bei der Verwahrung dadurch Rechnung getragen, dass ein eigener Hauptbestand (HB) für jeden Endkunden angelegt wird. Der Übergang vom HB des Verkäufers zum HB des Käufers läuft über den freien Meldebestand (FB), in dem die Aktien nicht mehr oder noch kein Namenselement haben, und spiegelt den Vorgang der Umschreibung im Aktienregister (Altaktionär – kein Aktionär – Neuaktionär) wider.

Das amerikanische System bewirkt den gleichen Rechtsübergang auf andere Weise. Der Makler des Verkäufers entnimmt die zu verkaufenden Aktien aus dem Konto des *transfer agent* und schreibt sie dem eigenen Konto auf den eigenen Namen gut. Im Rahmen der Abwicklung des Geschäfts im DTCC-System beauftragt die NSCC die DTC, die betreffende Zahl der gleichen Aktien aus dem Konto des verkaufenden Maklers in das Konto des *transfer agent* zu übertragen, diesmal aber auf den Namen des Käufers. So geschieht die Übertragung nicht, wie bei CASCADE RS, HB—FB—ZMB—HB, sondern stattdessen *transfer agent*—Makler—NSCC—*transfer agent.* Damit vollzieht sich der Übertragungsvorgang im deutschen System vom Konto des Verkäufers zum Konto des Käufers, während er im amerikanischen System vom Konto des *transfer agents* letztlich zurück auf das Konto desselben *transfer agent* erfolgt. Wie oben gezeigt wurde[941], ist letzteres kein optimales Verfahren.

Übertragungen im deutschen System erfolgen innerhalb der CBF unter der Kontrolle der CBF und ihres CCP. Die Übertragungen im amerikanischen System laufen zwischen dem Konto eines Quasi-Teilnehmers (des *transfer agent*), dem Konto eines Teilnehmers (der Makler), dem Konto der NSCC und dem Konto desselben *transfer agent* ab. Wegen des Risikos einer nichtberechtigten Entnahme von Aktien aus dem Konto des *transfer agent* müssen die Teilnehmer eine Bürgschaft oder eine Versicherung stellen. Das Risiko der unbefugten Entnahme und die Kosten der Sicherheiten (ob Bürgschaft oder Versicherung) sind zusätzliche Kosten des amerikanischen Systems. Im deutschen System wird der Antrag auf Eintragung ins Aktienregister gleichzeitig mit der Übereignung der Wertpapiere gestellt. Dadurch wird gewährleistet, dass die für die Umschreibung erforderlichen Daten zeitnah an die dezentralen Aktienregister geliefert

die Namen, Anschriften und Anzahl der Aktien aller Personen, die unverbriefte Aktien im System halten, an die maßgebliche Gesellschaft übermittelt und, dass die Gesellschaft diese Daten im "Record of Uncertificated Shares" einträgt. Vgl. *Benjamin/Yates/Montagu* (2002), §§ 9.16, 9.75; CREST Rules, Rule 14.2 und 14.3 (Jan. 2005), abrufbar unter http://www.crestco.co.uk. So bildet auch das CREST-System einen Teil der Handels- und Verwahrungsdaten in einem beim Emittenten geführten Register ab.

941 Siehe oben, § 27 (d).

Abbildung 4.4

Die zentralisierte im Vergleich zu der dezentralisierten Struktur

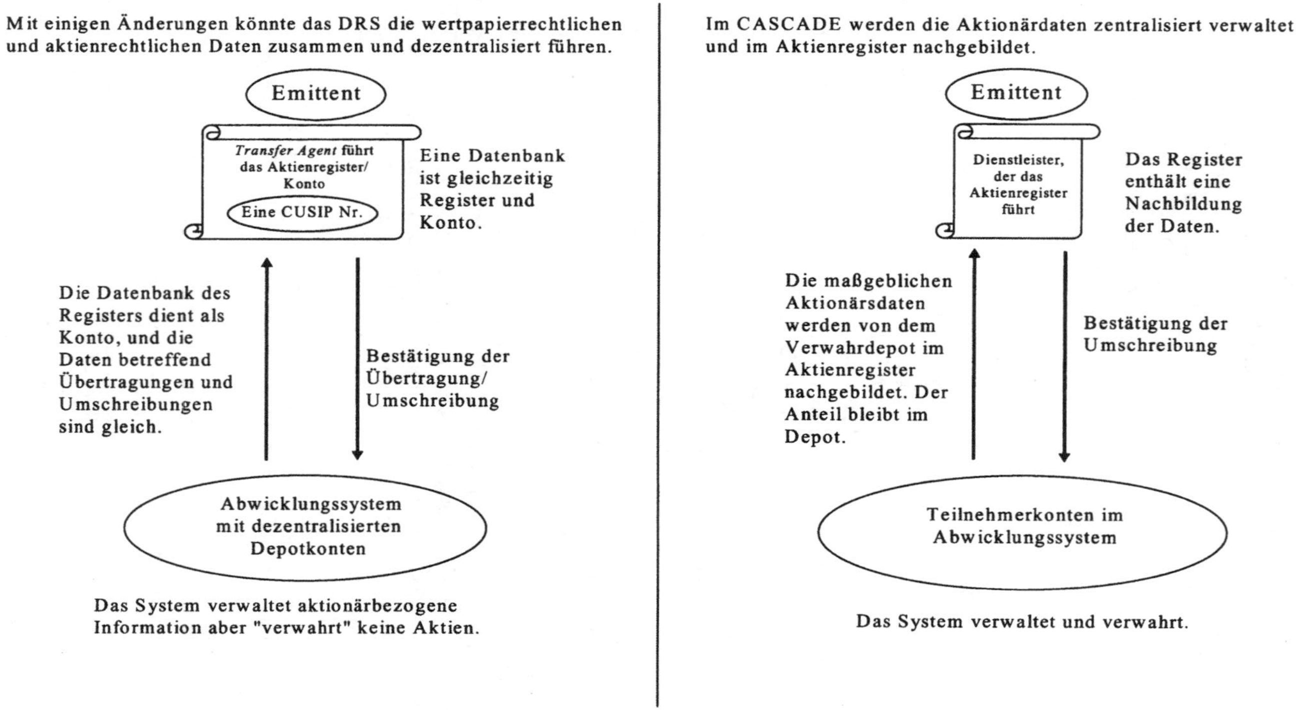

werden. Im Ergebnis bringt das DRS mit seinen Hin- und Her-Bewegungen und den damit verbundenen zusätzlichen Kosten keine Vorteile. Somit scheint das deutsche System dem amerikanischen überlegen zu sein.

Wenn allerdings der Kreis im amerikanischen System begradigt werden könnte, würde ein modifiziertes DRS bestimmte Vorteile zeigen. Wie in § 27 (d) bereits ausgeführt, besteht dank der Bürgschaft bzw. Versicherung und den anderen Anforderungen der DTC kein zwingender Grund dafür, eine mögliche Abwicklung direkt auf dem Konto des *transfer agent* nicht in Betracht zu ziehen. Die Zusammenfassung der Übertragung und der Umschreibung im Rahmen eines Börsengeschäfts könnten eine erhebliche Rationalisierung bewirken. Sowohl die Hin- und Her-Bewegung, die das gegenwärtige DRS belastet, als auch die Abbildung der Aktionärsdaten im CASCADE RS könnten wegfallen, weil die Abwicklung und die Umschreibung zusammengefasst wären. Vorbehaltlich einer Anpassung der Verrechnung und der Aktienleihe könnten die wertpapierrechtlichen und aktienrechtlichen Daten gleichzeitig zu dem vom *transfer agent* geführten Konto/Register geliefert werden. Wenn das Abwicklungskonto am Sitz des Emittenten bliebe, könnten auch die im nächsten Kapitel besprochenen Folgen für das anwendbare Recht entstehen. Weil entmaterialisierte Wertpapiere nichts weiter als Informationen sind, könnte die Wertpapierabwicklung der Telekommunikation folgen. Am Anfang dieser Technik erforderte ein Telefongespräch viele manuelle Schritte und die Arbeit etlicher Vermittler, um die notwendigen Verbindungen herzustellen[942]. Heute lenken unhörbare Digitalschalter die Daten eines Telefongesprächs über unzählige Schalter und Umleitungen, um den Anschein einer *direkten* Verbindung zu schaffen[943]. Die vorgehende Abb. 4.4 skizziert ein dezentralisiertes DRS im Vergleich mit dem heutigen CASCADE RS.

§ 30 Zusammenfassung

Seit mehr als einem Jahrzehnt haben internationale Fachgremien und Organisationen der Wertpapierabwicklung viel Aufmerksamkeit gewidmet, aber die möglichen Auswirkungen dieses Vorgangs auf die Ausübung der Rechte aus Wertpapieren kaum beachtet. Die Verarbeitung der Rechte am Papier wird zwar eingehend geprüft, aber die Rechte aus dem Papier werden sogar als Hindernisse für eine effiziente Abwicklung angesehen. Zwei Systeme – das DRS und das CASCADE RS – wickeln Geschäfte in Namensaktien ab, ohne dass das Namenselement der Aktien erlischt. In den Vereinigten Staaten haben Marktteilnehmer verhindert, dass das DRS ein dezentralisiertes System, das unabhängig von der zentralen DTCC ist, entwickeln konnte. Weil das DRS eine Hin und

---

942 *Deutsches Postmuseum* (1993), S. 85.
943 *Huurdeman* (2003), S. 499.

Her-Übertragung der Aktien zwischen dem *transfer agent* und dem Makler erfordert, bietet heute das CASCADE RS eine diesem System überlegene Struktur an. Das CASCADE RS lässt die zentrale Verwahrung von Aktien zu, bildet aber die Aktionärsdaten ohne unannehmbaren Zeitaufwand im Aktienregister nach. Allerdings wäre es denkbar, DRS so zu ändern, dass Konten dezentral als Datenbanken geführt werden könnten, die zugleich als Aktienregister dienen. Diese Struktur hätte viele Vorteile, stünde aber im Gegensatz zu starken wirtschaftlichen Interessen an der Beibehaltung eines zentralisierten Systems.

V. Die Bedeutung der Ergebnisse für den europäischen Finanzmarkt

§ 31 Zusammenfassung der Ergebnisse

Die vorstehende Untersuchung hat gezeigt, dass die Mitgliedschaftsrechte der Aktionäre, insbesondere das Stimmrecht, für die Aktiengesellschaft von erheblicher Bedeutung sind und dass ein zentralisiertes, auf Immobilisierung beruhendes System der Wertpapierabwicklung die Ausübung dieser Rechte erschwert. Es wurde auch gezeigt, dass sowohl in den Vereinigten Staaten als auch in Deutschland alternative Abwicklungssysteme zur Verfügung stehen, den Vorteilen solcher alternativen Systeme aber bislang keine große Aufmerksamkeit (in den internationalen Fachgremien) geschenkt worden ist.

Die Aktionäre sind die wirtschaftlichen Eigentümer der Aktiengesellschaften. Ihre Rechte als Eigentümer und Mitglieder sind an die Funktionsweise der Aktiengesellschaft angepasst. Die unterschiedlichen Aktionärsrechte sind systematisch aufeinander und auf die Kompetenzen der Leitungsorgane der AG abgestimmt, so dass das Ausschalten einzelner Rechte auch andere Rechte beeinträchtigen kann. Unter den Verwaltungsrechten der Aktionäre ist das Stimmrecht das wichtigste. Das Stimmrecht spielt nicht nur eine bedeutsame Rolle für die Aktionäre, es ist auch ein wichtiger Baustein der Leitungsstruktur der Gesellschaft. Aus ökonomischer Sicht knüpft das Stimmrecht die Leitung der Gesellschaft an die auf Gewinn bezogenen Interessen der Risikoträger. Aus rechtspolitischer Sicht rechtfertigt das Stimmrecht die Übertragung sehr weit gehender Befugnisse an eine kleine Gruppe möglicherweise selbst nicht an der Gesellschaft beteiligter Geschäftsleiter.

Die Streuung der Aktien einer Publikumsgesellschaft verursacht eine Trennung von Eigentum und Kontrolle. Die Geschäftsleitung hat erhebliche Entscheidungsbefugnisse, und für die Kleinaktionäre einer Publikumsgesellschaft ist es mit verhältnismäßig hohem finanziellem Aufwand verbunden, sich über die Stimmrechtsausübung zu verständigen und damit Einfluss auf die Mehrheitsentscheidungen zu nehmen. Die Wiederherstellung der Einheit der Stimmrechte in einer Hand durch eine Übernahme bietet keine dauerhafte Lösung für das Problem des kollektiven Handelns. Das Prinzip der Risikodiversifikation (*diversified investment*) erfordert, dass die gebündelten Aktien wieder gestreut werden, so dass Zyklen risikoreicher effizienter Konzentration und risikoarmer ineffizienter Streuung sich abwechseln. Eine dauerhafte Lösung des Kollektivhandlungsproblems kann nur eine effektive Kommunikation und Zusammenarbeit zwischen den Aktionären bieten. Allmähliche Verbesserungen der *Proxy Rules* und der Meldepflichten für bedeutende Beteiligungen sowie die Organisation und Fachkenntnis der institutionellen Anleger verhelfen bereits heute dem Stimmrecht der Aktionäre zu größerer Wirksamkeit. Die Treupflichten und Stimm- und Offenlegungspflichten dieser Anleger gewährleisten, dass sie die Stimmrechte in ihren Portfoliogesellschaften ausüben.

Die effektive Nutzung des Stimmrechts wird aber durch eine Störung der Funktion des Aktienregisters beeinträchtigt. Das Aktienregister ist von erheblicher Bedeutung für eine Aktiengesellschaft, deren Grundkapital in Namensaktien aufgeteilt ist. Als Aktionär gilt nur, wer im Aktienregister eingetragen ist. Allein er kann die mit der Aktie verbundenen Vermögens- und Verwaltungsrechte ausüben. Eine Bestimmung, die auch den nicht eingetragenen "wirtschaftlichen" Aktionären diese Rechte zuordnen würde, würde an der konstitutiven Wirkung des Aktienregisters im Ergebnis nichts ändern, sondern lediglich eine zweite Legitimationsebene einführen: *erstens* muss der Legitimationsaktionär eingetragen sein und *zweitens* muss der "wirtschaftliche" Aktionär beweisen, dass die Mitgliedschaftsrechte ihm, nicht dem eingetragenen Aktionär zustehen.

Das Aktienregister liefert auch die Angaben, die die notwendige Kommunikation mit den Inhabern der Namensaktien ermöglichen sollen. Diese Kommunikation schließt die Einladung zur Hauptversammlung und die Zusendung der Unternehmensdaten ein. Um ihre Rechte wirksam ausüben zu können, müssen die Aktionäre auch untereinander kommunizieren können. Eine solche Kommunikation ist notwendig, um sicherzustellen, dass eine bestimmte Schwelle für die Ausübung eines Minderheitsrechts, etwa der Einberufung der Hauptversammlung, erreicht wird, aber auch, um Koalitionen zu bilden, die für die Unterstützung eines Aktionärsvorschlags notwendig sind. Nach dem Recht des Bundesstaats Delaware ist die koordinierte Zusammenarbeit der Aktionäre auch für die Abstimmung durch *consents* von Bedeutung.

Wenn aber die Immobilisierung der Aktien bei einer Wertpapiersammelbank und die Eintragung der Bank oder ihres *nominee* als Legitimationsaktionär ins Aktienregister eine Kenntnis der Namen der (wirtschaftlichen) Aktionäre ausschließt, wird die gesetzlich vorgesehene Leitungsstruktur der AG beeinträchtigt. Erstens weiß die Geschäftsleitung der AG nicht, wer hinter den Legitimationsaktionären steht und eigentlich berechtigt ist, über die Ausübung des Stimmrechts zu entscheiden. Eine bundesrechtliche Pflicht des eingetragenen Finanzinstituts, die Ausübung der Rechte aus den Aktien den wirtschaftlichen Aktionären zu überlassen, hätte, wie bereits dargelegt, lediglich ein zweistufiges Legitimationsverfahren zur Folge. Eine Pflicht des eingetragenen Aktionärs, alle Mitteilungen der AG an die wirtschaftlichen Aktionäre weiterzuleiten, löst eine komplizierte indirekte Kommunikation aus, die sowohl teuer als auch langsam ist. Die Leitung der AG wird daher erheblich beeinträchtigt, wenn das Aktienregister die Eigentümerstruktur nicht zutreffend widerspiegelt.

Die "Entleerung" des Aktienregisters in den Vereinigten Staaten wurde durch eine Restrukturierung der Wertpapierabwicklung verursacht. Die herkömmliche Übertragungstechnik für Namensaktien nach amerikanischem Recht verursachte erheblichen Bearbeitungsaufwand. Dieser Aufwand verlangsamte die Abwicklung der Börsengeschäfte so sehr, dass es in den späten 1960er Jahren zu einer schweren Krise des Kapitalmarkts kam. Nach Überwindung dieser Krise haben die Fachkreise und die SEC die Vorzüge einer papierlosen Übertragung von Wertpapieren erkannt. Diese wurde durch eine Entmaterialisierung der Aktien und ihre Übertragung in einem Netzwerk elektronischer Aktienregister oder, als indirekte Alternative, durch eine Immobilisierung der Wertpapiere im Tresor bei einer Zentralverwahrstelle und ihre papierlose Umschreibung in den Büchern der Verwahrstelle ermöglicht. Beim Übergang zu diesem zweiten Modell mussten weniger rechtliche und technische Hindernisse überwunden werden. Es wurde daher zunächst gewählt, wobei es sich allerdings nur um einen "vorläufigen" Schritt auf dem Weg zu einer vollständigen Entmaterialisierung handeln sollte. Das amerikanische Wertpapierrecht wurde an das sog. *indirect holding system*, also die Übertragung der Ansprüche auf die Konten der Wertpapierintermediäre, angepasst. Obwohl die Wertpapiere auf dem amerikanischen Markt inzwischen fast völlig entmaterialisiert sind, wird auf einer Zentralverwahrstelle beharrt, die zwar nichts mehr verwahrt, aber nur indirekten Zugang zu den Aktien gewährt. Ein Hauptgrund für das Beharren auf dieser zentralisierten Struktur ist das fehlende Bewusstsein der SEC und des Schrifttums von den Interessen der Marktteilnehmer, insbesondere der Makler, die weiterhin eine Vermittlerrolle zwischen Emittenten und Aktionären einnehmen wollen. Der Einfluss des Wertpapierabwicklungssystems auf die Leitung der AG wird als technische Notwendigkeit, nicht aber als Folge der Entscheidung der Marktteilnehmer für eine bestimmte Art der Abwicklung wahrgenommen.

Internationale Fachgremien und Organisationen haben zwar während des letzten Jahrzehnts die Wertpapierabwicklung eingehend untersucht, dabei aber den Auswirkungen der Abwicklung auf die Ausübung der Rechte aus den Aktien keine Aufmerksamkeit geschenkt. Die Verarbeitung der Rechte *am* Papier wird gründlich analysiert, die Rechte *aus* dem Papier hingegen als Hindernis für die Effizienz der Abwicklung angesehen. Mehrere Abwicklungssysteme sind imstande, die gesetzmäßige Ausübung der Rechte aus Aktien zu gewährleisten. Das zeigen etwa das deutsche CASCADE RS und auch das amerikanische DRS. Amerikanische Marktteilnehmer haben das DRS, das ursprünglich als emittentenbezogenes System ausgestaltet war, in die DTCC und deren Produktpalette integriert. Weil das DRS in seiner heutigen Gestaltung eine schwerfällige "Hin- und Her-Übertragung" der Aktien zwischen dem *transfer agent* und dem Makler erfordert, stellt das CASCADE RS eine überlegene Struktur dar. Das DRS könnte allerdings so modifiziert werden, dass Konten dezentral als Datenbanken, die zugleich als Aktienregister dienen würden, ausgestaltet werden könnten. Ähnlich wie Telekommunikationssysteme könnten die Abwicklungssysteme sich so entwickeln, dass die nötigen Informationen sicher ermittelt und übermittelt werden, ohne den Dienstleister in den Mittelpunkt zu stellen. Entmaterialisierte Wertpapiere sind schließlich nichts anderes als Informationen auf Konten, die Eigentumsverhältnisse abbilden.

§ 32 Das Namenselement des entmaterialisierten Wertpapiers

Die vorstehende, auf den amerikanischen Markt konzentrierte Untersuchung ist nur insoweit bedeutsam, als Wertpapiere informationsbezogene Eigenschaften haben. Für *Namens*aktien ist ein solches Element entscheidend. Die Rechte aus Namensaktien stehen nur demjenigen zu, der im Aktienregister eingetragen ist. Die Angaben aus dem Aktienregister dienen außerdem dazu, die direkte Kommunikation zwischen der Gesellschaft und den Aktionären zu ermöglichen. Die in dieser Arbeit besprochene Abwicklungsstruktur schließt die wirtschaftlichen Eigentümer vom Aktienregister aus und widerspricht daher der Informationsfunktion der Namensaktie.

Im Gegensatz zu Namensaktien haben Inhaberaktien keine Informationsfunktion. Die Rechte aus Inhaberaktien stehen demjenigen zu, der die Aktienurkunde im Besitz hat, ohne dass er weitere Nachweise erbringen müsste[944]. Außerdem macht der Emittent den Aktionären durch Veröffentlichungen in den Gesellschaftsblättern oder deren elektronischem Äquivalent wichtige Mitteilungen bekannt[945]. Das Namenselement ist weder für die Ausübung von Aktionärsrechten noch für die Kommunikation nötig. In vielen Ländern Europas emittieren börsennotierte Aktiengesellschaften hauptsächlich Inhaberaktien[946]. Zunächst scheinen daher die Ergebnisse der vorgehenden Kapitel wenig Bedeutung für den europäischen Leser zu haben.

Allerdings haben u.a. *Einsele*[947] und *Micheler*[948] in zwei, etwa 10 Jahre auseinander liegenden, Untersuchungen gezeigt, dass die Effektenübertragungssysteme wichtiger europäischer Länder zunehmend körperlose Übertragungstechniken einsetzen, in denen die Urkunde wenig Bedeutung hat. Wie *Micheler* in ihrer Beschreibung des deutschen Depotgesetzes es ausdrückt, löst das Depotverhältnis "die Beziehung zwischen den Kunden und den Papierdokumenten. Das nach den Regeln des DepotG errichtete Effektengiro ist ein Übertragungssystem, in dem nicht Wertpapierdokumente, sondern die ihnen zu Grunde liegenden Berechtigungen durch entmaterialisierte Buchungsvorgänge übertragen werden"[949]. Schon durch diese "Immobilisierung" im Depot entsteht eine "entmaterialisierte"

---

944 *Hueck/Canaris* (1986), S. 24; *Zöllner* (1987), S. 9 f.

945 Vgl. z.B. § 124 Abs. 1.

946 Wie oben schon erklärt, ist die steigende Verwendung der Namensaktien in Deutschland ein neuerer Trend. Siehe oben, § 28 (a). Aktiengesellschaften in Belgien (*De Bandt, van Hecke & Loesch, u.a.* (2004), S. BEL-261), Frankreich (*Jeantet & Associés* (2004), S. FRA-223 f.), den Niederlanden (*Lozens & Loeff* (2004), S. NL-283) und der Schweiz (*Homburger* (2004), S. SWI-303) dürfen sowohl Inhaber- als auch Namensaktien emittieren.

947 *Einsele* (1995).

948 *Micheler* (2004).

949 *Micheler* (2004), S. 179. Vgl. auch *Einsele* (1995), S. 21; *Hueck/Canaris* (1986), S. 16 f.

buchmäßige Übertragung der Girodepotanteile[950]. Außerdem werden in mehreren europäischen Ländern, wie z.B. Frankreich[951] und Italien[952], Effekten ausschließlich buchmäßig übertragen, weil eine vollständige Entmaterialisierung der Effekten gesetzlich angeordnet wurde. Eine "Buchung" belastet ein Konto oder schreibt einem Konto etwas gut und erkennt damit eine Schuld gegenüber *einem bestimmten* Kontoinhaber[953]. Die Buchung schafft Forderungen, die von oder gegenüber dem *bestimmten* Kontoinhaber bestehen[954]. Laut *Zöllner* lässt das "Buchungssystem ... deutlich hervortreten, dass es im Grunde um die Zuordnung von Werten in Forderungsgestalt geht"[955]. Die Werte werden nach dem Namen (oder ähnlichen Kennzeichen) des Kunden zugeordnet.

Inhaberpapiere sollen jedoch "nicht durch Zession der verbrieften Forderung, sondern durch Einigung und Übergabe des Papiers" übertragen werden[956]. Die Entwicklung des Effektenverkehrs in Richtung auf eine Entmaterialisierung der Wertpapiere wird oft als ein "Verlust"[957] oder eine "Zurückdrängung"[958] der Urkunde betrachtet. *Benjamin/Yates/Montagu* bezweifeln, dass es nach englischem Recht ein unverbrieftes Inhaberwertpapier (*bearer negotiable instrument*) überhaupt geben darf:

> "*Delivery* [Übergabe] *is the transfer of possession. As an intangible a computerised bearer security* [Inhaberwertpapier] *is incapable of possession and therefore of delivery in the technical legal sense of that term. It would therefore seem that computerised bearer securities cannot be negotiable instruments* [Wertpapiere]"[959].

Guttman stimmt für das amerikanische Recht zu: "*An uncertificated security can exist only in registered form*"[960]. *Canaris* bemerkt für solche "Bucheffekten", dass nur die Bankbuchung und nicht die Sache (das Wertpapier) "die faktisch entscheidende Grundlage des Rechtsverkehrs" ausmacht[961]. Die streitige Frage,

---

950 *Opitz* (1955), § 42, Anm. 12, S. 447.

951 Vgl. *de Vauplane* (2005), S. 85 ff.

952 Vgl. *Mastropaolo/Praicheux* (2005), S. 295.

953 *Schimansky/Bunte/Lwowski* (2001), § 47 Rdn. 27 ff.

954 *Schimansky/Bunte/Lwowski* (2001), § 47 Rdn. 27.

955 *Zöllner* (1974), S. 260.

956 *Hueck/Canaris* (1986), S. 24; *Zöllner* (1987), S. 10.

957 "Der Funktionsverlust des Wertpapiers im Effektenwesen" *Hueck/Canaris* (1986), S. 14.

958 "Die Zurückdrängung des Verkörperungselements bei den Wertpapieren" *Zöllner* (1974), S. 249.

959 *Benjamin/Yates/Montagu* (2002), S. 19. Nach englischem Recht sind Inhaberpapiere "Sachen im Besitz" ("*chose in possession*"), weil an diesen körperlicher Besitz möglich ist, während Namenspapiere, die durch eine Eintragung konstituiert werden, "Sachen im Anspruch" ("*chose in action*") sind. *Benjamin* (2000), § 2.10 f. Daher würde ein Inhaberpapier, das sich nicht physisch in Besitz nehmen lässt, kein Inhaberpapier im rechtlichen Sinne sein.

960 *Guttman* (2006), § 1:13, S. 1-52.

961 *Canaris* (1981), Rdn. 2045.

ob die Urkunde durch diesen Funktionsverlust die Grundlage für eine sachenrechtliche Behandlung entzogen wird[962], liegt außerhalb des Themas dieser Arbeit. Obwohl ein unverbrieftes Inhaberwertpapier[963] ausschließlich die Eigenschaften eines Namenspapiers aufweist, soll hier nicht die These aufgestellt werden, dass unverbriefte "Bucheffekten" oder "Wertrechte" als Namenspapiere angesehen werden müssen. Der Gesetzgeber ist nicht unbedingt zu dogmatischer Folgerichtigkeit verpflichtet[964].

Die vorliegende Arbeit will eher hervorheben, dass der Funktionsverlust der Urkunde durch einen Funktionsgewinn des Namenselements ausgeglichen wird. Wie bei einem Orderpapier[965] ist die Leistung aus unverbrieften Bucheffekten einer bestimmten Person versprochen. Wie *Martin* erläutert, "*la valeur mobilière scripturalisée n'est plus représentée que par une écriture en compte*"[966]. Dem Berechtigten wird durch eine auf einen bestimmten Namen oder eine bestimmte Nummer lautende Eintragung im Depotkonto, eine Buchung, d.h. sein Recht, zugeordnet. Auch wenn eine auf Namen lautende Kontobuchung nach dem anwendbaren Recht als ein "Inhaberpapier" zu behandeln wäre, würde das nur bedeuten, dass das aus der Buchung stammende, unabdingbare Namenselement von dem kontoführenden Institut vertraulich behandelt wird. Die Anzahl der Wertpapiere, für die das "Namenselement" konstitutiv ist, wird mit zunehmender Entmaterialisierung nur wachsen. Sobald die "Zwischenstufe" der Immobilisierung überwunden wird, dürfen buchmäßige Aktien nicht mehr als eine von der Girosammelverwahrung abhängige Erscheinung betrachtet werden. Die konstitutive Eintragung vollständig entmaterialisierter Wertpapiere gleicht der Eintragung unverbriefter Namensanteile im Aktienregister bei den ersten Handelsgesellschaften[967]. Auf die Behauptung von *Opitz*[968], dass die Wertrechte als solche von einer Wertpapiersammelbank verwaltet werden müssen, entgegnet

---

962 Vgl. *Einsele* (1995), (2006); *Habersack/Mayer* (2000); *Horn* (2002); *Michler* (2004).

963 Freilich ist eine (wenigstens minimale) Verbriefung nach deutschem Recht noch zwingend, auch wenn es seit langem in Frage gestellt wurde. Vgl. *Zöllner* (1974), S. 284 f.; *Canaris* (1981), Rdn. 2042.

964 Wie in Kapitel 4 ausgeführt, hat der amerikanische Gesetzgeber einem schuldrechtlichen Anspruch – der Wertpapierberechtigung gemäß Art. 8 UCC – sachenrechtliche Natur zugeschrieben. Wenn der französische Gesetzgeber z.B. reine Bucheffekten als "Inhaberaktien" betrachten will, obwohl sie nur im Aktienregister und in den Bankbuchungen Bestand haben, und durch das Bankgeheimnis der zwischengeschalteten Depotbanken "anonym" gemacht werden, dürfte das innerhalb der Hoheitsbefugnis der französischen Republik liegen. Vgl. *Synvet* (2005), S. 39; *Jeantet & Associés* (2004), S. FRA-223.

965 *Hueck/Canaris* (1986), S. 22; *Zöllner* (1987), S. 12 f.

966 *Martin* (2005), S. 57.

967 *Guttman* (2005), § 1:6, S. 1-16; *Guttman/Lemke* (1981), S. 400 ff.; *Gepken-Jager* (2005), S. 63; *Antunes/Pinheiro* (2005), S. 175; *Rhodes* (2005), S. 78; *Blair* (2003), S. 10; *Micheler* (2006), S. 26.

968 "*... so wird beim Wertrechtsverkehr ein unverbrieftes Recht (Aktionärrecht oder Gläubigerrecht) dem Kreditinstitut zur Verwahrung (Verwaltung) anvertraut, und zwar nach den Grundsätzen der Sammelverwahrung.*" *Opitz* (1955), § 42, Anm. 12, S. 446.

Canaris zu Recht, dass ein Verhältnis zur Wertpapiersammelbank kein notwendiges Element von Bucheffekten bzw. Wertrechten ist[969]. Wesentlich ist lediglich die Buchung[970]; dagegen ist unerheblich, welche Art von Unternehmen sie durchführt. Die Tatsache, dass in der Zeit von 1933 bis 1999 Banken in den Vereinigten Staaten keine Börsengeschäfte für Kunden tätigen konnten[971], bedeutete nicht, dass Banken ihrem "Wesen" nach Institute sind, die keine Börsengeschäfte tätigen könnten. Historische Zufälle bestimmen nicht immer das "Wesen" der Sache, und auch im Fall der entmaterialisierten Aktien kann ein elektronisches Aktienregister sowohl "Bucheffekten", als auch "Wertrechte", "*computerised securities*", "*uncertificated securities*" oder "*valeur mobilière scripturalisée*" verwalten, sofern die jeweils anwendbaren sachenrechtlichen Grundsätze erfüllt werden.

Wenn das Registerkonto beim Emittenten geführt würde, könnte das Namenselement, das alle entmaterialisierten Wertpapiere als wesentliches Merkmal prägt, auch für Zwecke der Kommunikation mit den Aktionären eingesetzt werden. Wenn ein Schutz der Privatsphäre der Aktionäre gesetzlich vorgesehen wäre, könnten verschlüsselte Aktionärsangaben, die nur durch eine neutrale Stelle wie etwa eine Treuhandgesellschaft entschlüsselt werden können, mühelos verwendet werden[972]. Die Anonymität des Aktionärs würde durch die Verschlüsselung geschützt, während die Aktionäre zeitnah Informationen direkt vom Emittenten erhalten würden und im Gegenzug ihre Stimmen (als eingetragene Aktionäre) direkt abgeben könnten.

Das französische System, das die meiste Erfahrung mit der Entmaterialisierung hat[973], unterscheidet Inhaber- von Namenspapieren nur durch die Eintragung eines Finanzinstitutes einerseits (damit entstehen Inhaberaktien) und die Direkteintragung des Aktionärs beim Emittenten andererseits (damit entstehen Namensaktien)[974]. Ein verschlüsseltes Kennzeichen könnte eine ähnliche Anonymität ermöglichen, ohne dass ein Intermediär zwischengeschaltet werden müsste. Wie in den Vereinigten Staaten würden die großen "Verlierer" einer "*disintermediation*" der Wertpapierabwicklung die Finanzinstitute sein. Ihre privilegierte Stellung als unersetzliche Vermittler zwischen den Emittenten und den Aktionären wäre technisch nicht mehr nötig. Rechtspolitisch ist aber zu fragen, warum ge-

---

969 *Canaris* (1981), Rdn. 2045.

970 *Canaris* (1981), Rdn. 2045.

971 Im Jahr 1999 hob das sog. *Gramm-Leach-Bliley Act* ein Verbot auf, nach dem Banken seit 1933 keine Börsengeschäfte für ihre Kunden tätigen konnten. Vgl. *Financial Services Modernization Act of 1999*, Pub. L. 106-102, 12. Nov. 1999, 113 Stat. 1338; *Poser* (2003), § 1.03.

972 Zur Verwendung der verschlüsselten Daten im Rahmen der Forderungsverwertung vgl. *Cahn* (2004), S. 2047.

973 Effekten in Frankreich wurden durch Art. 94-II des Finanzgesetzes Nr. 81-1160 von 30.12.1981 zwingend und irreversibel entmaterialisiert. Vgl. *Maffei* (2005), S. 103.

974 *Maffei* (2005), S. 104.

rade Finanzinstitute über alle Angaben zu den Aktionären einer Nationalwirtschaft verfügen können sollten. Wenn ein Wertpapierabwicklungssystem konstitutive Informationen (Buchungen) betreffend entmaterialisierte Wertpapieren übermittelt, käme es einem Kommunikationssystem näher. So sollte es denkbar sein, dass die Information verwaltet und vermittelt werden kann, ohne die direkten Verhältnisse zwischen den Emittenten und den Aktionären zu unterbrechen, zu stören oder gar "aufzulösen".

§ 33 Wiederholung amerikanischer Fehler durch das europäische Aktienrecht?

In einem Markt, in dem Buchungen die Eigentumsverhältnisse bestimmen, spielen diejenigen, die den Buchungsvorgang kontrollieren, eine wichtige Rolle. Makler sind während der letzten 30 Jahre die Schlüsselfiguren für die Ausübung der Stimmrechte in den Vereinigten Staaten geworden und haben dabei ein hohes Maß an Kontrolle über ihre Kunden erreicht[975]. Maßnahmen, die die Kommunikation mit den Aktionären und die Ausübung der Stimmrechte fördern sollten, haben, von wenigen Ausnahmen abgesehen, bis jetzt die bestehende Abwicklungsstruktur und ihre negativen Auswirkungen als unabänderlich zugrunde gelegt; es handelte sich daher stets nur um komplizierte Versuche, das Abwicklungssystem zu umgehen[976]. Die europäischen Projekte zur Förderung der Rechte der Aktionäre und der grenzüberschreitenden Ausübung von Stimmrechten erwecken den Anschein, als ob sie diesen wenig glücklichen Ansatz der Amerikaner übernehmen wollten. Aus diesem Grund haben die Ergebnisse der vorliegenden Arbeit auch für diese europäischen Projekte Bedeutung.

Noack, der als Sachverständiger in Sachen "Stimmrecht" für die Europäische Kommission tätig ist, erläutert seine Meinung über die Abänderbarkeit der gegenwärtigen Abwicklungsstruktur:

> "Mit Blick auf die börsennotierte Gesellschaften unserer Tage behaupte ich: *es gibt eigentlich nur mittelbare – via Intermediäre – Anleger* ... Die Dreierbeziehung ist *de lege lata et ferenda* in den Mittelpunkt zu rücken, weil ohne dessen explizite Adressierung das Recht die Wirklichkeit verfehlt.[977] [Schließlich wird] die Bipolarität Aktiengesellschaft – Anleger ... aufgelöst in eine Dreierbeziehung Gesellschaft – Intermediär – Anleger ... Die Wissenschaft und die Gesetzgebung sollten das Dreieck zentral adressieren"[978].

Ebenso wie die Amerikaner einer früheren Generation sieht *Noack* das bestehende Abwicklungssystem als eine unabänderliche Gegebenheit an, an die sich

---

975 Siehe oben, § 18 und§ 22 (b).

976 Siehe oben, § 18 (c), (d).

977 *Noack* (2006), S. 64 f., Hervorhebung im Original.

978 *Noack* (2006), S. 90.

das Aktienrecht anpassen muss. Der kurze Abriss der Geschichte des amerikanischen Systems im 3. Kapitel und die Darstellung alternativer Systeme im 4. Kapitel dieser Arbeit haben jedoch gezeigt, dass ein "Dreieck" weder ursprünglich gewünscht war noch gegenwärtig notwendig, sondern einer gewissen Trägheit des Finanzmarkts einerseits und handgreiflichen wirtschaftlichen Interessen andererseits geschuldet ist. Damit soll keineswegs angedeutet werden, dass *Noack* – ein engagierter Verteidiger des Stimmrechts –die Aktionäre unter die Kontrolle der Handelsteilnehmer gestellt sehen will. Vielmehr zeigt seine Analyse eine weit verbreitete Tendenz, nämlich das indirekte, mediatisierte System als unabänderlich zu betrachten. Einige Beispiele sollen dies verdeutlichen.

Gemäß § 67 Abs. 2 AktG gilt im Verhältnis zur Gesellschaft als Aktionär nur, wer als solcher im Aktienregister eingetragen ist[979]. *Noack* wendet ein: "Wer dort registriert ist, *gilt* gegenüber der Gesellschaft als Aktionär. Jedoch kann – wie bei internationalen Aktionären üblich – auch die Bank im Aktienregister eingetragen sein"[980]. Gemäß § 125 Abs. 2 AktG muss der Vorstand die Einberufung der Hauptversammlung und die Bekanntmachung der Tagesordnung denjenigen zusenden, die als Aktionäre im Aktienregister eingetragen sind. *Noack* führt dazu aus: "Bei Namensaktien findet eine Direktansprache der registrierten Person durch die Gesellschaft statt (§ 125 Abs. 2 AktG), weshalb man das Kreditinstitut nicht benötigt. Doch nicht selten ist das Kreditinstitut in das Aktienregister eingetragen ..."[981] Weil die Intermediäre in dieser Weise "nicht selten" selbst als Aktionäre eingetragen sind, wird die Störung des Informationsflusses als unvermeidlich und die direkte Beziehung zwischen dem Emittenten und den Aktionären als "aufgelöst"[982] angesehen. *Noack* führt weiter aus, dass, obwohl bei Namensaktien der Bilanzgewinn nur an die eingetragenen Aktionäre ausgezahlt werden soll, "in der Praxis ... deren Kontoverbindung idR [der Gesellschaft] unbekannt" ist, so dass "die Dividende über Intermediäre" fließt[983]. Die Bezahlung durch die "Intermediär-Kette" "klappt in der Praxis offenbar vorzüglich. Das Geld findet seinen Weg."[984] Weil es so "klappt" und das Geld "seinen Weg findet", soll *de lege ferenda* diese Praxis beibehalten und das vom Aktiengesetz vorgesehene Verhältnis zwischen Aktionären und Emittent "aufgelöst" werden.

Gute Wirtschaftsgesetze tragen zwar oft der Entwicklung der Geschäftspraxis Rechnung; die Praxis kann aber nicht durchweg Leitlinie für die Gesetzgebung sein. Das gilt vor allem dann, wenn sie nicht effizient ist oder nur bestimmten

---

979 *Cahn* in *Spindler/Stilz* § 67, Rdn. 1, 25; Hanseatisches Oberlandesgericht, 1.9.03, AG 2003, 694; LG Frankfurt, 10.3.05, ZIP 2005, 859.

980 *Noack* (2006), S. 71, Hervorhebung im Original.

981 *Noack* (2006), S. 76.

982 *Noack* (2006), S. 90.

983 *Noack* (2006), S. 80.

984 *Noack* (2006), S. 81.

Interessen dient. Ein konkretes Beispiel der Überschätzung der Geschäftspraxis ist die Rolle der begleitenden Banken im Rahmen eines Börsengangs. Mit Hinsicht auf Kapitelerhöhungen führt *Noack* aus, dass eigentlich die Intermediäre die unmittelbaren Zeichner der neuen Aktien sind: "Nach gängiger Praxis übernehmen Kreditinstitute den gesamten Erhöhungsbetrag, den sie auf Grund vertraglicher Abrede mit der Emittentin den – mittelbar – bezugsberechtigten Aktionären anbieten. Da ... kann festgehalten werden, dass es ohne diese Intermediäre nicht geht"[985]. Eine ähnliche Vermittlung durch Intermediäre findet üblicherweise im Rahmen eines öffentlichen Angebots von Aktien statt[986]. "Nach gängiger Praxis" ermitteln die begleitenden Banken im Rahmen eines Buchbildungs- oder ähnlichen Verfahrens den Emissionspreis und übernehmen dann die Aktien in ihr Vertriebnetzwerk für einen Weiterverkauf an die Privatanleger[987]. Als im Jahr 2004 Google Inc. ihren Börsengang als eine direkt mit Privatanlegern stattfindende Auktion ausgestaltet hat, waren das Misstrauen und das Kopfschütteln wegen dieser Abweichung von der "gängigen Praxis" groß[988]. Google entschied sich nicht deswegen für eine Auktion, weil dies der Finanzpraxis entsprochen hätte, sondern weil die moderne Kommunikationstechnologie ein solches Verfahren ermöglichte und die Gesellschaft seit Jahren ihre eigenen Werbungspreise auf diese Weise mit guten Ergebnissen ermittelt hatte[989]. Die "gängige Praxis" kann sich also ändern. Die Verwendung des Telegrafen erforderte einen sehr sichtbaren Datenvermittler, der die elektronische Mitteilung in eine lesbare Form umwandelte. Über das Internet werden Daten in etlichen Formen ständig umgewandelt und übermittelt, ohne den Eingriff eines sichtbaren Datenvermittlers. Wie allerdings der Fall des § 17A *Exchange Act* zeigt[990], kann das Festschreiben einer bestimmten Praxis im Gesetz die Weiterentwicklung der Praxis behindern oder sogar gänzlich unterbinden.

Allerdings bleibt auch *Noack* nicht bei dem Gedanken eines unabänderlichen Dreiecks (Gesellschaft – Intermediär – Anleger) stehen. Nicht der Intermediär wird aber zum Ausscheiden eingeladen, sondern der Aktionär/Anleger. Im Rahmen der europäischen Arbeit über die grenzüberschreitende Ausübung des Stimmrechts bemühte sich die Expertengruppe, den Begriff "Endanleger" ("*ultimate investor*") in einer Kette der Depotkonten zu bestimmen, um "seinem Anspruch auf die Entscheidung, wie seine Stimmrechte ausgeübt werden sollen,

---

985 *Noack* (2006), S. 73.

986 Vgl. *Loss/Seligman* (2004), § 2-A-2 über "*firm commitment underwriting*".

987 *Loss/Seligman* (2004), § 2-A-2.

988 Vgl. z.B. "I argue that we should not alter existing regulation to facilitate Dutch auctions in the offering context, for two reasons. First, the Dutch auction may be susceptible to underpricing. Second, *fairness in allocation* in the offering process *may not lead to positive outcomes* overall, given that *uninformed retail investors will contribute to market inefficiencies.*" *Anand* (2005), S. 3, Hervorhebung von Verf.; vgl. auch *Oh* (2006).

989 *Page/Brin* (2004).

990 Siehe oben, § 22 (b) (ii).

unmittelbar Geltung zu verschaffen (im Originaltext: "*enshrine*"), statt sie einer vertraglichen Regelung zu überlassen"[991]. Die Experten fanden aber die möglichen Kontoverhältnisse innerhalb der Kette der Intermediäre so kompliziert, dass sie den Endanleger kaum bestimmen konnten[992]. Daher entschied die Expertengruppe beim Übergang vom ersten zum zweiten Konsultationspapier, die Definition des Endanlegers auf unbestimmte Zukunft zu verschieben[993]. *Noack* erläutert die Gründe für das Aufgeben des "Dreiecks" und sein Aufgehen in einer "Zweierbeziehung":

> "Es gibt komplexe vertragliche Beziehungen jenseits der scharfen Grenze Intermediär – Nichtintermediär, die sich einer eindeutigen Erfassung [des wahren Investors] entziehen ... Rechtspolitisch mag es ratsam sein, angesichts der Widerstände und Missverständnisse, die sich um die Definition des Anlegers entfalten, den Fortgang der so wichtigen Erleichterung der Stimmrechtsausübung im Binnenmarkt damit nicht zu belasten. Man mag mit einer Definition lediglich des Intermediärs wohl auskommen"[994].

Sobald die Abwicklungsstruktur und ihre Auswirkungen als unveränderliche Gegebenheiten angesehen werden, muss das Aktienrecht sich anpassen. Wie die unglückliche Entwicklung des amerikanischen Rechts in den 1970er Jahren zeigt, erreicht man auf diesem Weg den Punkt, an dem der Aktionär als unbekannter Fremder hinter der Kette der Intermediäre steht. Drei Möglichkeiten bieten sich nun an: 1. Der Intermediär erteilt dem "wirtschaftlichen" Aktionär eine Stimmrechtvollmacht. 2. Der "wirtschaftliche" Aktionär gibt dem Intermediär Anweisungen für die Ausübung des Stimmrechts. 3. Der Intermediär stimmt nach eigenem Ermessen ab (*broker votes*)[995]. Die Europäische Kommission hat die ersten beiden Techniken, bisher aber noch nicht die dritte, in die Aktionärsrichtlinie übernommen[996]. Die Schwierigkeiten, den Aktionär/Anleger zu bestimmen, sind nicht die Folge unabänderlichen Gegebenheiten[997], sondern der – um noch einmal den Ausdruck von *Seibert* zu verwenden – "veralteten Wertpapierabwicklung"[998].

---

991 *Europäische Kommission* (2005), S. 5; vgl. auch *Europäische Kommission* (2004b), S. 11.

992 *Europäische Kommission* (2005), S. 6.

993 *Europäische Kommission* (2005), S. 6.

994 *Noack* (2006), S. 87 ff.

995 Siehe oben, § 18 (c).

996 Vgl. Art. 13 Nr. 3, 5 des Vorschlags für eine Richtlinie des Europäischen Parlaments und des Rates über die Ausübung der Stimmrechte durch Aktionäre von Gesellschaften, die ihren eingetragenen Sitz in einem Mitgliedstaat haben und deren Aktien zum Handel auf einem geregelten Markt zugelassen sind, sowie zur Änderung der Richtlinie 2004/109/EG, vom 5.1.2006, KOM (2005) 685 endg..

997 *Noack* (2006), S. 65.

998 *Seibert* (2000), S. 31.

Die Deutsche Börse Group, CRESTCo Ltd (eine Tochtergesellschaft der Euroclear Group)[999] und die DTCC – durch das DRS – bieten allesamt Abwicklungsstrukturen an, die eine direkte Beziehung zwischen dem Emittenten und den Aktionären ungestört bestehen lassen[1000]. Das "Dreieck" zwischen Emittent, Intermediär und Aktionär sollte als ein Relikt des Übergangs von der Immobilisierung zur Entmaterialisierung, nicht aber als eine unvermeidliche "Wirklichkeit der Praxis" verstanden werden. So scheint es nicht folgerichtig, ein System der kostspieligen Weitergabe- und Anweisungspflichten in Europa aufzubauen, wenn wenigstens drei funktionsfähige Alternativen bereits in Betrieb sind und ein guter Teil der Wertpapiere im Binnenmarkt schon entmaterialisiert ist. Eine Globalurkunde, die beim Emittenten "verwahrt" wird oder ein Register, das für den Emittenten verwaltet wird, aber auf dem der CCP eines Abwicklungssystems Last- und Gutschriften buchen könnte, würde nicht nur Vorteile für die Governance mit sich bringen, sondern auch – wie im nächsten Abschnitt erläutert wird – von erheblicher Bedeutung für den grenzüberschreitenden Börsenhandel sein.

§ 34 Überlegungen zur Übertragung der Wertpapiere

Der Glaube, dass die Intermediäre unverrückbar zwischen Emittenten und Aktionären stehen müssen, hat auch weitgehend die Gestaltung der zwei großen Konventionen betreffend Wertpapiergeschäfte bestimmt, die während der letzten Jahren entstanden sind. Schon die Titel sind vielsagend: "Haager Konvention über das auf bestimmte Rechte in Bezug auf bei einem Intermediär verwahrte Effekten anzuwendende Recht"[1001] und der "Entwurf einer Konvention über harmonisierte Normen in Bezug auf bei einem Intermediär verwahrte Effekten"[1002]. Entscheidend für die Systematik beider Konventionen ist, dass die Effekten im sog. "*indirect holding system*" beim Intermediär verwahrt werden[1003]. Nach Art. 4 und 5 der Haager Konvention ist, sofern der Anleger und der kontoführende Intermediär das anwendbare Recht nicht im Kontovertrag bestimmen, das anwendbare Recht das Recht des Orts, an dem das betreffende Büro ("*office*") des Intermediärs ansässig ist oder – mangels eines bestimmten Büros – das des Gründungsstaates des Intermediärs[1004]. *Schefold* erläutert sehr klar, warum die Konvention auf den Intermediär abstellt, anstatt die *lex rei sitae* auf das Wertpapier anzuwenden: "Die Anknüpfung nach der *lex rei sitae* stellt sich als

---

[999] Vgl. die Website von CrestCo. Ltd, auf http://www.crestco.co.uk/.

[1000] Siehe oben, § 28.

[1001] Conférence de la Haye de Droit International Privé, "Convention on the Law Applicable to Certain Rights in respect of Securities held with an Intermediary".

[1002] *UNIDROIT* (2006).

[1003] Vgl. *Bernasconi* (2000), S. 12.

[1004] Vgl. auch *Than* (2003), S. 556 ff.

nachteilig dar, wenn Wertpapierbestände, die sich aus einzelnen Beständen an unterschiedlichen Plätzen zusammensetzen, übertragen werden, weil sie zur Anwendung mehrerer Rechtsordnungen trotz einheitlichen Geschäftsvorfalls führt"[1005]. Eine solche Aufspaltung der Wertpapierbestände ist die Folge der Technik der "Immobilisierung", die im 3. Kapitel dieser Arbeit eingehend dargestellt wurde. Durch die Immobilisierung der Wertpapiere werden die Intermediäre quasi "Emittenten" entmaterialisierter Effekten, weil sie Wertpapiergeschäfte in von ihnen verwahrte Wertpapiere in ihren eigenen Büchern abwickeln. Dies ist aber nur insofern notwendig, als die Emittenten selbst keine entmaterialisierten Effekten ausgeben. Damit ist die Immobilisierung lediglich eine Etappe auf dem Weg zu einer vollständigen Entmaterialisierung. Bei einem Markt, in dem Emittenten völlig entmaterialisierte Wertpapiere emittieren, können die Wertpapiere auf einem Konto beim Emittenten buchmäßig abgewickelt werden, so dass die Aktien des Emittenten nicht aus einzelnen Beständen an unterschiedlichen Plätzen zusammensetzen werden müssen.

In seiner Untersuchung der nach französischem Recht völlig entmaterialisierten Bucheffekten fragt *Martin* nach deren *situs*[1006]. Diese Effekten entstehen durch die erste Gutschrift/Eintragung im Register des Emittenten, und die Rechte aus den Effekten haben letztendlich Wirkung nur gegen den Emittenten[1007]. Dagegen sind die aus einem Wertpapiergeschäft entstehenden Buchungen auf den von den Intermediären des Verkäufers und des Käufers geführten Konten nur eine Beibehaltung der Bücher des Intermediärs[1008]. Damit entstehen Forderungen gegen die Intermediäre, aber keine Rechte gegen den Emittenten. Die Buchungen auf den Konten der Intermediäre haben nur den Zweck, den Stand ihrer eigenen Konten beizubehalten. Weil "*l'intermédiaire ne fait que «comptabiliser» les valeurs mobilièrs «inscrites chez émetteur»*[1009], gelangt *Martin* zu der Schlussfolgerung, dass "*la scripturalisation n'est pas un jeu d'écritures ouvert à toutes les fantaisies de délocalisation des valeurs mobilières: elle vaut, aussi avis de leur domiciliation dans les comptes primaires où elles éclosent!*"[1010]. Die Buchung der Effekten auf den Konten bei den Intermediären sind nur buchhaltungstechnische Abbildungen der durch die Eintragung im Aktienregister konstituierten Aktien. Diese Buchungen auf nachgeordneten Konten bei verschiedenen Intermediären bergen die Gefahr zusätzlicher Buchungsfehler auf den Konten des Emittenten. Folglich würde ein Aktienregister/-konto beim Emittenten, auf dem die Intermediäre nur für Verwaltungsvorgänge Zugang hätten, sowohl Aktionäre als auch den Emittenten vor möglichen Buchungsfehlern, einschließlich der Ver-

---

1005 *Schefold* (2003), S. 464.
1006 *Martin* (2005), S. 67 ff.
1007 *Martin* (2005), S. 69.
1008 *Martin* (2005), S. 70.
1009 *Martin* (2005), S. 69.
1010 *Martin* (2005), S. 70.

mehrung oder Vernichtung von Effekten, schützen. Ein Register, das an den CCP und das Börsenhandelssystem angeschlossen wäre, könnte die Gefahr einander widersprechende Buchungen vermeiden.

Daher sieht *Martin* Gefahren in der intermediärbezogenen Methode der Haager Konvention. Weil immobilisierte Wertpapiere an unterschiedlichen Plätzen verstreut in Verwahrung sein können, besteht kein zwingender Grund, das Recht eines bestimmten Landes als das anwendbare Recht zu bestimmen. Die Wahl des anwendbaren Rechts bleibt daher den Parteien überlassen. Machen sie von dieser Wahlmöglichkeit keinen Gebrauch, liegt es nahe, das Recht des Staates für anwendbar zu erklären, in dem das Büro des Intermediärs belegen ist oder nach dessen Recht der Intermediär begründet wurde. Sobald aber der Übergang zur Entmaterialisierung vollzogen ist, werden Buchungen auf nachgeordneten Konten nicht nur unnötig, sondern auch gefährlich. Wenn verschiedene Parteien verschiedene Rechtssysteme für das gleiche Wertpapier nach ihren Wünschen auswählen können, obwohl die Effekten eigentlich nur auf dem Konto beim Emittenten belegen sind, kann dies zu einer sehr verwirrenden Rechtslage führen. So bemerkt *Martin*: "*Cette déconnexion de la loi applicable d'avec celle du lieu de situation des titres a quelque chose de surréaliste qui augure bien des difficultés de mise en œuvre, c'cet-à-dire bien des désillusions*"[1011]. Es scheint daher, dass die Haager Konvention sich zu kurzsichtig auf die Immobilisierung konzentriert und nicht für die völlige Entmaterialisierung der Zukunft die beste Lösung bereitstellt.

Ein beim Emittenten gehaltenes Registerkonto würde nur eine Wertpapiergattung, ISIN- oder CUSIP-Nummer umfassen, und der Inhalt des Registerkontos würde nach den Namen der Aktionäre aufgeteilt. Es würde in etwa das negative Spiegelbild eines Depotkontos darstellen, das nur das Vermögen des Kontoinhabers umfasst und dessen Inhalt nach verschiedenen Wertpapiergattungen aufgeteilt ist. Der Verwalter eines solchen Registerkontos würde möglicherweise als ein "Intermediär" gemäß Art. 1 lit. a des Entwurfs der UNIDROIT-Konvention in Bezug auf bei einem Intermediär verwahrte Effekten anzusehen sein. Wie schon in Kapitel IV erläutert, wären allerdings die auf die verwahrten Wertpapiere bezogenen Regeln der Konvention ebenso wenig nötig wie die des Art. 8 UCC über die Wertpapieransprüche gegen Wertpapierintermediäre[1012]. Wegen ihrer konstitutiven Wirkung würde die Buchung im Registerkonto nach Maßgabe der jeweiligen nationalen Regelung sowohl aktienrechtlich also auch sachenrechtlich alle Rechte an und aus der Aktie vermitteln[1013]. Wie oben erwähnt, wäre es auch möglich, ein anonymes Kenzeichen oder eine Nummer anstatt eines

---

[1011] *Martin* (2005), S. 69.

[1012] Siehe oben, § 23 (c) und § 29.

[1013] Deutschland: *Kümpel* (2006), Rdn. 8/113. Frankreich: *Synvet* (2005), S. 47; *Martin* (2005), S. 66 f. Italien: Arts. 86, 89 TU della Finanza, Dec. Leg. 24.2.1998, Nr. 58. Vereinigte Staaten: § 8-301 Abs. b Nr. 1 UCC; *Guttman* (2005), § 6:4, S. 6-12 f.

Namens zu verwenden, um die Privatsphäre des Aktionärs zu schützen. Dieses Ergebnis ist viel klarer als die Zusammenstellung von Buchungen auf den Konten der Intermediäre auf verschiedenen Ebenen der Intermediärskette. Auf diese Weise würde eine aktienrechtsfreundliche Struktur der Wertpapierabwicklung auch Vorteile im Hinblick auf die sachenrechtliche Übertragung der Wertpapiere mit sich bringen.

§ 35 Fazit

Die zunehmende Entmaterialisierung des Effektenverkehrs steigert die Bedeutung des für Buchungsvorgänge wesentlichen "Namenselements" der Wertpapiere. Es wird immer wichtiger sein, wie ein Abwicklungssystem mit dieser Information umgeht. Das europäische Projekt, Aktionärsrechte zu stärken und die grenzüberschreitende Ausübung der Stimmrechte zu erleichtern, sollte die Auswirkungen der Abwicklungsstrukturen berücksichtigen und die Misserfolge der amerikanischen Maßnahmen, die die Ausübung der Stimmrechte durch Intermediäre ermöglichen wollten, nicht wiederholen. Ein völlig entmaterialisierter Markt und eine Verwendung von Registerkonten, die beim Emittenten gehalten und an die CCP angeschlossen wären, könnte sowohl das internationale Privatrecht als auch die sachenrechtlichen Aspekte grenzüberschreitender Wertpapierübertragungen erleichtern.

Literaturverzeichnis

--- *A* ---

Anand, Anita Indira (2005): Is the Dutch Auction IPO a Good Idea?, Yale Law & Economics Research Paper Nr. 320, September 2005, abrufbar unter http://ssrn.com/abstract=794464.

Anson, Mark / White, Ted / Ho, Ho (2004): Good Governance Pays: More Evidence from CalPERS, in Journal of Asset Management 2004.

Antunes, José Engrácia / Torres, Nuno Pinheiro (2005): The Portuguese East India Company (1628-1633), in *Gepken-Jager/ van Solinge /Levinus* (2005), S. 161.

Armour, John / Whincop, Michael J. (2005): Proprietary Foundations of Corporate Law, ESRC Centre for Business Research, University of Cambridge Working Paper Nr. 2993, März 2005, abrufbar unter http://ssrn.com/abstract=665186.

Aronstein, Martin J. (1990): The New/Old Law of Securities Transfer: Calling a "Spade" a "Heart, Diamond, Club or the Like," in: Cardozo Law Review 1990, S. 429.

Ausschuss für Zahlungsverkehrs- und Abrechnungssysteme (CPSS) *der Bank für Internationalen Zahlungsausgleich* (2001): A glossary of terms used in payments and settlement systems, Januar 2001, überarbeitet Juli 2001.

-------- / *Technical Committee of the International Organization of Securities Commissions (IOSCO)* (2001): Recommendations for securities settlement systems, November 2001.

-------- (2002): Assessment methodology for "Recommendations for Securities Settlement Systems," November 2002.

Automatic Data Processing (1999): ADP 50th Anniversary, 1949-1999.

Axe, L.H. (1942): Corporate Proxies, in: Michigan Law Review 1942, S. 225.

--- *B* ---

Bachmann, Gregor (2006): Der Grundsatz der Gleichbehandlung im Kapitalmarktrecht, in: ZHR 2006, S. 170.

Ballantine, Henry Winthrop (1946): Ballantine on Corporations, überarbeitete Aufl., Chicago 1946.

Balotti, Franklin R. / Finkelstein, Jesse A. (2002): The Delaware Law of Corporations and Business Associations, New York, Stand 2002.

Bank für Internationalen Zahlungsausgleich (1992): Delivery versus payment in securities settlement systems, September 1992.

Baruch, Hurd (1971): Wall Street: Securitiy Risk, Balitimore, 1971.

Baur, Jürgen F. / Hopt, Klaus J. Mailänder / Peter K. (Hrsgs.) (1990): Festschrift für Ernst Steindorff zum 70. Geburtstag am 13. März 1990, Berlin, 1990.

Baums, Theodor (Hrsg. u. Einl.) (1981): Gesetz über die Aktiengesellschaften für die Königlich Preußischen Staaten vom 9. November 1843, Aalen, 1981.

-------- (1992): Verbindungen von Banken und Unternehmen im amerikanischen Wirtschaftsrecht, Tübingen, 1992.

-------- (1993): Takeovers versus Institutions in Corporate Governance in Germany, in Contemporary Issues in Corporate Governance / hrsg. von Prentice, D.D. / Holland, P.R.J., Oxford 1993, S. 151.

-------- (1996): Vollmachtstimmrecht der Banken – Ja oder Nein?, in: AG 1996, S. 11.

-------- (Hrsg.) (2001): Bericht der Regierungskommission Corporate Governance : Unternehmensführung, Unternehmenskontrolle, Modernisierung des Aktienrechts, Köln 2001.

-------- (2002): General Meetings in Listed Companies New Challenges and Opportunities, Institut für Bankrecht Working Paper Nr. 103, 2002, abrufbar unter http://www.ilf-frankfurt.com/ILF_Working_Papers.100.0.html.

-------- / *Cahn, Andreas* (Hrsgs.) (2006): Die Zukunft des Clearing und Settlement, Berlin 2006.

-------- / *Fraune, Christian*, Institutionelle Anleger und Publikumsgesellschaft, in: AG 97, 1995.

-------- / *Scott, Kenneth E.* (2003): Taking shareholder protection seriously? Corporate governance in the United States and Germany, ILF Working Paper Nr. 16, 2003, abrufbar unter http://www.ilf-frankfurt.com/ILF_Working_Papers.100.0.html.

-------- / *Thoma, Georg F.* (Hrsgs.) (2007): Kommentar zum Wertpapiererwerbs- und Übernahmegesetz, Köln Stand 2007.

-------- / *Wymeersch, Eddy* (Hrsgs.) (1999): Shareholder Voting Rights and Practices in Europe and the United States, Deventer 1999.

Barca, Fabrizio / Becht, Marco (2001): The Control of Corporate Europe, Oxford 2001.

Berle, Adolf A. / Means, Gardner C. (1968): The Modern Corporation and Private Property (New Brunswick, Transaction Publishers, über. Aufl. New York 1968.

Bebchuk, Lucian Arye (2005): The Case for Increasing Shareholder Power, in: Harv. L. Rev. 2005, S. 833.

-------- (2006): Letting Shareholders Set the Rules, in: Harv. L. Rev. 2006, S. 1784.

-------- / *Kahan, Marcel* (1990): A Framework for Analyzing Legal Policy Towards Proxy Contests, in: Cal. L. Rev. 1990, S. 1073.

Becht, Marco / Franks, Julian / Mayer, Colin / Rossi, Stefano (2006): Returns to Shareholder Activism Evidence from a Clinical Study of the Hermes U.K. Focus Fund, ECGI Finance Working Paper Nr. 138/2006, abrufbar unter http://ssrn.com/abstract_id=934712

Bell, Abraham / Parchomovsky, Gideon (2004): A Theory of Property, in: Cornell L. Rev. 2005, S. 531.

Bellini, Michael (2007): Dematerialization Makes Steady Gains, in: @DTCC News and Information for DTCC Customers, Juni 2007, S. 11, abrufbar unter www.dtcc.com/news/newsletters/dtcc/.

Benjamin, Joanna (2000): Interests in Securities: A Proprietary Law Analysis of the International Securities Markets, 2000, Oxford.

-------- / *Yates, Madeleine / Montagu, Gerald* (2002): The Law of Global Custody, 2. Aufl., London 2002.

Bethel, Jennifer E. / Gillan, Stuart L. (2002): The Impact of the Institutional and Regulatory Environment on Shareholder Voting, University of Delaware Working Paper No. 2002-002, Oktober 2002, abrufbar unter http://ssrn.com/abstract=354820 .

Black, Bernard S. (1992a): Agents Watching Agents: The Promise of Institutional Investor Voice, in: UCLA L. Rev. 1992, S. 811.

-------- (1992b): The Value of Institutional Investor Monitoring: The Empirical Evidence, in: UCLA L. Rev. 1992, S. 895.

Blair, Margaret M. / Stout, Lynn A. (1999): A Team Production Theory of Corporate Law, in: Va. L. Rev. 1999, S. 247.

Blitz, Jürgen (2000): Namensaktien – kein Clearingproblem, in *von Rosen / Seifert* Hrsgs. (2000), S. 373.

Bloomenthal, Harold S. / Wolff, Samuel (2005): Going Public and the Public Corporation, St. Paul, Stand 2005.

Bolton, Patrick / Von Thadden, Ernst-Ludwig (1998): Blocks, Liquidity and Corporate Control, in Journal of Finance 1998, Bd. 53, S. 1.

Boorstin, Daniel J. (1973): The Americans: The Democratic Experience, New York, 1973.

Booth, Richard A. (2002): Financing the Corporation, St. Paul, Stand 2002.

-------- (2000): A Chronology of the Evolution of the MBCA, in Bus. Law. 2000, S. 63.

Bradley, Michael H. / Sundaram, Anant K. (2004): Do Acquisitions Drive Performance or Does Performance Drive Acquisitions?, August 2004, abrufbar unter http://ssrn.com/abstract=592761.

Bratton, William W. (2006): Hedge Funds and Governance Targets, Georgetown Law and Economics Research Paper Series, September 2006, abrufbar unter http://ssrn.com/abstract=928689.

-------- / *McCahery, Joseph A.* (2004): The Equilibrium Content of Corporate Federalism, ECGI Law Working Paper Series, Working Paper Nr. 23/2004, November 2004, abrufbar unter http://ssrn.com/abstract=606481.

Brav, Alon / Jiang, Wei / Partnoy, Frank / Thomas, Randall (2006): Hedge Fund Activism, Corporate Governance, and Firm Performance, ECGI Finance Working Paper N°. 139/2006, September 2006, abrufbar unter http://ssrn.com/abstract_id=948907.

Brealey, Richard A. / Myers, Stewart C. / Franklin Allen (2003): Principles of Corporate Finance, 8. Aufl. Boston 2006.

Briggs, Thomas W. (2006): Corporate Governance and the New Hedge Fund Activism: An Empirical analysis, abrufbar unter http://ssrn.com/abstract=911072.

Brown, Robert J. (1988): The Shareholder Communication Rules and the Securities and Exchange Commission: An Exercise in Regulatory Utility or Futility?, in: J. Corp. L. 1988, S. 683.

Buxbaum, Richard M. (1990): in *Baur/Hopt/Mailänder* (1990), S. 7.

--- *C* ---

Cahn, Andreas (2004): Bankgeheimnis und Forderungsverwertung, in: WM 2004, S. 2041.

Canaris, Claus-Wilhelm (1981): Bankvertragrecht, 2. Aufl. Berlin 1981.

Cao, Jerry / Lerner, Josh (2006): The Performance of Reverse Leveraged Buyouts, abrufbar auf SSRN unter: http://ssrn.com/abstract=937801..

Chernow, Ron (1990): The House of Morgan, An Amerian Banking Dynasty and the Rise of Modern Finance, New York 1990.

Cheston, Sheila (1985): Investor Protection under the SIPA: A Reassessment and Recommendations for Future Change, 19 Colum. J.L. & Soc. Probs. 69, 1985.

Clark, Robert C. (1986): Corporate Law, Boston 1986.

Coffee, John C. Jr. (1991): Liquidity Versus Control: the Institutional Investor as Corporate Monitor, in: Colum. L. Rev. 1991, S. 1277.

-------- (1994): Taking Stock: Reflections on Sixty Years of Securities Regulation, in: Cardozo L. Rev. 1994, S. 837.

-------- (2001): The Rise of Dispersed Ownership: The Roles of Law and the State in the Separation of Ownership and Control, in: Yale L.J. 2001, S. 1.

-------- (2004): What Caused Enron? A Capsule Social and Economic History of the 1990's, in Cornell L. Rev. 2004, S. 269.

Cox, James D. / Hazen, Thomas Lee / O'Neal, F. Hodge (2002): Corporations, New York, Stand 2002.

--- *D* ---

Darmstadter, Howard / Rocks, Sandra M. / Weise, Steven O. (1997): A Model "Account Control Agreement" under the New Article 8 of the Uniform Commercial Code, in: Bus. Law. 1997. S. 139.

Davies, Paul L. (2003): Gower and Davies' Principles of Modern Company Law, 7. Aufl. London 2003.

Davis, Gerald F./ Kim, E. Han (2005):Would Mutual Funds Bite the Hand that Feeds Them? Business Ties and Proxy Voting, February 2005, abrufbar unter http://ssrn.com/abstract=667625.

Depository Trust & Clearing Corporation (*DTCC*) (2000): Annual Report 1999

-------- (2006): Annual Report 2005.

-------- (2007a): Annual Report 2006.

Derrida, Jacques (1967): De la Grammatologie, Paris 1967.

Deutsche Börse Clearing AG (1999): CASCADE – Benutzerhandbuch, April 1999.

Deutsches Postmuseum (1993): Fräulein vom Amt, Publikation zur Ausstellung, München 1993.

De Vauplane, Hubert (Hrsg.) (2005): 20 ans de dématérialisation des titres en France: Bilan et perspectives nationales et internationales, Paris 2005.

-------- (2005): Bilan du système français de dématérialisation, in *de Vauplane*, Hrsg. (2005), S. 85.

Don, Michael E. / Wang, Josephine (1990): Stockbroker Liquidations under the Securities Investor Protection Act and their Impact on Securities Transfers, in: Cardozo Law Review 1990, S. 509.

DRS Guidelines Committee, Profile Direct Registration Processing Guidelines (2004).

--- *E* ---

Easterbrook, Frank H. / Fischel, Daniel R. (1991): The Economic Structure of Corporate Law, Cambridge 1991.

Einsele, Dorothee (1995): Wertpapierrecht als Schuldrecht: Funktionsverlust von Effektenurkunden im internationalen Rechtsverkehr, Tübingen 1995.

-------- (2001): Wertpapiere im elektronischen Bankgeschäft, in: WM 2001, S. 7.

-------- (2001): Die internationalprivatrechtlichen Regelungen der Finalitätsrichtlinie und ihre Umsetzung in der Europäischen Union, in: WM 2415 (2001).

-------- (2006): Das Treuhandmodell als Alternative zum geltenden Recht, in: *Baums/Cahn* (2006), S. 3.

Eisenberg, Melvin A. (1969): The Legal Roles of Shareholders and Management in Modern Corporate Decisionmaking, 57 Cal. L. Rev. 1, 1969.

Ekkenga, Jens / Hadding, Walther / Hammen, Horst (2003): Bankrecht und Kapitalmarktrecht in der Entwicklung, Festschrift für Siegfried Kümpel zum 70. Geburtstag, Köln 2003.

European Food Safety Authority (2004): EFSA Panel advises on how to avoid microbiological risks in infant formulae – at home and in hospital, 18. November 2004, abrufbar unter http://www.efsa.europa.eu, in "Press Room".

--- *F* ---

Facciolo, Francis J. (2000): Father Knows Best: Revised Article 8 and the Individual Investor, Fla. St. U.. L. Rev. 2000, S. 615.

Felsenfeld, Carl / Bilali, Genci (2005): The Check Clearing for the 21st Century Act - A Wrong Turn in the Road to Improvement of the U.S. Payments System, Fordham Law Legal Studies Research Paper No. 67, Januar 2005, abrufbar unter http://ssrn.com/abstract=651481.

Ferran, Eilís (2007): Regulation of Private Equity-Backed Leveraged Buyout Activity in Europe, ECGI - Law Working Paper No. 84/2007, abrufbar unter http://ssrn.com/abstract=989748.

Fisch, Jill E. (1993): From Legitimacy to Logic: Reconstructing Proxy Regulation, Vand. L. Rev. 1993, S. 1129.

-------- (1994): Relationship Investing: Will it Happen? Will it Work?, Ohio St. L.J. 1994, S. 1009.

Fletcher, William Mead (2004): Fletcher Cyclopedia of the Law of Private Corporations, WestLaw juristische Datenbank, Stand 2004.

--- *G* ---

Georgeson Shareholder (2005): Annual Corporate Governance Review, Juni 2005, abrufbar unter www.georgesonshareholder.com.

-------- (2006): Annual Corporate Governance Review, Dezember 2006, abrufbar unter www.georgesonshareholder.com.

Gepken-Jager, Ella / van Solinge, Gerard / Timmerman, Levinus (Hrsgs.) (2005): VOC 1602-2002: 400 Years of Company Law, Deventer, 2005.

Gepken-Jager, Ella (2005): Verenigde Oost-Indische Compagnie, in *Gepken-Jager/ van Solinge /Levinus* (2005), S. 43.

Gevurtz, Franklin A. (2000): Corporation Law, St. Paul 2000.

Gibson, Willa E. (2005): Banks Reign Supreme under Revised Article 9 Account Rules, in: Del. J. Corp. L. 2005, S. 819.

The Giovannini Group (2001): Cross-Border Clearing and Settlement Arrangements in the European Union, November 2001.

-------- (2003): Second Report on EU Clearing and Settlement Arrangements, April 2003.

Gompers, Paul / Ishii, Joy / Metrick, Andrew (2003): Corporate Governance and Equity Prices, in: Q. J. Econ. 2003, Bd. 118, S. 107.

Goyal, Amit / Wahal, Sunil (2004): The Selection and Termination of Investment Managers by Plan Sponsors, November 2004, abrufbar unter http://ssrn.com/abstract=675970, erwartet in Journal of Finance 2007.

Großkommentar Aktiengesetz, Erster Band, 4. Aufl. Berlin 1992 ff.; Zweiter Band, §§ 118-120, 4. Auf. 1999; §§ 121-130, 4. Aufl. 1993.

The Group of Thirty (2003): Global Clearing and Settlement: A Plan of Action, Washington DC, 2003.

-------- (1989): Clearance and Settlement Systems in the World's Securities Markets, Washington DC, 1989.

Gruson, Michael / Reisner, Ralph (2000): Regulation of Foreign Banks: United States and International, 3. Aufl. New York 2000.

-------- / *Hutter, Stefan* (1993), Acquisition of Shares in a Foreign Country: Substantive Law and Legal Opinions, Report of the Business Law Section of the International Bar Association, 1993.

Guttman, Egon (1990): Transfer of Securities: State and Federal Interaction, in: Cardozo Law Review 1990, S. 437.

-------- (1993): U.C.C. D.O.A.: Le Roi est mort, Vive le Roi, in: Loy. L.A. L. Rev. 1993, S. 625.

-------- (1995): Mediating Industry and Investor Needs in the Redrafting of UCC Article 8, in: UCC Law Journal 1995, S. 3.

-------- (2006): Modern Securities Transfers, St. Paul, Stand 2006.

-------- / *Lemke, Thomas P.* (1981): The Transfer of Securities in Organized Markets: A Comparative Study of Clearing Agencies in the United States of America, Britian and Canada, in: Osgoode Hall Law Journal 1981, S. 400.

--- *H* ---

Habersack, Mathias / Mayer, Christian (2000): Globalverbriefte Aktien als Gegenstand sachenrechtlicher Verfügungen? In: WM 2000, S. 1678.

Hakes, Russell A. (2002): UCC Article 8: Will the Indirect Holding of Securities Survive the Light of Day?, in: Loy. L.A. L. Rev. 2002, S. 661.

Harris, Lawrence E. (2004): Unofficial Transcript of SEC Roundtable on Proposed Security Holder Director Nominations Rules, 10. Mar. 2004, abrufbar auf http://www.sec.gov.

-------- (2003): Trading and Exchanges: Market Microstructure for Practitioners, Oxford, 2003.

Harris, Ron (2005): The Formation of the East India Company as a Cooperation-Enhancing Institution, December 2005, abrufbar unter http://ssrn.com/abstract=874406.

Hazen, Thomas Lee (2005): Treatise on the Law of Securities Regulation, 5. Aufl. St. Paul 2005.

Heard, James E. / Shearman, Howard D. (1987): Conflicts of Interest in the Proxy Voting System, Washington DC 1987.

Heinsius, Theodor / Horn, Arno / Than, Jürgen (1975): Depogesetz – Kommentar zum Gesetz über die Verwahrung und Anschaffung vom Wertpapieren vom 4. Februar 1937, Berlin 1975.

Heißel, Siegfried / Kienle, Christopher, Rechtliche und praktische Aspekte zur Einbeziehung vinkulierter Namensaktien in die Sammelverwahrung, in: WM 1993, S. 1909.

Henn, Günter (1984): Die Rechte des Aktionärs – Rechte und Pflichten in und außerhalb der Hauptversammlung, Köln 1984.

Hirschman, Albert O. (1970): Exit, Voice and Loyalty: Responses to Decline in Firms, Organizations, and States, Cambridge 1970.

Horn, Norbert (2002): Die Erfüllung von Wertpapiergeschäften unter Einbeziehung eines Zentralen Kontrahenten an der Börse, in: WM 2002, Sonderbeilage 2.

Hueck, Alfred / Canaris, Claus-Wilhelm (1986): Recht der Wertpapiere, 12. Aufl. München 1986.

Hu, Henry T.C. / Black, Bernard (2006a), Hedge Funds, Insiders, and Decoupling of Economic and Voting Ownership in Public Companies, Januar 2006, abrufbar unter http://ssrn.com/abstract=874098.

-------- (2006b), Empty Voting and Hidden (Morphable) Ownership: Taxonomy, Implications, and Reforms, in Bus. Law. 2006, S. 1011.

Huurdeman, Anton A. (2003): The Worldwide History of Telecommunications, Hoboken 2003.

--- *I* ---

Institutional Shareholder Services (2005a): 2005 Postseason Report: Corporate Governance at a Crossroads, 2005, abrufbar unter www.issproxy.com.

-------- (2005b): Majority Voting in Director Elections: From the Symbolic to the Democratic, 2005, abrufbar unter www.issproxy.com.

-------- (2006): 2006 Postseason Report: Corporate Governance at a Crossroads, 2005, abrufbar unter www.issproxy.com.

--- *J* ---

Jensen, Michael C. (2000): A Theory of the Firm: Governance, Residual Claims, and Organizational Forms, Cambridge 2000.

-------- (1993): The Modern Industrial Revolution, Exit, and the Failure of Internal Control Systems, in *Jensen* (2000), S. 16.

-------- (1989): Active Investors, LBOs, and the Privatization of Bankruptcy, in *Jensen* (2000), S .63.

-------- / *Meckling, William H.* (1976): Theory of the Firm: Managerial Behavior, Agency Costs, and Ownership Structure, in *Jensen* (2000), S. 83.

-------- / *Smith, Clifford W.* (1985): Stockholder, Manager, and Creditor Interests: Applications of Agency Theory, in *Jensen* (2000), S. 136.

--- *K* ---

Kahan, Marcel / Rock, Edward B. (2006): Hedge Funds in Corporate Control and Governance, ECGI - Law Working Paper No. 76/2006, Juli 2006, abrufbar unter http://ssrn.com/abstract_id=919881.

-------- (2007): The Hanging Chads of Corporate Voting, ILE Research Paper Nr. 07-18, August 2007, abrufbar unter http://ssrn.com/abstract_id=1007065.

Kauko, Karlo (2005): Interlinking securities settlement systems: A strategic commitment?, ECB Working Paper Nr. 427, Januar 2005, abrufbar unter http://ssrn.com/abstract=501742.

Kessler, David A. (1996): Investor Casualties in the War for Market Efficiency, in: Admin. L.J. Am. U. 2002, S. 1307.

Klein, Shaun M. (1997): Rule 14b-2: Does It Actually Lean to the Prompt Forwarding of Communications to Beneficial Owners of Securities?, in: J. Corp. L. 1997, S. 155.

Klein, Stefan (2004): Die Rechtsstellung auswärtiger Gesellschaften im deutschen und US-amerikanischen Recht, Diss. Frankfurt am Main 2004.

Köckseisen, Armin (1968): Der Markt für Milkpulver in der Bundesrepublic Deutschland, Bonn 1968.

Kölner Kommentar zum Aktiengesetz, Band 5/1, §§ 118-147, Köln 1995.

Die Kommission der Europäischen Gemeinschaften (*Europäische Kommission*) (2002): Mitteilung der Kommission an den Rat und das Europäische Parlament, Clearing und Abrechnung in der Europäischen Union – Die wichtigsten politischen Fragen und künftigen Herausforderungen, KOM(2002) 257 endgültig, 28.5.2002.

-------- (2004a): Mitteilung der Kommission an den Rat und das Europäische Parlament, Clearing und Abrechnung in der Europäischen Union – Künftige Maßnahmen, KOM(2004) 312 endgültig, 28.4.2004.

-------- (2004b): Einführung einer angemessenen Regelung zur Stärkung der Aktionärsrechte, Konsultationspapier der Generaldirektion Binnenmarkt, 16.9.2004.

-------- (2005): Fostering an appropriate regime for shareholders' rights, Second consultation by the Services of the Internal Market Directorate General, 13.5.2005.

-------- (2006a): Proposal for a Directive of the European Parliament and of the Council on the exercise of voting rights by shareholders of companies having their registered office in a Member State and whose shares are admitted to trading on a regulated market and amending Directive 2004/109/EC, KOM(2005) 685 endgültig, 5.1.2006.

-------- (2006b): Draft Working Document on Post-Trading, Mai 2006.

Kraakman, Reinier R. / Davies, Paul / Hansmann, Henry / Hertig, Gérard / Hopt, Klaus J. / Kanda, Hideki / Rock, Edward B. (2004): The Anatomy of Corporate Law A Comparative and Functional Approach, Oxford 2004.

Kübler, Friedrich / Assmann, Heinz-Dieter (2006): Gesellschaftsrecht, 6. Aufl. Heidelberg 2006.

Kuhn, Hans (2006): Das neue Bucheffektenmodell des schweizerischen Rechts, in *Baums/Cahn* (2006), S. 29.

Kyriakakis, Konstantinos, N. (2002): Die Überwachung einer US-amerikanischen Aktiengesellschaft durch institutionelle Anleger, Diss. Frankfurt am Main 2002.

Kümpel, Siegfried (1983): Zur Girosammelverwahrung und Registerumschreibung der vinkulierten Namensaktien, in: WM 1983, Sonderbeilage 8.

-------- (2004): Bank- und Kapitalmarktrecht, 3. Aufl., Köln 2004.

-------- (2006): Depotgeschäft, in Bankrecht und Bankpraxis, *Hellner, Thorwald / Schröter, Jürgen / Steuer, Stephan / Weber, Ahrend* (Hrsgs.), Rn. 8/1 ff., Köln, Stand 2006.

-------- */ Hammen, Horst / Ekkenga, Jens* (2006): Kapitalmarktrecht – Handbuch für Praxis, Köln, Stand 2006.

--- *L* ---

Lamfalussy, Alexandre, u.a. (2001): Final Report of the Committee of Wise Men on the Regulation of European Securities Markets, 15 Februar 2001.

Lipton, Martin / Rosenblum, Steven A. (2003): Election Contest in the Company's Proxy: An Idea Whose Time Has Not Come, in: Bus. Law. 2003, S. 2003.

Loader, David (2002): Clearing, Settlement and Custody, Oxford 2002.

Lo Giudice, Salvatore (2006): Settlement Internalisation: The Production and Distribution of Services in the Settlement Industry, April 2006, abrufbar unter http://ssrn.com/abstract=897680.

Loss, Louis / Seligman, Joel (2004): Securities Regulation, 3. Aufl. 2004, Lexis Juristische Datenbank.

Luhmann, Niklas (1968): Zweckbegriff und Systemrationalität: Über die Funktion von Zwecken in sozialen Systemen, Frankfurt am Main 1968.

--- *M* ---

Macey, Jonathan R. (2002): Macey on Corporation Laws, New York, 2002.

Maffei, Antoine (2005): Pour une modernisation du régime de la dématérialisation en France: le projet Paris Europlace, in *de Vauplane* (2005), S. 103.

Manning, Bayless (1958): Buchbesprechung von *J.A. Livingstone*, The American Stockholder, in: Yale L.J. 1958, S. 1475.

Martin, Didier R. (2005): La théorie de la scripturalisation, in *de Vauplane*, Hrsg. (2005), S. 55.

Mastropaolo, Eugenio, M. / Praicheux, Sébastien (2005): La dématérialisation des instruments financiers en droit italien, in *de Vauplane* (2005), S. 289.

McCreevy, Charlie (2006): Clearing and settlement: The way forward, öffentlicher Vortrag am 11. Juli 2006.

Megarry, M.A. / Wade, H.W.R. (1966): The Law of Real Property, 3. Aufl. London 1966.

Mercuro, Nicholas (2005): The Market: What Lies Beneath?, Michigan State Univ. College of Law Legal Studies Research Paper Series, Nr. 03-05, 2005, abrufbar unter http://ssrn.com/abstract=578579.

Micheler, Eva (2004): Wertpapierrecht zwischen Schuld- und Sachenrecht, Wien, 2004.

-------- (2006): Doctrinal Path Dependence and Functional Convergence: The Case of Investment Securities, Januar 2006, abrufbar unter http://ssrn.com/abstract=880110.

Milhaupt, Curtis J. (1998): Property Rights in Firms, in: Va. L. Rev. 1998, S. 1145.

Minow, Nell (1998): Institutional Investors: New Tactics and Old Duties, Practicing Law Institute, 1998.

Monks, Robert A.G. (2001): The New Global Investors: How Shareholders Can Unlock Sustainable Prosperity Worldwide, Oxford 2001.

Monks, Robert A.G. / Minow, Nell (2004): Corporate Governance, 3. Aufl. Malden, MA 2004.

Mooney, Charles W., Jr. (1990): Beyond Negotiability: A New Model for Transfer and Pledge of Interests in Securities Controlled by Intermediaries, in: Cardozo L. Rev. 1990, S. 305.

-------- (1992): Property, Credit, and Regulation Meet Information Technology: Clearance and Settlement in the Securities Markets, in Law & Contemp. Probs. 1992, S. 131.

Münchner Kommentar zum Aktiengesetz, Band 1, 2. Aufl., München 2000.

Myners, Paul (2004): Review of the impediments to voting UK shares, Report to the Shareholder Voting Working Group, January 2004.

--- *N* ---

Noack, Ulrich (2006): Anlegerrechte bei mittelbar gehaltenen Wertpapieren. Bemerkungen zu dem Dreieck aus Emittent – Intermediär – Aktionär, in *Baums/Cahn* (2006), S. 63.

-------- (2003): Information – Kommunikation – Entscheidung: zur Corporate Governance der Hauptversammlungen europäischer börsennotierter Gesellschaften, Zentrum für Europäisches Wirtschaftrecht, Vorträge und Berichte, Nr. 130, 2003.

-------- / *Zetzsche, Dirk* (2002), Die Legitimation der Aktionäre bei Globalaktien und Depotverbungung, in: AG 2002, S. 651.

--- *O* ---

Oditah, Fidelis (Hrsg.) (1996): The Future for the Global Securities Market, Oxford, 1996.

Office of the Comptroller of the Currency (2002): Comptroller's Handbook, Custody Services, Januar 2002, abrufbar unter www.occ.treas.gov.

Oh, Peter B (2006): The Dutch Auction Myth, März 2006, abrufbar unter http://ssrn.com/abstract=890127.

Opitz, Georg (1955): Kommentar zum DepotG, 2. Aufl. Berlin 1955.

Oxford Economic Research Associates (*Oxera*) (2004): Corporate action processing: what are the risks?, Mai 2004.

--- *P* ---

Page, Larry / Sergey Brin (2004): Letter from the Founders, An Owner's Manual" for Google's Shareholders, 2004, abrufbar unter http://investor.google.com/founders_letter.html.

Palmers Company Law, *Morse, Geoffrey* (Hrsg.)(2006): Bd. 1, London, Stand 2006.

Pistor, Katharina (2005): Legal Ground Rules in Coordinated and Liberal Market Economies, ECGI - Law Working Paper No. 30/2005, March 2005, abrufbar unter http://ssrn.com/abstract=695763.

Poser, Norman S. (2001): Broker-Dealer Law and Regulation, 2. Aufl. New York 2001.

Pound, John (1993): The Rise of the Political Model of Corporate Governance and Corporate Control, in: N.Y.U. L. Rev. 1993, S. 1003.

Pozen, Robert (2003): Institutional Perspective on Shareholder Nominations of Corporate Directors, in Bus. Law. 2003, S. 95.

Posner, Richard A. (2003): Economic Analysis of Law, 6. Aufl. New York 2003.

Pruitt, Laura S. (2006): Broker-Dealer Regulation, ALI-ABA Course of Study, January 2006.

--- *R* ---

Regan, Donald T. (1972): A View from the Street, New York 1972.

Rhodes, Mark S. (2005): Transfer of Stock, 6. Aufl. Rochester, Stand 2005.

Roe, Mark, Strong Managers Weak Owners: The Political Roots of American Corporate Finance, Princeton 1994.

Rogers, James S. (1987): Negotiability as a System of Title Recognition, in: Ohio St. L.J. 1987, S. 197.

-------- (1990): Negotiability, Property, and Identity, in: Cardozo L. Rev. 1990, S. 471.

-------- (1995): An Essay on Horseless Carriages and Paperless Negotiable Instruments: Some Lessons from the Article 8 Revision, in: Idaho L. Rev. 1995, S. 689.

-------- (2005): Conflict of Laws for Transactions in Securities Held through Intermediaries, in Cornell Int'l L.J. 2006, 285.

Romano, Roberta (2005): The Sarbanes-Oxley Act and the Making of Quack Corporate Governance, in: Yale L. J. 2005, S. 2005.

Robertson, Brian David (Hrsg.) (1998): Loss of Confidence: Politics and Policy in the 1970s, University Park, PA 1998, abrufbar unter http://www.questia.com/PM.qst?a=o&d=14450900.

Rossi, Charles (2001): Direct Registration System (DRS) Continues to Grow, Securities Transfer Association Newsletter, Issue 2 2001, S. 4.

Ruland, Hans-Wilhelm, Effekten, 3. Aufl., Stuttgart 2004.

Russo, Daniela / Hart, Terry L. / Malaguti, Maria Chiara / Papathanassiou, Chryssa (2004): Governance of Securities Settlement Systems, European Central Bank Occasional Paper Series, Nr. 21 (Oktober 2004), abrufbar unter http://www.ecb.eu/pub/scientific/ops.

--- *S* ---

Schäfer, Hans-Bernd / Ott, Claus (2005): Lehrbuch der ökonomischen Analyse des Zivilrechts, 4. Aufl. Berlin 2005.

Schmidt, Karsten (2002): Gesellschaftsrecht, 4. Aufl. Köln 2002.

Schefold, Dietrich (2003): Intermediary Approach und Europäisches Kollisionsrecht, in *Ekkenga/Hadding/Hammen* (2003), S. 463.

Schimansky, Herbert / Bunte, Hermann-Josef / Lwowski, Hans-Jürgen (2001): Bankrechts-Handbuch, 2. Aufl. München 2001.

Schroeder, Jeanne L. (1994): Is Article 8 Finally Ready this Time? The Radical Reform of Secured Lending on Wall Street, in: Colum. Bus. L. Rev. 1994, S. 291.

Scott (2001): The Law of Trusts, 4. Auf. New York 2004.

Scott, Hal S. (2004): International Finance: Law and Regulation, London 2004.

Schwartz, Robert A. / Franconi, Reto (2004): Equity Markets in Action: The Fundamentals of Liquidity, Market Structure & Trading, Hoboken NJ 2004.

Scoles, Eugene F. / Hay, Peter / Barchers, Patrick J. / Symeonides, Symeon C. (2000): Conflicts of Laws, 3. Aufl. St. Paul 2000.

Securities Industry Association (2000), Securities Dematerialization White Paper, Version 1.6, Juni 2000.

-------- (2004): Securities Industry Immobilization & Dematerialization Implementation Guide, Juli 2004.

Seibert, Ulrich (2000), Die gesetzliche Neuregelung, in *von Rosen/Seifert* (2000), S. 11.

Seligman, Joel (2002): Rethinking Securities Markets: The SEC Advisory Committee on Market Information and the Future of the National Market System, in: Bus. Law. 2002, S. 637.

-------- (2005): A Modest Revolution in Corporate Governance, in: Notre Dame L. Rev. 2005, S. 1159.

-------- (2003): The Transformation of Wall Street: A History of the Securities and Exchange Commission and Modern Finance, 3. Aufl. New York 2003.

Shavell, Steven (2006): Do Excessive Legal Standards Discourage Desirable Activity?, Harvard Law and Economics Discussion Paper No. 540, Februar 2006, abrufbar unter http://ssrn.com/abstract=921423.

Sidel, Robin (2004): 'Calpers Effect' May Boost Stocks: Underachievers Identified By Big Fund Often Rebound By Posting Solid Returns, Wall St. J. Europe, 20 April 2004, S. M1.

Simmons, Michael (2002): Securities Operations, Chichester 2002.

-------- (2006): Corporate Actions: a guide to securities event management, Chichester 2006.

Schmidt, Karsten, Gesellschaftrecht, 4. Aufl. Köln 2002.

Spindler, Gerald / Stilz, Eberhard (2007): Kommentar zum Aktiengesetz (in Erscheinen).

Synvet, Hervé (2005): La propriété des valeurs mobilières en droit français, in *de Vauplane* (2005), S. 37.

--- *T* ---

Technical Committee of the International Organization of Securities Commissions (IOSCO) / Ausschuss für Zahlungsverkehrs- und Abrechnungssysteme (CPSS) / Securities lending transactions: Market development and implications, Juli 1999.

Than, Jürgen (1991): Kapitalmarkt und Globalurkunde, in Festschrift für Theodor Heinsius zum 65. Geburtstag am 25 September 1991, S. 809.

-------- (1994): Internationaler Effektengiroverkehr oder Zweitverbriefung – die Belieferung von Börsenhandelsgeschäften in ausländischen Aktien in Deutschland und in den USA, in: WM-Festausgabe für Thorwald Hellner v. 9.5.1994, S. 85.

-------- (1999): Wertpapierrecht ohne Wertpapiere? in: Bankrecht – Schwerpunkte und Perspektiven: Festschrift für Herbert Schimansky, Hrsg. Norbert Horn, Köln 1999, S. 821.

-------- (2003): Neue Rechtsentwicklungen für den grenzüberschreitenden Effektengiroverkehr, in *Ekkenga/Hadding/Hammen* (2003), S. 543.

-------- / *Hannöver, Martin* (2000): Depotrechtliche Fragen bei Namensaktien, in *von Rosen / Seifert* (2000), S. 279.

Thévenoz, Luc (2007): Intermediated Securities, Legal Risk, and the International Harmonisation of Commercial Law, Duke Law School Legal Studies Research Paper Nr. 170, Sept. 2007, abrufbar unter http://ssrn.com/ abstract= 1008859.

Thoma, Robert F. (2005): Der Wettbewerb um Stimmen im US-amerikanischen Aktienrecht, Diss. Frankfurt am Main, 2005.

Thomas, Randall S. / Dixon, Catherine T. (2001): Aranow & Einhorn on Proxy Contests for Corporate Control, 3. Aufl. Stand 2001.

-------- / *Partnoy, Frank S.* (2006): Gap Filling, Hedge Funds, and Financial Innovation, Vanderbilt University Law School Law and Economics Working Paper Number 06-21, September 2006, abrufbar unter http://ssrn.com/abstract=931254.

TIAA-CREF (2004): Policy Statement on Corporate Governance, März 2007, abrufbar unter https://www.tiaa-cref.org.

Tindall, George B. / Shi, David E. (2000): America – A Narrative History, 5. Aufl. New York 2000.

Tuerks, Robin (2000): Depotstimmrechtspraxis versus U.S.-proxy-system, Diss. München 2000.

--- *U* ---

US Environmental Protection Agency (1995): A Look at EPA Accomplishments: 25 Years of Protecting Public Health and the Environment, 1995, abrufbar unter http://www.epa.gov/history/topics/epa/25b.htm.

U.S. Securities and Exchange Commission (SEC) (1992): Report of the Bachmann Task Force on Clearance and Settlement Reform in U.S. Securities Markets, May 1992.

-------- (1982): Improving Communications between Issuers and Beneficial Owners of Nominee Held Securities, June 1982.

-------- (1976): Final Report of the Securities and Exchange Commission on the Practice of Recording the Ownership of Securities in the Records of the Issuer in Other than the Name of the Beneficial Owner of Such Securities, December 1976.

-------- (1971): Study of Unsafe and Unsound Practices of Brokers and Dealers, December 1971.

--- *V* ---

Velasco, Julian (2005): The Fundamental Rights of the Shareholder, in: UC Davis Law Review 2006, S. 407.

Vaines, J. Crossley (1962): Personal Property, 3. Aufl. London 1962.

Von Criegern, Andreas, Effektensammelverwahrung und Effektengiroverkehr in Deutschland und Italien, Diss. Frankfurt am Main 1997.

Von Rosen, Rüdiger / Seifert, Werner G. (Hrsgs.) (2000): Die Namensaktie, Eschborn 2000.

--- *W* ---

Ward, Rodman Jr. / Welsch Edward P. / Turezyn, Andrew J. (2001): Folk on Delaware General Corporation Law, New York 2001.

Wechsler, Roger (1996): Die Abwicklung von Effektenhandelsgeschäften, Diss. Bern 1996.

Welles, Chris (1975): The Last Days of the Club, New York 1975.

White, James J. / Summers, Robert S. (2000): Uniform Commercial Code, 5. Aufl. St. Paul 2000.

Whitman, James (1987): Commercial Law and the American Volk: A Note on Llewellyn's German Sources for the Uniform Commercial Code, in: Yale L.J. 1987, S. 156.

Wiebe, Christian (2000): Untersuchungen zu Vorkommen und Verbreitung von Bacillus cereus in einem Milchtrocknungsbetrieb durch phänotypische und molekularbiologische Charakterisierung der isolierten Stämme, Diss. Berlin 2000.

Wolf, Manfred, Sachenrecht, 17. Aufl., München 2001.

Wynn, Janet (2005): Paper Torture, Custody and Clearing 2005, abrufbar unter http://search.dtcc.com.

--- *Z* ---

Zöllner, Wolfgang (1974): Die Zurückdrängung des Verkörperungselements bei den Wertpapieren, in Funktionswandel der Privatrechtsinstitutionen: in: Festschrift für Ludwig Raiser zum 70. Geburtstag / hrsg. von Fritz Baur, Tübingen 1974, S. 249.

-------- (1987): Wertpapierrecht, 14. Aufl., München 1987.

Zweigert, Konrad / Kötz Hein (1996): Einführung in die Rechtsvergleichung, 3. Auf., Tübingen 1996.

Frankfurter wirtschaftsrechtliche Studien

Herausgegeben von
Theodor Baums, Andreas Cahn, Friedrich Kübler, Hans-Joachim Mertens,
Eckard Rehbinder, Gunther Teubner

Band 1 Tomas Brinkmann: Unternehmensinteresse und Unternehmensrechtsstruktur. Aufgaben und Grenzen eines normativen Regulativs unternehmenspolitischer Prozesse. 1983.

Band 2 Rüdiger Hahn: Behinderungsmißbräuche marktbeherrschender Unternehmen. Eine Untersuchung der Beeinträchtigung von Wettbewerb und Marktstruktur durch horizontalen Nichtleistungswettbewerb als Gegenstand der Mißbrauchaufsicht nach § 22 Abs. 4 S. 2 Nr. 1 GWB. 1984.

Band 3 Peter Buchmann: Registerpublizität und Gläubigerschutz bei der Einmann-Gesellschaft. 1984.

Band 4 Christian Joerges/Eugen Hiller/Knut Holzscheck/Hans-W. Micklitz: Vertriebspraktiken im Automobilersatzteilsektor. Ihre Auswirkungen auf die Interessen der Verbraucher. 1985.

Band 5 Annette Boerner: Die Haftung des herrschenden Kommanditisten. 1985.

Band 6 Dirk H. Mahler: Rechtsmißbrauch und einstweiliger Rechtsschutz bei Dokumentenakkreditiven und "Akkreditiven auf erstes Anfordern": Eine rechtsvergleichende Untersuchung. 1986.

Band 7 Brigitte Kratz: Ausländische Eingriffsnorm und inländischer Privatrechtsvertrag. 1986.

Band 8 Dimitris Tsibanoulis: Die genossenschaftliche Gründungsprüfung. 1987.

Band 9 Jürgen Braun: Rechtsfragen des Transport-Unfall-Informations- und Hilfeleistungs-Systems der deutschen chemischen Industrie. 1987.

Band 10 Thomas Pfeiffer: Die Bedeutung des privatrechtlichen Immissionsschutzes. Eine Untersuchung zu §§ 1004, 906 BGB. 1987.

Band 11 Michael Bothe/Josef Brink/Christian Kirchner/Albrecht Stockmayer: Rechtsfragen der internationalen Verschuldungskrise. Voraussetzungen, Formen und Verfahren internationaler Umschuldungsmaßnahmen und Umschuldungsvereinbarungen. 1988.

Band 12 Felix Dörr: Die fehlerhafte GmbH. 1989.

Band 13 Rolf Trittmann: Anwendungsprobleme des Haager Beweisübereinkommens im Rechtshilfeverkehr zwischen der Bundesrepublik und den Vereinigten Staaten von Amerika. Exklusive Regelung zur Überbrückung der Unterschiede zwischen dem kontinental-europäischen und anglo-amerikanischen Zivilprozeßrechtssystem? 1989.

Band 14 Margaretha Sudhof: Dreieckige Rechtsverhältnisse im Wirtschaftsverwaltungsrecht - Am Beispiel von Konkurrentenklagen. 1989.

Band 15 Michael Weigel: Schriftformklauseln in Allgemeinen Geschäftsbedingungen. 1989.

Band 16 Hans-Peter Schröder: Der sichere Weg bei der Vertragsgestaltung. 1990.

Band 17 Matthias Haas: Haftungsfreizeichnungsklauseln in Allgemeinen Geschäftsbedingungen. Eine rechtsdogmatische und ökonomische Analyse. 1991.

Band 18 Andreas Hahn: Instandhaltungsverträge. Begriffe, Einordnung, Rechtsfolgenbestimmung, Auswirkung auf die Kautelarpraxis. 1991.

Band 19 Jürgen Götz: Der Entherrschungsvertrag im Aktienrecht. 1991.

Band 20 Friedrich Wächtershäuser: Das Gesellschaftsrecht des internationalen Joint Ventures. 1992.

Band 21 Christina Escher-Weingart: Nutzungsausfall als Schaden und sein Ersatz. 1993.

Band 22 Jean-Claude Zerey: Rechtliche Probleme der Finanzierung von *Leveraged Buyouts* und *Tender Offers* durch Banken in den USA und in der Bundesrepublik Deutschland. Eine rechtsvergleichende Studie über die Rolle der Banken bei Unternehmenskontrolltransaktionen in den USA und in der Bundesrepublik Deutschland. 1994.

Band 23 Markus Bauer: Gläubigerschutz durch eine formelle Nennkapitalziffer - Kapitalgesellschaftsrechtliche Notwendigkeit oder überholtes Konzept? Eine rechtsvergleichende Untersuchung der Gläubigerschutzkonzepte des amerikanischen und deutschen Kapitalgesellschaftsrechts. 1995.

Band 24 Marion Vollmann: Minderheitenschutz im aktienrechtlichen Beschlußmängelrecht. Eine Bestandsaufnahme und Vorschläge zu einer rechtspolitischen Reform. 1997.

Band 25 Lydia Klose-Mokroß: Gläubigerschutz im Kapitalgesellschaftsrecht am Beispiel der Lehre von der verdeckten Sacheinlage. 1997.

Band 26 Stephan Aubel: Der vereinfachte Bezugsrechtsausschluß. Aktionärs- und Gesellschaftsinteressen beim vereinfachten Bezugsrechtsausschluß nach Maßgabe des § 186 Absatz 3 Satz 4 AktG. 1998.

Band 27 Kurt Peter Dittrich: Die Privatplazierung im deutschen Kapitalmarktrecht. Eine Untersuchung der Vorschriften des Auslandinvestmentgesetzes, des Wertpapier-Verkaufsprospektgesetzes und des Gesetzes über Kapitalanlage-Gesellschaften unter Berücksichtigung des Rechts der Vereinigten Staaten von Amerika und des Vereinigten Königreichs. 1998.

Band 28 Viola Sailer: Aktienrechtliche Minderheitskompetenzen zwischen Mißbrauch und unternehmerischer Entscheidungsfreiheit. 1999.

Band 29 Marc Zimmerling: Kapitalerhaltung und Konzernfinanzierung. Eine Untersuchung der kapitalerhaltungsrechtlichen Problematik aufsteigender Sicherheiten im Konzern. 1998.

Band 30 Joachim Wichert: Die Finanzen der Kommanditgesellschaft auf Aktien. 1999.

Band 31 Kerstin Andrea Müller: Produktverantwortung und ihre Durchsetzung. Eine kartellrechtliche Beurteilung von Selbstverpflichtungen im Umweltrecht aus deutscher und europäischer Sicht unter besonderer Berücksichtigung der Altautoentsorgung. 1999.

Band 32 Bettina Friedrich: Konvergenzen im Gesellschaftsrecht. Recht-Fertigung durch Status- und Befundsicherung. 2000.

Band 33 Rudolf Lemke: Haftungsrechtliche Fragen des Ratingwesens – ein Regelungsproblem? 2000.

Band 34 Klaus R. Roller: Die Vergütung des Aufsichtsrats in Abhängigkeit vom Aktienkurs. 2000.

Band 35 Bettina Bokelmann: Personelle Verflechtungen über Aufsichtsräte. Aufsichtsratsmitglieder mit hauptberuflicher Vorstandsfunktion. 2000.

Band 36 Kai-Uwe Steck: Regulierung von US-amerikanischen Investmentgesellschaften (Investment Companies). Unter besonderer Berücksichtigung des National Securities Markets Improvement Act of 1996 (NSMIA) und anderer aktueller Rechtsanpassungen. 2000.

Band 37 Kristofer Bott: Wissenszurechnung bei Organisationen. 2000.

Band 38 Ursula Lenzen: Unerlaubte Eingriffe in die Börsenkursbildung. 2000.

Band 39 Martin Schulz: Verfassungsrechtliche Vorgaben für das Kollisionsrecht in einem Gemeinsamen Markt. Eine rechtsvergleichende Untersuchung zu den Grenzen einzelstaatlicher Anknüpfungsmethoden im internationalen Vertrags-, Delikts- und Gesellschaftsrecht am Beispiel der Vereinigten Staaten von Amerika. 2000.

Band 40 Maximilian Koch: Diversifizierung und Vorstandskompetenzen. 2001.

Band 41 Corrado Wohlwend: Die Hauptversammlung im Wandel der Kommunikationsformen. 2001.

Band 42 Michael Rozijn: Der Unternehmensmaklervertrag. Zur Anwendung des allgemeinen Maklervertragsrechts auf Mergers & Acquisitions-Dienstleistungen. 2001.

Band 43 Konstantinos N. Kyriakakis: Die Überwachung einer US-amerikanischen Aktiengesellschaft durch institutionelle Anleger. 2002.

Band 44 Uta Fredebeil: Aktienemissionen. Das underwriting agreement (der Übernahmevertrag) und seine spezifischen Klauseln. 2002.

Band 45 Michaela G. Döbler: Die Einführung des WTO-weiten Erschöpfungsgrundsatzes in das Markenrecht der EU und der USA. 2002.

Band 46 Jan Liersch: Regulierung des Blockhandels an den organisierten Aktienmärkten der Vereinigten Staaten, Großbritanniens und Deutschlands. 2002.

Band 47 Sascha Lotze: US-amerikanisches Kapitalmarktrecht und Internet. Aufsichts- und haftungsrechtliche Fragen des Internet-Einsatzes bei Wertpapieremissionen und im Wertpapierhandel. 2002.

Band 48 Boris Trautmann: Die Konkurrenz von Haftpflicht- und Versicherungsanspruch. Ein Beitrag zur ökonomischen Analyse des Rechts unter Berücksichtigung von Unsicherheit und Verhaltensanomalien. 2002.

Band 49 Matthias Möller: Rechtsformen der Wagnisfinanzierung. Eine rechtsvergleichende Studie zu den USA und zu Deutschland. 2003.

Band 50 Heiner Feldhaus: Die Eignung zur erheblichen Kursbeeinflussung bei der Ad-hoc-Publizität. Eine rechtsvergleichende und interdisziplinäre Untersuchung unter Berücksichtigung der europarechtlichen Vorgaben. 2003.

Band 51 Matthias Janke: Gesellschaftsrechtliche Treuepflicht. Neubewertung der richterrechtlichen Generalklausel im Rahmen einer rechtsvergleichenden und ökonomischen Analyse. 2003.

Band 52 Katrin Thoma: Eigengeschäfte des Vorstands mit der Aktiengesellschaft. Eine vergleichende Untersuchung zum englischen, U.S.-amerikanischen und deutschen Recht. 2003.

Band 53 Mathias Stöcker: Rechtsfragen grenzüberschreitender Unternehmenszusammenschlüsse - unter besonderer Berücksichtigung des Falles Daimler/Chrysler - 2003.

Band 54 Otto Korte: Zur mißbräuchlichen Wahrnehmung der aktienrechtlichen Anfechtungsbefugnis. 2003.

Band 55 Wilhelm Wilderink: Die Auflösung, die Übertragung und die Verschmelzung von In vestmentfonds. 2003.

Band 56 Anja Birkenkämper: Rechtsfragen feindlicher Übernahmen. Jurisitische Nachlese zum Fall Krupp/Thyssen. 2003.

Band 57 Manuel Lorenzo Alonso: Die Neuausrichtung der Zwischenstaatlichkeitsklausel der Art. 81, 82 EG. Folgen der neuesten Entwicklungen des Gemeinschaftsrechts für die Zwischenstaatlichkeitsklausel - unter besonderer Berücksichtigung des Bankenbereichs. 2003.

Band 58 Dirk Kocher: Kapitalgesellschaft & Co. KG in Finnland. Eine Untersuchung zur Frage der Übertragbarkeit der deutschen Grundtypenvermischung auf das finnische Recht. 2003.

Band 59 Ruiting Qin: Parteiautonomie: Eine rechtsvergleichende Untersuchung. Versuch zur Entwicklung einer Gerechtigkeitsjurisprudenz im IPR. 2003.

Band 60 René Runte: Walter Julius Derenberg – Leben und Werk. 2004.

Band 61 Udo Prinz: Umstrukturierung durch *Schemes of Arrangement* mit Gesellschaftern im englischen Recht. – Ein Vorbild? 2004.

Band 62 Rainer Schmitz: Die Haftung des Vorstands gegenüber den Aktionären. Eine rechtsvergleichende Untersuchung nach deutschem und US-amerikanischem Recht. 2004.

Band 63 York Oehlschläger: Die typische und atypische stille Beteiligung an einer Aktiengesellschaft. Möglichkeiten und Grenzen der Gestaltung für die stille Gesellschaft zwischen Personengesellschaftsrecht, Aktienrecht, Konzernrecht und Umwandlungsrecht. 2004.

Band 64 Stefan Klein: Die Rechtsstellung auswärtiger Gesellschaften im deutschen und US-amerikanischen Recht. Ein Beitrag zur Neuausrichtung des deutschen internationalen Gesellschaftsrechts unter besonderer Berücksichtigung des Europäischen Gemeinschaftsrechts. 2004.

Band 65 Knut Sauer: Haftung für Falschinformation des Sekundärmarktes. 2004.

Band 66 Michael Senger: Bankenaufsicht, Unternehmensverbindungen und Bankengruppen. 2004.

Band 67 Maximilian Rittmeister: Gewährleistung beim Unternehmenskauf. Die Gewährleistungshaftung des Verkäufers bei einem Unternehmenskauf seit In-Kraft-Treten des Schuldrechtsmodernisierungsgesetzes. 2005.

Band 68 Ole Ziegler: Der Anteilserwerb am Kapitalmarkt nach der Schuldrechtsreform. 2005.

Band 69 Maia Tacheva: Rechtsbehelfe des Käufers im Warenkaufrecht. Eine rechtsvergleichende Untersuchung des Übereinkommens der Vereinten Nationen über Verträge über den internationalen Warenkauf (CISG), des englischen Sale of Goods Act, des bulgarischen Kaufrechts und des deutschen Kaufrechts vor und nach dem Schuldrechtsmodernisierungsgesetz. 2005.

Band 70 Michael Lange: Rechtsfragen der Finanzierung eines feindlichen Übernahmeangebotes. Am Beispiel der großen Publikumsgesellschaft nach US-amerikanischem und deutschem Recht. 2005.

Band 71 Niklas Dieterich: Outsourcing bei Kapitalanlagegesellschaften. 2005.

Band 72 Julia Sernetz: Derivate und Corporate Governance. Kompetenzen und Pflichten des Vorstands von Aktiengesellschaften beim Einsatz von Derivaten. 2006.

Band 73 Marcel Polte: Aktiengattungen. Eine rechtsvergleichende Untersuchung zum deutschen, US-amerikanischen und englischen Recht. 2005.

Band 74 Jens Bornscheid: Stapled Stock (Verbundaktien). 2006.

Band 75 Robert F. Thoma: Der Wettbewerb um Stimmen im US-amerikanischen und deutschen Aktienrecht. 2006.

Band 76 Markus Lauer: Gemeinsam geführte Unternehmen im Bilanz- und Gesellschaftsrecht. 2006.

Band 77 Arne Christian Lawall: Die virtuelle Holding nach deutschem Aktienrecht. 2006.

Band 78 Marcel Barth: Schadensberechnung bei fehlerhafter Kapitalmarktinformation. 2006.

Band 79 Dirk Reidenbach: Aktienanalysten und Ratingagenturen – Wer überwacht die Überwacher? 2006.

Band 80 Jochen Herr: Neue EU-Wettbewerbsregeln für Technologietransfer-Vereinbarungen. 2006.

Band 81 Simon Markus Beck: Kritik des Eigenkapitalersatzrechts. Zugleich ein Beitrag zur Stärkung des insolvenzrechtlichen Gläubigerschutzes. 2006.

Band 82 Emrullah Kervankiran: Haftungsbeschränkung im türkischen Gesellschaftsrecht. Ein Rechtsvergleich. 2007.

Band 83 David C. Donald: Der Einfluss der Wertpapierabwicklung auf die Ausübung von Aktionärsrechten. Eine Untersuchung der Entstehungsgeschichte und Auswirkungen des U.S.-amerikanischen „Indirect Holding System". 2008.

www.peterlang.de

FSC
www.fsc.org
MIX
Papier | Fördert
gute Waldnutzung
FSC® C083411

Kolibri 360 GmbH
Ferdinand-Jühlke-Straße 7
99095 Erfurt, Deutschland
produktsicherheit@kolibri360.de

Druck:
CPI Druckdienstleistungen GmbH
im Auftrag der
Kolibri 360 GmbH
Ferdinand-Jühlke-Str. 7
99095 Erfurt